大学生体育与健康教程

主　编　郭　巍　靳成钢　罗红军

副主编　刘　虹　徐　帅　付欣然

　　　　田　峰　王浩然

参　编　贾　越　吴迪迪

上海交通大学出版社

SHANGHAI JIAO TONG UNIVERSITY PRESS

内容提要

本书分为四个模块，包括理论模块、运动技能模块、体育休闲模块、职业性体育模块；共十六章，包括体育与健康、体育锻炼与健康、体育与大学生的发展、运动处方的制定与实施、篮球运动、足球运动、排球运动、乒乓球运动、羽毛球运动、田径、游泳、武术运动、气排球运动、定向越野运动、职业实用性体育与职业性体能、站立型岗位与伏案型岗位职业特点与锻炼方法。本书既可作为高等院校体育与健康课程的教材，也可作为体育爱好者的参考用书。

图书在版编目（CIP）数据

大学生体育与健康教程 / 郭巍，靳成钢，罗红军主编. -- 上海：上海交通大学出版社，2024.8 -- ISBN 978-7-313-31535-9

Ⅰ. G807.4；G647.9

中国国家版本馆CIP数据核字第20248M084Q号

大学生体育与健康教程

DAXUESHENG TIYU YU JIANKANG JIAOCHENG

主　　编：郭　巍　靳成钢　罗红军

出版发行：上海交通大学出版社　　地　　址：上海市番禺路951号

邮政编码：200030　　电　　话：021-64071208

印　　刷：上海盛通时代印刷有限公司　　经　　销：全国新华书店

开　　本：787mm × 1092mm　1/16　　印　　张：17.5

字　　数：423千字

版　　次：2024年8月第1版　　印　　次：2024年8月第1次印刷

书　　号：ISBN 978-7-313-31535-9　　电子书号：ISBN 978-7-89424-891-6

定　　价：49.80元

版权所有　侵权必究

告读者：如发现本书有印装质量问题请与印刷厂质量科联系

联系电话：021-31910000

前言

党的二十大报告指出，广泛开展全民健身活动，加强青少年体育工作，促进群众体育和竞技体育全面发展，加快建设体育强国。体育是大学教育不可或缺的组成部分，也是大学生走向社会前的重要课程。它不仅是一门必修课，更是提升大学生体质与健康水平、塑造强健体魄的基石，还在构建丰富的校园文化、培育大学精神中扮演核心角色。

基于民族振兴和国家可持续发展的迫切需要，大学生群体作为民族的未来精英，其身心健康和体魄强健具有不言自明的重要意义。在大力推进《“健康中国2030”规划纲要》实施的背景下，大学体育文化的发展及阳光体育运动的普及，对于唤醒国民健康意识、弘扬体育精神具有深远的积极影响。大学体育课程，既是精英体育教育的成果展示，也是全民终身体育实践的起点，更是体育文化传承与体育精神塑造的关键节点，它在“健康中国”宏伟蓝图的实施中占据核心地位。

当前，大学体育课程教学改革如火如荼，诸多教学理论与教学实践挑战也随之涌现。在这一进程中，大学体育课程改革持续深化，一些优秀的高校体育教育工作者致力于课程研究与教学创新，取得了显著成效。在不断的研究和探索中，大学体育课程和教学理论有了一些重要的建树和进展，催生了众多公共体育教育精品课程的诞生。这些成果在本体育教科书中得到了不同程度的体现，融入了最新的研究发现与教育理念。

本书具有以下特点：

（1）不仅强调了对运动项目技能的学习，也增加了与个人健身、健康相关的内容。

（2）对体育教学内容采用了新的分类方法，以避免教学出现“蜻蜓点水”和“低级重复”现象。

（3）强调了要发展学生的基本运动能力和专项素质，增加了一些锻炼内容。

（4）力图做到图文并茂的呈现方式，注重动作图示的规范性和细节展现，以提高本教材的指导性和实用性。

（5）设计了一些新颖的有助于学生进行探究性学习的小板块，如章前有“本章概述”“章结构图”“学习目标”，章后有“本章小结”“在线学习”，以帮助学生进行有创意性、有思考性的学习。

（6）对各种运动项目做了有新意的介绍，以帮助学生更好地体验该运动项目的特点，并为他们体会运动乐趣做了准备。

（7）对各个学习目标进行了仔细的考虑，以简洁明确地指导学生的学习。

（8）强调了战术学习，使体育运动这一独特的教育教学因素能更好地发挥作用。

（9）强调了学习方法提示，以帮助学生提高使用教材的能力和学习能力。

由于编者的学术水平和工作能力有限，书中还有不尽如人意之处，有待于在今后修订时完善和改进。

编　者

2024年7月

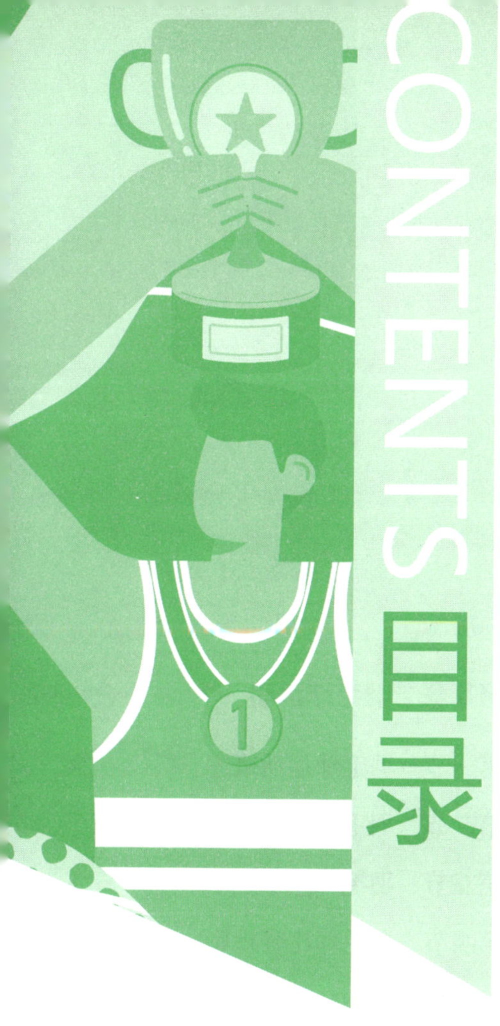

第一篇　理论模块

第二篇　运动技能模块

第三篇　体育休闲模块

第四篇 职业性体育模块

导言

本书旨在为大学生参与当前形式多样的体育运动提供广泛的基础知识。不管是参与者，还是旁观者，通过本书对各种体育运动规则和策略的学习都是非常有益的；不管是团队运动，还是个人或双人运动，通过本书对体育的礼仪、安全、装备、技术、历史、价值观等知识的学习，都可以提高观看者或参加者的乐趣。

一、体育运动的身体健康价值

健康是人们最宝贵的财富。德国哲学家叔本华说："为了生活中的其他事情而忽视健康生活是最愚蠢的。"要获取并保持身体健康，任何年龄的人都有必要参加体育运动。2016年10月25日，中共中央、国务院发布的《"健康中国2030"规划纲要》把"体育锻炼"作为"健康中国"建设的13个主要指标之一。

"体育运动"这个词意味着很多东西，虽然一些人会想到肌肉发达的举重运动员，还有一些人会想到身材精瘦的马拉松运动员，然而他们并不是身体健康的最佳范例。实际上，身体健康意味着一个人能处理日常生活中的各种事情，而没有感到过多的压力；更重要的是，人们不会因为缺乏体育运动而面临疾病风险。

许多疾病从根源上可以说就是运动功能的减退，因为这些疾病是由缺乏体育运动的生活方式导致的。科学研究发现，体育运动的缺乏与疾病的发生存在密切关系。流行病学是研究疾病、疾病产生原因及疾病对社会影响的一门科学，在过去的50年里，流行病学广泛地阐明了缺乏体育运动的生活方式与发病率及死亡率的增加存在密切关系。有研究发现，以下疾病与体育运动的缺乏存在关系：癌症（特别是结直肠癌）、糖尿病、心脏病、高血压、肥胖、骨质疏松症、中风、抑郁和焦虑。被西方医学尊为"医学之父"的奠基人　　希波克拉底曾说："吃不会让一个男人健康，他还必须锻炼。"

美国运动医学学会（ACSM）由超过15 000名生理学家、医生及体育和健康教育工作者组成，该学会为成人制定了日常锻炼指南，如下表所列。

美国运动医学学会为成人制定的日常锻炼指南

心肺健康和身体成分
1. 锻炼次数：每周3～5次。

续表

心肺健康和身体成分
2. 锻炼强度（较低的值适用于身体素质较弱的人）： （1）55%、65%到90%的最大心率（最大心率约为“220-年龄”，例如，20岁的人的最大心率是每分钟200次）。 （2）40%、50%到85%的最大摄氧量。 3. 锻炼时长：20～60分钟的持续锻炼，或者至少10分钟的练习。持续时长取决于锻炼强度：锻炼强度越大，所需锻炼时间就越短；相反，锻炼强度越小，锻炼时间的就需要越长，才能达到健康的目的。 4. 锻炼的方式：应该是使用大的肌肉群，有节奏的和有氧的锻炼，并能持续一定的时间（如散步、徒步旅行、游泳、慢跑、骑自行车、越野滑雪、有氧舞蹈、划船、爬楼梯等）
肌肉力量和耐力，身体成分及柔韧性
1. 抗阻训练应该被纳入日常的肌肉锻炼中，建议每周锻炼2～3次，共进行8～10次肌肉锻炼。对大多数人而言，每种锻炼应该重复8～12次，对于年龄偏大（超过50岁）的人，可以选择较轻的重量，重复次数多一些（10～15次）。 2. 柔韧性训练应该被纳入日常锻炼中。个人应努力改善或保持关节周围的活动范围，每周应该对主要肌肉群进行2～3次拉伸。拉伸包括静态拉伸（伸展然后保持）和动态拉伸（活动中拉伸）

二、开始运动，永远不会太早也不会太晚

相关研究表明，运动前后身体患疾病风险的差异明显。第一次体检时，有些成年人具有患某些疾病的危险因素（例如，不运动、吸烟、胆固醇高、高血压或脂肪含量高等）。第二次体检时，他们的健康状况得到改善，因为他们开始体育运动，不再吸烟等，导致胆固醇水平正常，血压正常或没有过多的身体脂肪。注意，综合死亡风险大大降低的人正是那些第一次体检时不爱运动，但第二次体检时已经开始运动的人。他们并不是变成了马拉松运动员或训练有素的跑步者，他们仅仅因为增加了体育运动，进而促进了身体的健康。这表明，通过增加体育运动来提高有氧健身水平会带来明显的健康收益。

第一篇
理论模块

第一章　体育与健康

第二章　体育锻炼与健康

第三章　体育与大学生的发展

第四章　运动处方的制定与实施

第一章 体育与健康

本章概述

本章阐述了体育的起源，并从奥林匹克运动、职业体育和学校体育三个角度探讨了体育的多元发展及其相关概念。此外，本章还从经济、文化、教育、健康四个方面讲述了体育的价值。

章结构图

- 体育与健康
  - 体育和健康的概述
    - 体育
    - 健康
  - 体育的价值
    - 在经济中的价值
    - 在文化中的价值
    - 在教育中的价值
    - 在健康中的价值

学习目标

1. 了解体育的相关概念。

2. 深刻理解体育的相关价值，对体育有新的认识，树立正确的人生观和价值观。

第一节 体育和健康的概述

一、体育

作为一种社会现象，体育以其独特的形式存在和发展着。人们参与体育运动并感受着它的独特魅力，可是什么是“体育”呢?

在古希腊文献中虽有athlete（竞技、运动）、training（训练）、gymnastics（体操）等基本术语，但具有现代意义的“体育”（physical）一词最早出现在法国。

狭义的体育是指通过身体活动增强体质，传授锻炼身体的知识、技能、技术，培养道德和意志品质的有目的、有计划的教育过程。它是教育的组成部分，是培养全面发展的人的一个重要方面。广义的体育是指以身体练习为基本手段，以增强体质、促进人的全面发展、丰富社会文化生活和促进精神文明建设为目的的一种有意识、有组织的社会活动。它是社会文化的一部分，其发展受一定社会政治和经济的制约，也为其服务。

虽然国际上对体育概念及其术语的使用存在一定程度的混乱及翻译上的差异，再加上人们对体育认识程度的不同，对体育的概念也存在争论，但不管怎样，人们接受了体育，体育融入了人们的生活，它存在的价值和意义都是巨大的。体育是一种精神：不言败，不放弃。体育是一种需要：情感的需要，交往的需要。体育是一种追求：追求卓越，追求不悔。体育更是一种超越：超越别人，超越自己。

思政小课堂

党的二十大报告提出，“广泛开展全民健身活动，加强青少年体育工作，促进群众体育和竞技体育全面发展，加快建设体育强国”。这是以习近平同志为核心的党中央对体育系统工作提出的明确要求和殷切期望，是党中央关于体育高质量发展的重大部署和总体要求。推动体育高质量发展，“广泛开展全民健身活动”是战略基础，“加强青少年体育工作”是战略重点，“促进群众体育和竞技体育全面发展”是战略统筹，“加快建设体育强国”是战略目标，赋予了体育更丰富的内涵、更多元的功能、更综合的价值。中国特色社会主义进入新时代，“实现中华民族伟大复兴进入了不可逆转的历史进程”。新时代新征程，体育人要全面深化改革、全面依法治体、全面从严治党，全面推进体育强国建设，为全面建设社会主义现代化国家作出应有的努力和独特的贡献。

——《充分发挥体育政策法规规划的引领和保障作用加快推进体育强国建设》

“运动”一词有很多含义：①指为保健而进行的身体活动；②指为某种目的而使用力量；③物体随时间的变化其空间位置发生变化。其中，身体运动同时包含前两层含义。

人们通常讲的运动是指身体运动和竞技运动。人类的身体“运动”是指从伴随生存的基本动作到与生产相关的劳动及游戏等形式多样活动的总称。竞技运动是指为最大限度地发挥个人和集体在体力、智力和运动能力等方面的潜力、创造优异运动成绩而进行的训练和竞赛。竞技运动是具有竞赛特点和高技术要求运动项目的统称。虽然随着科技的发展，有人也将竞技运动分为体育竞技和电子竞技，但在常用语言中竞技运动特指竞技体育，是体育的重要组成部分。它是以体育竞赛为主要特征，以创造优异运动成绩、夺取比赛优胜为主要目标。目前全世界通行的竞技运动项目有田径、体操、球类、游泳等数十项，各国还有自己的特殊项目，如中国的武术。

随着社会的不断发展和人们对运动认识的深入，为了更深入地研究运动项目的规律和促进练习方法的相互渗透和移植，人们对名目繁多的运动项目进行了分类。按不同目的和需要解决的主要任务，可分为：健身类、健美类、娱乐类、竞技类、冒险类；按主导因素，可分为体能类、技能类；按运动项目的动作结构，可分为单一动作结构类、多元动作结构类、多项组合类；按运动成绩的评定方法，可分为测量类、评分类、命中类、制胜类、得分类；按运动项目的内容，常规可分为十大类：①田径；②体操；③游戏；④球类；⑤武术（散打、拳、器械）；⑥军事项目（射击、摩托车、无线电、航模、跳伞、军事五项等）；⑦水上运动（游泳、跳水、花样游泳、水上芭蕾等）；⑧冰雪运动（滑冰、滑雪、雪橇等）；⑨以器械和体重作为分组条件的竞技项目（举重、摔跤、拳击、柔道、击剑等）；⑩其他（包括棋类、钓鱼等一些娱乐体育项目）。

二、健康

古希腊哲学家赫拉克利特曾说：“如果没有健康，智慧就不能表现出来，文化无从施展，力量不能战斗，财富变成废物，知识也无法利用。”健康是人类永恒的话题，也是人类共同的愿望，但什么是健康呢？

世界卫生组织（World Health Organization，WHO）在1948年将健康定义为：“健康不仅是免于疾病和衰弱，而且是要保持躯体方面、精神方面和社会方面的完美状态。”

按照定义，健康可以分为身体健康、心理健康和社会适应健康三个方面。身体健康是指人体各器官组织结构完整，发育正常，功能良好，生理生化指标正常，没有检查出疾病或身体不处于虚弱状态。心理健康是指在身体、智能、情感上与他人的心理健康不相矛盾的范围内，将个人心境发展成最佳状态。世界卫生组织指出心理健康的具体标志为：身体、智能、情绪调和；适应环境，人际关系中能彼此谦让；有幸福感；在工作和职业中能充分发挥自己的能力，过有效率的生活。社会适应健康是指人们的社会行为和社会适应方面的健康，可从与家庭、亲属的关系，工作与学习，与熟人、朋友之间的活动、交往的程度，社团活动及其他社会活动五个方面的作用和活动类型来定义。

人们对健康的认识是一个不断深化、不断完善的过程。随着社会的进步和人们对生命认识层次的不断深化，人们对健康的理解也越来越深刻，健康的内涵也逐步扩大。

在新的历史背景下，世界卫生组织提出了健康的十个标志：一是有充沛的体力，能够从容不迫地应对日常生活和工作压力而不感到紧张；二是处事乐观，态度积极，乐于承担责任，事无巨细，不挑剔；三是善于休息，睡眠良好；四是应变能力强，能适应外界环境的各种变化；五是能够抵抗感冒和一般性疾病；六是体重得当，站立时头、肩、臀位置协调；七是反应敏捷，眼睛明亮，眼睑不发炎；八是牙齿清洁无空洞，无疼痛，牙齿颜色正常，无出血现象；九是头发有光泽，无头皮屑；十是肌肉有弹性，走路感觉轻松。

健康是人们从事一切活动的身心基础，是进步和发展的先决条件。当代大学生是祖国和民族的希望，大学生健康与否关系着祖国和民族的未来。作为当代大学生，要培养良好的生活习惯，合理膳食，积极参加体育锻炼，保持乐观情绪，做一个健康的、能应对各种环境和挑战的人才，为国家和社会贡献自己的力量。

体育本是以身体运动为基本手段促进人们身心发展的文化活动，当体育融入社会后，它就被赋予了其他的特质，如经济功能。随着社会的不断发展，体育的地位也越来越明显，如体育能够为经济、文化、教育和健康服务。

一、在经济中的价值

（一）创造巨额经济效益

随着时代的发展、社会的进步，体育产业也日渐成熟。体育产业的发展势必带动社会经济的发展。体育经济分为直接经济效益和间接经济效益。其中，直接经济效益包括体育赛事门票、体育用品、电视转播、体育纪念品、体育场馆收费等。间接经济效益是指由于体育活动及其相应的社会影响力而表现为其他部门和行业所得的经济效益，如旅游业收入等。

随着社会的发展、经济的增长，人们的精神需求日益增多，体育本身所蕴含的巨大经济功能和价值越来越被人们所认同。在发达国家，体育产业已成为扩大就业、提升产业附加值和文化输出的重要工具。据专家预测，到21世纪中叶，体育产业将与石油、汽车、钢铁一起成为世界四大产业。特别是我国成功举办2008年北京奥运会、2010年广州亚运会和2022年北京冬奥会后，大大刺激了我国体育产业的发展，体育经济在国民经济中的地位越来越受到人们的重视与关注，体育经济已经慢慢成为现代社会国民经济发展最具活力的新的增长点，体育产业在国内生产总值中的比重越来越大。

（二）创造更多的就业岗位

20世纪90年代以来，在许多国家经济发展缓慢、劳动就业成为社会主要问题时，体育产业在增加社会就业方面的作用日益明显。有些国家的体育产业为人们提供的就业机会与农业、铁路、交通服务业和纺织业相当或稍高。各种盛大的体育赛事也为社会提供了较多的就业岗位。据统计，洛杉矶奥运会为洛杉矶市2.5万人创造了就业机会；汉城奥运会给3.4万人提供了就业机会；亚特兰大奥运会给该州带来了7.7万个就业机会；北京奥运会给北京市增加接近10万个就业机会；巴黎奥运会总共创造了18.1万个就业机会。由此看出，体育产业的蓬勃发展在带来巨额收入的同时还为社会提供了更多的就业岗位。

二、在文化中的价值

体育文化从广义来讲，是指体育运动本身所蕴含的、围绕体育运动所形成的一切物质文明与精神文明的总和。几百年来，体育作为人类发展中最有影响力的文化之一，在促进人的“全面发展”“协调发展”“完善发展”中起到了重要作用。体育文化的价值主要体现在两个方面：传承体育文化和创造体育文化。传承体育文化主要体现在，古代和现代的奥林匹克运动精神文化和民族传统体育的民族特色文化上；创造体育文化是指在原有体育文化基础上的延伸和发展。2022年北京冬奥会上，中国代表团在多个项目上实现突破，一举夺得9金4银2铜共15枚奖牌，金牌数、奖牌数及总排名都刷新了历史。

（一）传承体育文化

传承体育文化最鲜明地体现在奥林匹克运动会上。奥林匹克运动被生生不息地传承下来，最主要的一点就是奥林匹克精神。作为体育文化的一部分，体育精神具有十分重要的地位。大家对奥林匹克精神最耳熟能详的可能就是“更快、更高、更强”和“参与比取胜更重要”。第一句是顾拜旦设计的奥林匹克格言，它体现了一种敢于拼搏、不断进取、永远奋发向上的精神。第二句“参与比取胜更重要”在1968年墨西哥运动会上体现得淋漓尽致。例如，约翰·艾哈瓦里参加10月20日的马拉松比赛时，在跑到19公里处时因为眩晕导致膝盖严重摔伤，教练劝其放弃比赛，但他仍坚持一瘸一拐地完成比赛。当他回到体育场时已经是晚上7点多了，缠着绷带流着血的约翰·艾哈瓦里成为最后一个完成马拉松比赛的选手，可是他赢得了所有观众热烈的掌声。在接受记者采访时，他哽咽地说道：“我的祖国从7 000英里（1英里约等于1.6千米）以外把我送到这里来，不是让我开始比赛的，而是让我完成比赛的。”约翰·艾哈瓦里用自己的行动，弘扬了现代奥林匹克“参与比取胜更重要”的内涵，这种体育精神文化值得人们传承。体育文化的传承也体现在民族传统体育上。民族传统体育指的是世界各族人民在不同历史时期创造的满足人们在不同历史时期身心发展的体育活动方式。中华民族传统体育是指在中国历史上一个或多个民族内流传或继承的体育活动的总称，主要是指我国各民族传统祛病、健身、习武和娱乐的活动项目。民族传统体育的民族性主要体现在民族文化上。民族传统体育的运动项目来自特定的民族，展现的是该民族的文化传统和民族习惯，为该民族的广大民众所喜好。同样，民族传统体育项目具有历史继承性，传承下来的是该民族的精华，具有的是该民族的民族气派和民族风格。在参加这些传统活动时，人们既受到本民族传统文化的熏陶，加深对传统文化的了解，又受到本民族传统文化的教化，从而使民族文化得以传承。因此，民族传统体育不仅是一些体育项目，更是一种对传统体育文化的传承。

（二）创造体育文化

现代奥运会一般都有吉祥物，吉祥物的图像、图腾等是非常古老的、奇特的文化现象，它承载着人类早期的图腾崇拜和对自然的崇拜。但在不同的时代，根据国家的特点，人们可以在原有的文化特质上，在吉祥物和会徽中加入新的元素，创造出新的体育文化。

体育文化还衍生出许多新的体育运动方式，如广场舞、夜跑、跑酷等。随着社会的进步、时代的发展，人们工作、生活的压力越来越大，需要通过不同的方式释放自己的压力，于是广场舞、夜跑等运动方式出现。新的体育运动方式为体育赋予了更加广泛的文化意义。体育运动作为一种文化形态，不管在人们身体、物质方面，还是在精神、思想方面都是密切联系的，体育与体育文化是相辅相成的。

三、在教育中的价值

（一）传授知识

1. 传授体育文化知识

通过体育教育，教导人们具备简单的健康行为，如在起跳落地时要弯曲膝盖，从而保护膝关节；摔倒的时候不要用手支撑，要用翻滚的方式保护自己；剧烈运动后及时保暖及补充水分；等等。通过体育教育对人们进行健康行为的传授和指导，让人们的生活、学习、工作更加得心应手。

现代社会生活节奏和工作压力越来越大，人们的作息时间和饮食也越来越不规律，长时间下去，对人们的身心健康都是极不利的。这时，合理的饮食习惯就显得越发重要。例如，每天早上起来都要喝一杯白开水，身体工作了一晚上，各个细胞器官都需要水来进行激活调动；饮食金字塔也准确地给出了我们每日不同食物的摄入量及何时吃早中晚餐、何时不应该再进食。这些与人们日常生活息息相关的知识对人们形成良好的生活习惯有着重要的作用。从了解体育和学习体育到参与体育的过程也是对体育文化知识学习的过程，有利于向人们传授关于身体健康的知识，传授各种运动项目的规则和方法，培养人们正确的体育观和体育意识，养成终身进行体育运动的习惯。

2. 教导社会规范

人类不但有自然属性，还具有社会属性。人们通过教育来完成社会化过程，而社会的行为规范、社会的价值观念也可以通过体育教育、活动等进行宣传和传播。例如，人们在进行体育游戏或某项运动比赛时必须明确规则，每个参与者必须服从规则，延伸到社会活动就是遵纪守法。体育比赛要求公平公正，生活中的延伸就是要求平等，反对特权。体育上的种种文化强制会使人们习惯正确的行为规范，从而完成社会化的部分内容。体育活动，特别是带有比赛性质的，总会有胜利者和失败者。但是，很多国际比赛中的胜负不只是两个人或两个队伍之间的事情，而是代表两个群体，那么这两个队伍的比赛就牵动着两个群体的情绪；如果他们代表的是两个国家，则又潜含着两个国家的较量。对大众来说，不仅是观看比赛的技战术水平的高低，更是在进行一次生动的民族主义、爱国主义教育。

（二）培养人格

人格是人们在社会化过程中形成的道德品质和行为习惯。人格不是一成不变的，它具有可塑性，同时受生活环境、教育、社会实践等外部因素的影响，其中教育的影响最大。

1. 培养良好的意志品质和积极向上的价值观

体育运动必须是身体力行地参与，在享受运动所带来的满足和愉悦的同时，也要承受生理上和心理上的刺激。例如，在足球比赛中，通常会说一句“输球不输人”，意思是比赛可以输，但是精神、斗志不能被打败，而且大多数的体育运动要承受肉体上的痛苦煎熬，体验真正的“劳其筋骨，苦其心志”之后，才能享受“苦尽甘来”。所以，体育能使人在遇到困难时，敢于直接面对问题，找出解决问题的方法；在困惑厌战时，鼓励人们要锲而不舍，直至最终取得成功。在这些不断的磨炼过程中，促进人们积极向上的性格特质的养成，如自信、独立、谨慎、果断、勇敢、自我控制等，让人以积极的心态对待困难和挫折，迎接新的挑战，从而为树立健康的人生观奠定基础。

2. 提高社会适应能力

作为社会中的人，人们是离不开社会的，而社会中有规则、法律、竞争与合作等，这些特质在体育赛场上都是有所体现的。体育项目大都有各自不同的规则，要参与就必须遵守这些规则，否则将受到“游戏的惩罚”。这就要求人们在体育运动中接受规则的约束，不能“随心所欲，为所欲为”。在法治社会，每个人都要遵守法律法规，而通过体育运动可以让人们更清楚地遵守规则、约束自己。

同时，体育运动不但可以让现代人释放压力，而且就是要求人们去不断提高自己，在与对手的竞争中获得胜利、战胜自己。例如，足球比赛是由22人一起完成的项目，双方各11人，每个人在团队中都有自己的位置和作用，缺一不可。所有人都置身于集体中，与队友一起分享胜利带来的喜悦，也要一起承担失利带来的沮丧。体育会让人们深刻地理解个人的力量是有限的，只有把个人力量汇集成集体力量的时候，团队才会强大，以及每一个个体与团体的关系是辩证统一的。所以，体育可以让人们树立良好的团队合作意识、竞争意识，最终融入社会，提高人们的社会适应能力。

3. 树立健康的人生价值观

现代社会，大部分学生在家庭中都被娇生惯养，被父母视为“心头肉”，这也造成了一些不好的个性特点和不健康的价值观，如以自我为中心、固执己见、争强好胜、有强烈的优越感、过分追求自我价值的体现等。同时，他们又会受社会上不良风气的影响，从而对他们的人格塑造和价值取向产生一定的影响。而体育运动在锻炼身体的同时又锻炼了学生的意志品质，加强了其组织纪律性。

（三）形成技能

人们在社会上立足靠的是各自的技能。技能有很多种，如生存技能、运动技能、才艺技能等，但是大部分技能并不是与生俱来的，而是通过后天学习得到的。比如，走、跑、跳等基本运动能力都是在后天规范和改进的。例如，在人们小的时候被教育如何行走，一步一步循序渐进；到幼儿园、小学，老师会教导孩子走路抬头挺胸，运动跳跃时注意落地缓冲等，这些是在发挥体育教导人们基本运动技能的功能。这些技能不断帮助孩子成长的同时，也在日益增强他们的身体素质，不仅提升了身体健康程度，还降低了伤病发生的概率，这对个人的生活、学习、工作等都会产生巨大的影响。在才艺技能方面，每个人都会根据自己的情况决定是否学习才艺技能，而才艺技能的学习与身体情况也是密切相关的，不论是足球、武术、舞蹈等都离不开对身体的掌控。

四、在健康中的价值

（一）对人身体的影响

1. 对神经系统的影响

人的一切动作都是在大脑中枢神经系统的控制下完成的，经常参加体育锻炼的人，其脑电图上有明显的α波，且振幅较大。这说明：运动有助于提高大脑神经细胞的灵活性，对刺激的频率和发放冲动的频率能很快地产生节律同化作用。例如，一名优秀的乒乓球选手在面对一次又一次频率快、速度快且变化多端的来球时，能做出敏捷、准确的反应。

人的大脑重量虽然只占人体总重量的2%，但是大脑的需氧量却占人体的20%，由此可见，进行长时间脑力劳动的人的消耗不低于体力劳动者。进行体育运动首先可以让大脑得到放松休息，改善神经系统机能，对外界的刺激所做出的反应更加快速和准确；其次，可以更好地改善大脑的供血量，使血液循环增快、血流量增多，让脑细胞得到更多的养料和氧气；最后，增强保持大脑正常工作的能力。不仅如此，随着年龄的增长，人们的机体会不断衰老，脑细胞也是如此，导致大脑功能下降、反应迟钝，而经常参与体育运动可以减缓衰老速度。可见，体育运动在提高神经系统强度和能力的同时，对机体的均衡性和灵活性也会产生影响，从而提高机体对外界的适应能力。

2. 对运动系统的影响

人体的运动器官是由肌肉、骨骼、关节和韧带等组成的，在大脑的协调下进行复杂而精细的身体运动。人的生长是由骨骼的骺软骨不断增生直到骨化而完成的，经常进行适当的体育运动，能够刺激骺软骨的增生和分裂，从而刺激人的生长，而且体育运动可以刺激骨骼性能发展、骨密度增厚、骨骼变粗，增强骨骼的抗压、抗折能力。实验证明，普通人的股骨可以承受300千克的压力，而经常参加体育运动的人可以承受350千克。

体育运动对肌肉的影响更是显而易见的，可以增加肌肉中氧化酶的浓度，促进脂肪和碳水化合物的分解；增加线粒体的数量，从而增大肌肉横截面积；增加肌肉中的蛋白质含量，使肌肉的工作能力得到增强。

人的一切身体动作都是在关节参与的情况下完成的，体育运动可以提高各个关节的灵活性，增强稳定性，关节的弹性、柔韧性也可以得到发展。同时，经常的体育运动对关节的运动损伤和疾病有很好的预防作用。

3. 对呼吸系统的影响

人体的供能主要以有氧呼吸为主，由此可见呼吸系统对人体的重要性。现代社会随着生活、工作压力的增大，生活、工作环境的变差，人体的呼吸系统越来越需要加强。体育运动可以增强呼吸肌的收缩力，使肺活量增大，使呼吸深度增加、呼吸次数减少，从而使呼吸效率得到提高。可以对比一下经常锻炼的人与不经常锻炼的人的差异。

不经常锻炼的人：

60升/分钟=30呼吸次数×2升/呼吸

经常锻炼的人：

60升/分钟=20呼吸次数×3升/呼吸

由此可以看出，经常锻炼可以提高肺的工作效率，提高氧从肺进入血液的能力，而且为其他组织提高了氧气量。

4. 对心血管系统的影响

随着人类生产力水平的提高，机械化、自动化程度的发展，人们的体力活动较过去大大减少，直到出现了所谓的“文明病”，其中对人类健康威胁最大的就是心血管系统疾病。由于缺少体育运动，动脉粥样硬化使动脉变窄堵塞流向心脏的血液。经研究表明，体育运动可以降低人们心血管系统疾病的发病率，增强心脏的功能，使心脏容量增大、血管弹性增强。从美国、芬兰等学者对积极运动与不运动二者的对比调查发现，不参加体育运动的人比积极参加体育运动的人的死亡率高出3倍。这表明体育锻炼不仅可以降低心血管系统疾病的发病率，还可以增加心脏的泵血能力，改善心血管系统，增强心脏功能。

（二）对人心理的影响

体育对调节情绪有积极的作用。身体活动是使神经中枢系统得到适当的激活并使人感到愉快的重要途径，适度负荷的体育运动能促使人体释放一种多肽物质——内啡肽，从而使人们在进行体育运动后感受到满足、舒适、愉快。所以，体育运动可以缓解疲劳，降低人们在生活工作中的焦虑情绪。

健康是现代都市生活中的人们追求的生活目标之一，对于人们而言，他们期望有健康的身体和健康的心理，期望以健康的身心积极参与并适应这个社会，因此可以选择合适且感兴趣的体育项目，采取正确的锻炼方法，达到身体健康的目标。

本章小结

通过本章的学习，学习者了解了关于体育的起源，从体育的起源重新认识了体育；学习了体育的多元化发展，从体育发展的多元性中感受了灿烂的体育文化；认识了奥林匹克运动的理念和思想体系，初步了解了体育产业带来的巨大经济效益；

正确认识了学校体育的重要性和参与体育运动的重要意义，树立健康的生活方式和“终身体育”的观念。此外，学习者还应理解体育的丰富内涵，从思想和行动上感受体育的独特魅力，以便对体育有更深刻的理解。

第二章

体育锻炼与健康

本章概述

本章不仅讲述了营养与健康的概念，阐述了营养素对人体的重要性，还讲述了关于体育锻炼的科学原则与方法，并进一步说明了在运动中可能出现的损伤与处理办法。

章结构图

- 体育锻炼与健康
  - 营养与健康
    - 营养和营养素的概念
    - 营养素的生理功能与营养价值
  - 科学锻炼的原则与方法
    - 体育锻炼的原则
    - 体育卫生常识
    - 选择适宜的运动项目与时间
    - 走出身体锻炼的误区
  - 运动损伤与处理
    - 运动中常见的生理反应
    - 运动损伤的预防
    - 常见的运动损伤

学习目标

1. 了解营养与健康的相关概念。

2. 掌握体育卫生常识，熟知体育锻炼的原则，能够根据自身情况选择合适的运动项目和时间，能够避开体育锻炼的误区。

3. 了解运动中常见的生理反应和损伤，能够预防运动中可能带来的损伤。

第一节 营养与健康

一、营养和营养素的概念

人体不断从外界摄取食物，经过消化、吸收、代谢来利用食物中身体所需要的物质（养分或养料），从而维持生命活动的全过程就是一个营养的过程。它是一种全面的生理过程，而不是专指某一种养分。食物中的养分在营养学上被称为“营养素”。它们是维持生命的物质基础，没有这些营养素，生命便无法维持。人体需要的营养素约有50种，归纳起来分为六大类，即蛋白质、脂肪、糖、无机盐、维生素和水。近年来，发现膳食纤维也是维持人体健康必不可少的物质，可以算是第七类营养素。这些营养素在体内的功能各不相同，概括起来包括三个方面：①供给能量以满足人体生理活动和体力活动对能量的需要；②作为建筑和修补身体组织的材料；③在体内物质代谢中起调节作用。

二、营养素的生理功能与营养价值

（一）蛋白质

1. 组成及其种类

蛋白质由氨基酸组成。人体摄入的蛋白质必须先被分解为氨基酸才能被人体的消化系统吸收，氨基酸进入人体后重新合成新的蛋白质。人体内的氨基酸有20种，其中有8种氨基酸在体内不能合成，必须从食物中摄取，称为必需氨基酸，分别是赖氨酸、亮氨酸、异亮氨酸、甲硫氨酸、苯丙氨酸、苏氨酸、色氨酸、缬氨酸。

2. 主要功能

蛋白质是人体一切细胞和组织的主要成分，是生命物质存在和自我更新的基础，人体的生长发育是通过体内蛋白质的生物合成来实现的。人的生命活动是依靠各种各样的酶促反应进行的，目前已发现的酶都是蛋白质；人体运动由骨骼肌完成，而骨骼肌的收缩与舒张的基础是肌球蛋白和肌动蛋白；氧的运输就是依靠与血红蛋白的结合进行的；还有一些重要的激素，如生长激素和胰岛素等也都是蛋白质。蛋白质也是人体内的能源物质之一，但是在总能源中所占的比例很小。如果蛋白质摄取不足，儿童发育就受到影响，成人体质就下降，易患疾病，病后不易恢复，甚至恶化，影响健康。蛋白质在人体内的储存量十分有限，在营养充足时可储存少量的蛋白质，约为1%；当食物中过多的蛋白质进入体内时，则会被肝脏分解随尿液排出体外。因此，在短时间内过多地食用蛋白质并没有好处，只有每天适量获取才能满足肌体的需要。

3. 需要与来源

在《中国居民膳食指南（2022版）》中，以每千克体重每天摄入蛋白质1～1.5克为标准；我国确定的小康生活标准中，蛋白质摄入量为全国人均每天每千克体重2克。人体主要通过食物摄取所需的蛋白质。食物中的蛋白质分为动物性蛋白质和植物性蛋白质。动物性蛋白质来源于鱼肉、畜肉、禽肉和蛋、乳类等，所含必需氨基酸种类齐全，数量充足，而且各种氨基酸的比例与人体需要基本符合，这类容易吸收利用的蛋白质属于完全蛋白质。植物性蛋白质主要来源于豆类、坚果类、薯类、蔬菜类等食物，它们所含的氨基酸大多人体可自行制造，属于不完全蛋白质，但其中也含有较多的人体不能合成的必需氨基酸。

（二）脂肪

1. 组成及种类

脂肪性食物有两类：一类是动物性的，如猪油和奶油等；另一类是植物性的，如豆油、菜籽油和芝麻油等。脂肪由甘油和脂肪酸组成，脂肪酸又分为饱和脂肪酸和不饱和脂肪酸。植物油中含有的不饱和脂肪酸较多，其中有一些是人体不能合成或合成量不能满足需要的必需脂肪酸。这些脂肪酸容易被吸收，而且营养价值比动物性脂肪高。

2. 主要功能

脂肪是细胞的重要组成部分，如细胞双层脂质结构中的磷脂、糖脂和固醇脂等。脂肪是富含热量的营养素，能促进脂溶性维生素A、D、E、K的吸收。皮下和内脏周围的脂肪，既能防止热量的散失，维持正常的体温，又能保护肌体和内脏器官不受震动和撞击的损伤；磷脂占脑重量的一半，特别是脑和神经的发育需要磷脂的供应。胆固醇是胆汁的主要成分。有些激素也是由脂肪构成的。按总能量计，儿童脂肪供给量约占每日总能量的35%，成人以不超过25%为宜。长期过多地食用高热能、高脂肪、多胆固醇和精制糖类食物是导致高血脂，甚至冠心病的主要原因，某些癌症与摄入脂肪多、食物纤维少也有一定关系。正常人体对脂肪的需要并不太多，食物中的脂肪供给量受饮食习惯、季节、气候、身体状况和从事的劳动与运动负荷等因素的影响。一般情况下，为了满足人体一定量的脂溶性维生素、必要脂肪酸的需要，一个人每天摄入50克脂肪即可。在寒冷条件下或进行热能消耗很大的身体运动时，可以适当增加脂肪的摄入量；在较热的情况下，应适当减少摄入量。

3. 需要与来源

按脂肪热量计算，由膳食提供的脂类热量应占每天总热量的20%～25%，即每日摄入50克脂肪即可完全满足需要。膳食中的脂类物质不仅指食用的油脂，还包括各类食品成分中的脂肪含量。脂肪摄入过多，对肌体会产生不良影响。脂肪分为可见的脂肪和不可见的脂肪。可见的脂肪是指那些已经从动植物中分离出来，能鉴别和计量的脂肪，例如猪油、黄油、人造黄油、酥油、色拉油、花生油、豆油等烹调油；不可见的脂肪是指没有从动植物中分离出来的脂肪，如食用的肉类、鸡蛋、奶酪、牛奶、坚果和谷物中的脂肪。动物食品中主要含有饱和脂肪，但也有例外，椰子油和棕榈油含很高的饱和脂肪，而鱼肝油这种动物脂肪中不饱和脂肪的含量很高。

（三）糖

1. 组成及存在形式

糖类又称碳水化合物，是人类最经济的营养素，在一般的混合性食物中，它占有最大的比例。糖是由碳、氢、氧三种元素组成的，根据糖基的数目可分为单糖、双糖和多糖。葡萄糖和果糖是单糖，乳糖、蔗糖和麦芽糖是双糖。日常膳食中最重要的多糖是植物中的淀粉，纤维素也是一种多糖，但因为人体中缺乏有关的酶，故纤维素属于不能被消化的多糖。动物肌肉和肝脏中含有肌糖原和肝糖原，是动物性食物中糖的存在形式。

2. 主要功能

糖类是构成人体组织的重要物质。糖与蛋白质结合所形成的糖蛋白是细胞的组成成分之一，糖与脂类物质形成的糖脂是神经组织的重要成分，遗传物质中的核糖核酸与脱氧核糖核酸中也有糖，血液中有血糖等。糖类是供应人体能量最主要的物质。在日常情况下，人体由糖类提供的热能占全天所需热能总量的50%～70%。糖类还构成组织成分并参与其他物质代谢，对中枢神经系统有特殊营养作用，能调节脂类代谢，具有解毒作用。肌体缺糖会使血糖下降，首先会影响中枢神经系统大脑的机能，使其兴奋性下降，反应迟钝，四肢无力，动作协调性下降，甚至头晕，运动不能继续。中国人的膳食是以谷物为主体的，因此一般来说，机体对糖的代谢能力是很强的，人体对糖的摄入量要考虑人的生活、工作及身体活动的情况。食入糖类过多对健康有不良作用，如肥胖、糖尿病、心血管疾病、龋齿等，特别是蔗糖。

3. 需要与来源

人体内糖储备较少，为300～500克，因此必须从每日膳食中摄取。大学生的学习活动强度较大，每天每千克体重需糖5～7克，剧烈体育运动时增加到8～12克。单糖和双糖只能提供能量，无其他营养成分，如摄入过多不仅会引起龋齿，影响其他营养素的摄入，还会转化成脂肪储存起来，造成肥胖。糖的来源十分广泛，各种食用粮食、根茎类食物都含有大量的淀粉和少量的单糖、双糖；蔗糖和麦芽糖也是机体需用糖的重要来源；蔬菜和水果中除含少量单糖外，还是纤维素和果胶的重要来源。

（四）无机盐

人体内的无机盐元素种类很多，可以分为两大类：一类是含量较多、体内需求较大的，有钙、镁、钾、钠、磷、硫、氯等七种，称为常量元素；另一类是含量较少的，有铁、碘、硒、锌等，称为微量元素。人体在物质代谢过程中，每天都有一定量的矿物质从各种途径排出体外，因此必须从食物中得到补充。矿物质在食物中的分布极广，正常膳食一般都能满足肌体需要，其中最易缺乏的是钙和铁。

1. 钙和磷

钙在体内的主要作用为构成骨骼与牙齿，维持神经与肌肉的正常兴奋性，参与凝血过程等。成人每日需0.6克，比儿童及孕妇、老年人的需要量较高，大量出汗可使钙的排出增多，每日需钙量可达1～1.6克。含钙较多的食品有虾皮、海带、豆制品、芝麻、山楂、绿叶蔬菜等。由于钙和磷在体内的关系非常密切，二者在血液中必须达到一定浓度才能共同完成其生理机能，所以在补充钙的同时，还要注意从含蛋白质的食品中摄入磷。

2. 铁

铁的主要作用是构成血红蛋白。缺铁可影响血红蛋白生成而发生缺铁性贫血，降低血液载氧功能，全身功能低下，成年男子每日需铁12毫克左右，青少年、妇女每日需铁15毫克左右，大量出汗可增加铁的丢失，应给予额外补充。含铁量多的食物有动物肝脏、动物血液等。另外，如蛋黄、肉类、豆制品、红糖、沙棘果等铁的含量也比较丰富。矿物质和微量元素与其他营养素一样并不是多多益善，每种矿物质和微量元素都有一定的适宜范围，小于这一范围可能出现缺乏症状，大于这一范围则可能引起中毒。因此，一定要很好地掌握它们的摄入量。

（五）维生素

维生素又名维他命，通俗来讲即维持生命的元素，是维持人体生命活动必需的一类有机物质，也是保持人体健康的重要活性物质。维生素在体内的含量虽然很少，但不可或缺。各种维生素的化学结构及性质虽然不同，但有以下共同点。

（1）维生素均以维生素原（维生素前体）的形式存在于食物中。

（2）维生素不是构成机体组织和细胞的组成成分，也不会产生能量，它的作用主要是参与机体代谢的调节。

（3）大多数的维生素，机体不能合成或合成量不足，不能满足机体的需要，必须经常从食物中获得。

（4）人体对维生素的需要量很小，日需要量常以毫克（mg）或微克（μg）计算，但一旦缺乏就会引发相应的维生素缺乏症，对人体健康造成损害。

维生素与碳水化合物、脂肪和蛋白质三种物质不同，在天然食物中仅占极少比例，但又为人体所必需。有些维生素如B_6、K等能由动物肠道内的细菌合成，合成量可满足动物的需要。动物细胞可将色氨酸转变成烟酸（一种B族维生素）；维生素C除灵长类（包括人类）及豚鼠以外，其他动物都可以自身合成。植物和多数微生物都能自己合成维生素，不必由体外供给。许多维生素是辅基或辅酶的组成部分。

人和动物营养、生长所必需的某些少量有机化合物，对机体的新陈代谢、生长、发育、健康有极重要的作用。如果长期缺乏某种维生素，就会引起生理机能障碍而患某种疾病。维生素一般可以从食物中取得，现在发现的有几十种，如维生素A、维生素B、维生素C等。

维生素是人体代谢中必不可少的有机化合物。人体犹如一座极为复杂的化工厂，不断进行着各种生化反应，其反应与酶的催化作用有密切关系。酶要产生活性，必须有辅酶参加。已知许多维生素是酶的辅酶或是辅酶的组成分子，因此维生素是维持和调节机体正常代谢的重要物质。可以认为，最好的维生素是以“生物活性物质”的形式存在于人体组织中的。

食物中维生素的含量较少，人体的需要量也不多，却是绝不可缺少的物质。膳食中如果缺乏维生素，就会引起人体代谢紊乱，以致发生维生素缺乏症。如缺乏维生素A会出现夜盲症、干眼病和皮肤干燥；缺乏维生素D可患佝偻病；缺乏维生素B_1可得脚气病；缺乏维生素B_2可患唇炎、口角炎、舌炎和阴囊炎；缺乏PP（烟酸）可患癞皮病；缺乏维生素B_{12}可患恶性贫血；缺乏维生素C可患坏血病。

（六）水

水是肌体的重要组成成分，肌体的60%～70%是由水组成的。水参与全身所有的物质代谢，完成机体的物质运输，调节体温，保证腺体正常分泌。水在体内有润滑的功能，体内的水，如泪液，可防止眼球干燥；唾液及消化液有利于吞咽、咽部湿润和胃肠消化；关节滑液、胸膜和腹膜的浆液、呼吸道和胃肠道液等，都有良好的润滑作用。水是最重要的营养素，失去5%的机体水分，将导致疲劳、乏力和注意力不集中等。人体内的水必须保持恒定，正常情况下体内储存的水量不能多也不能少。水的供需量随体重、年龄、劳动与身体运动强度的不同而异。正常人每日需水2 400～4 000毫升（包括食物水1 000毫升、饮水1 200毫升、代谢中产生水300毫升），排出水量与摄入水量保持平衡（呼吸蒸发350毫升、皮肤蒸发500毫升、粪便排出100毫升、肾脏排出1 500毫升）。一般情况下，气候、劳动、运动与健康变化都是影响需水量与排水量的重要因素。

科学锻炼的原则与方法

一、体育锻炼的原则

体育锻炼原则是对身体锻炼规律的概括，是人们从事体育锻炼时应时刻遵循的原则。

（一）全面发展原则

处于生长发育期的青少年，身体组织器官形体增大，功能日趋成熟，机体对锻炼的需要也多样化。因此，青少年在锻炼身体时，要选择多种运动项目，既要有发展速度、力量的项目，也要有发展灵巧、耐力和柔韧性的项目，以使身体的各种器官和机能都能得到锻炼，身体全面均衡地发展。

（二）因人而异原则

人的个体差异是很大的，因此锻炼需要的差异也是很大的。在锻炼时应根据自己的健康状况和原有锻炼的基础，选择适合自己的项目和方法，量力而行，不要勉强；应在体育教练的指导下制订个人的锻炼计划。身体有慢性病的同学，也不要轻易免修体育课或不参加体育锻炼，应根据病情和体力适当安排体育活动，如散步、打太极拳等。

（三）循序渐进原则

锻炼时应按照人体适应性规律及超量恢复的原理，合理安排锻炼的步骤，运动量由小到大，运动项目由少到多，运动技巧由易到难，运动时间由短到长。如果突然承担很大运动负荷就会导致过度疲劳，如果突然从事高、难动作就会发生运动伤害。

（四）持之以恒原则

锻炼能否达到好的效果，关键在于能否坚持。经常而科学地体育锻炼才会对身体产生促进作用。要使体育活动经常化，直至形成一种习惯。青少年体育锻炼最好能与自己的兴趣爱好相结合，通过直接动机和间接动机的互动把体育锻炼坚持下去。

（五）体育卫生原则

体育卫生是指运动要科学、安全，有利于身体健康，不要出现与锻炼目的相反的结果。体育卫生的要求很多，如运动前要做好准备活动；运动中要动静结合，做好保护措施；运动后要做整理活动；运动负荷要合理、运动环境要安全卫生、运动营养要科学等。

二、体育卫生常识

体育锻炼必须遵循人体变化规律，讲究体育卫生，才能达到增强体质、增进健康的目的。下面重点介绍关于体育卫生四个方面的内容。

（一）准备活动

准备活动是体育锻炼前进行的一系列身体练习，它可使人体从相对安静状态过渡到运动状态，并对整个机体产生积极的影响，可以起到提高神经和肌肉的兴奋性、预防运动损伤、调节运动情绪、更好地投入锻炼等作用。

（二）整理活动

锻炼活动结束时做一些轻松、活泼、柔和的练习，能使人体由紧张的运动状态（包括生理和心理两方面），逐步过渡到相对平静的状态，可以改善肌肉的血液循环，减轻肌肉酸痛，消除疲劳。

（三）运动与合理饮食

人体的健康取决于许多因素，如食物营养、遗传特征、气候条件、卫生状况和体育锻炼等。青少年要保证健康成长，食物营养是最重要的因素，除平时注意采用科学的、合理的、正确的饮食，保证摄取均衡的营养之外，在体育锻炼时还必须掌握科学合理的进食和饮水的方法。

1. 合理进食

根据体育运动与食物消化的生理特点，体育锻炼与进食时间必须遵守一定的卫生要求，即饭后1小时以后方可开始运动。锻炼结束后，至少应休息30分钟后才能进食，并且要注意食物的数量，保持一定的规律，切忌锻炼后暴饮暴食，以免发生疾病。保证科学的、合理的进食规律，有利于胃肠系统对食物的消化和吸收，锻炼活动的顺利进行。

2. 合理饮水

运动时会大量出汗，体内会减少水分，必须注意及时补充水分。要采取少量多次的方式饮水，不能一次暴饮，以免增加排尿和排汗，导致体内盐分的进一步丢失和加重心、肾的负担。一次饮水过多可使胃扩张并冲淡胃液，影响运动、呼吸和消化功能。在天热出汗过多时还要注意补充一些淡盐水。

（四）女子体育卫生

由于女性与男性在身体结构和机能上有所不同，所以在体育锻炼时，必须充分考虑到女性的生理特点，采取正确的方法。青春期的女性在锻炼时应注意如下卫生问题。

1. 一般卫生

由于女性的循环系统和呼吸系统的机能均较男性差，所以运动量应相对小些；由于女性的臂力较弱，不适合做支撑和悬垂摆动动作；从高处跳下时，垫子不可太硬，并要注意落地姿势，以免身体过分受震而影响骨盆的正常发育。

根据女性的心理特点和身体平衡性、柔韧性较好的特点，可多选择一些节奏感强、轻松活泼的项目，如体操、平衡木、舞蹈和球类运动等。

2. 月经期卫生

健康女性在月经期，一般不必完全停止体育锻炼，适当的运动可以改善盆腔血液循环，有助于经血排出，更有利于身体机能的发育和完善。月经期一般不做大运动量的锻炼项目，应适当减少运动量，避免震动大的跑跳动作和力量型的练习，以免引起月经流血增多。锻炼时间不宜太长，避免冷、热刺激，不宜参加游泳、冷水浴及在太阳下暴晒的运动。有月经紊乱现象的同学应暂停体育锻炼。

三、选择适宜的运动项目与时间

体育锻炼是通过一定的运动负荷来提高人体的机能水平的。锻炼的效果在很大程度上取决于刺激的强度，运动量过小则达不到锻炼的目的，运动量过大则产生过度疲劳而有损健康。因此，体育锻炼的首要任务是选择适合自己的运动项目、运动时间和运动负荷。

（一）选择适合自己的运动项目

大学生正处于体能发育敏感阶段，应根据个人爱好和身体特点选择若干运动项目，坚持经常性的锻炼。一般来说可以选择如下项目。

（1）一年级。由于刚参加完紧张的高考，体质有所下降，运动技能也有所减退，此时宜选择提高心肺功能的健身慢跑、广播操、健美操等运动强度不大的项目进行锻炼，待体能恢复并提高后，再逐步参加运动强度较大的项目。

（2）二年级。从事一些对提高身体素质具有较好效果的运动项目，如中长跑、健美运动、各种球类和发展速度和柔韧性的运动，有意识地锻炼身体的基本活动能力，特别是青少年比较差的支撑、悬垂、倒立、攀爬、负重、搬运等能力，要有意识地增强腰、背、腹、胸和四肢的肌肉力量。

（3）三年级。在进行了全面的身体锻炼之后，可以结合自己的兴趣特长，选择一两项运动深入学习和锻炼。这时应选择容易与社会体育接轨的运动项目，男生可以将足球、篮球、网球、乒乓球、武术等作为首选，女生则可以将羽毛球、健美操、体育舞蹈、毽球、排球等作为首选。在不断提高技能的同时发展专项身体素质，为毕业后进行终身体育锻炼和体育娱乐打下坚实的基础。

另外，女生因其生理特点，不宜多做单纯的支撑、悬垂和静力性练习，而应多做锻炼腹肌和骨盆肌的练习，如仰卧起坐、扭腰转身、扩胸伸腰等。

（二）选择适合自己的运动时间

（1）清晨运动。运动时间不宜太长，运动量不能过大，以免大脑皮层由兴奋转为抑制，造成上午上课打瞌睡，影响学习；运动时间应控制在10～20分钟为宜；运动项目以做徒手操为主，也可选择中短距离慢跑（男生1 000米以内，女生800米以内）等。

（2）课间活动。虽只有短短10分钟，却是宝贵的锻炼时间，可有效地消除疲劳，保健身体。课间的少许运动就可以使疲劳的视觉和听觉能力提高30%，同时还能有效地消除背部肌肉的偏侧紧张。课间活动以广播操或眼保健操为宜。

（3）下午课外活动。这是青少年学生一天中最主要的运动时间，可进行较剧烈的体育运动和比赛，但以消耗的体力易于恢复、对晚自习无妨碍等为度。下午4时至7时是身体锻炼的最佳运动时间。

（4）睡前活动。睡前20分钟可以进行为时较短、较和缓的运动，如打一套拳、做几节操、散步等，以缓解脑神经的兴奋，消除肌肉的紧张，有利于睡眠。

（三）选择适合自己的运动负荷

运动负荷取决于运动的强度、密度和练习时间三个要素，运动量通常可以用脉搏数来衡量。有研究认为，最适宜的运动负荷是脉搏在130次/分左右，也可根据自己的主观感觉来判断运动负荷，如体育锻炼结束10分钟后恢复平静状态，呼吸、脉搏恢复到锻炼前的频率就被视为合理负荷。

四、走出身体锻炼的误区

人们都在锻炼身体，但能否正确地理解锻炼身体的内涵也不是轻而易举的事情，不但刚开始锻炼的人，就是已经锻炼了许多年的人，对于怎样锻炼才有效、怎样才能练好等问题，也存在着许多误解。要修正错误观念，就必须尊重科学规律、注意学习。在此仅举几个锻炼误区的实例。

（一）只要每天坚持做100个仰卧起坐，腹部脂肪就会减少

其实青少年的腹部肥胖突出的原因有两种：一是小腹局部脂肪堆积，二是小腹肌肉薄弱无力，腹腔内脏器官的重力作用于肌肉张力不足。仰卧起坐对于腹部肌肉锻炼是有效的，但它不能让脂肪消耗得无影无踪。另外，只想局部减肥是不现实的，因为当人们消耗脂肪

时，这些脂肪来源于全身，所以要想获得理想的体形，只有坚持经常性的全面锻炼，如长距离慢跑、游泳、骑自行车或爬山等。

（二）体育锻炼一旦停止，发展起来的肌肉就会转化成脂肪，因此还不如不锻炼

这种认识是错误的，因为肌肉主要由蛋白质构成，肌肉不会变成脂肪，就像脂肪绝不可能变成肌肉一样。许多人锻炼停止后发胖的原因，是他们的肌肉因缺乏锻炼而逐渐萎缩，同时由于多饮多食，活动量减少，能量消耗亦少，多余的能量转化为脂肪被存于体内。

（三）觉得某项锻炼有效，就天天都做，多多益善

这也是不对的，因为锻炼后的身体恢复期间，肌纤维并未进行着人们所期望的增长。一周练3次可能很有效果，但一周练6次的效果却不是前者的两倍，相反可能会受到伤害。体育保健学家认为，过度的激烈运动往往容易破坏人体内外运动的平衡功能，加速体内某些器官的“磨损”和一些生理的失调，甚至导致生命周程缩短。因此，要根据自己的实际情况，合理地安排锻炼与休息，并非锻炼多多益善。

第三节 运动损伤与处理

经常参加体育锻炼，可以促进青少年的生长发育，增强体质。如果锻炼时不遵循科学的锻炼方法，不注意安全，不讲究运动卫生，就容易发生运动创伤。对待运动创伤，人们一方面要重视，贯彻执行“预防为主”的方针，采取有效的预防措施；另一方面，也应该学习和掌握常见运动创伤的简单处理方法。

一、运动中常见的生理反应

在体育锻炼过程中，人体的生理平衡受到暂时性破坏，并出现某些生理反应，这种反应被称为运动生理反应。常见的运动生理反应及处理方法如下。

（一）肌肉酸痛

（1）原因：多数是平时缺乏锻炼或运动量过大。

（2）预防与处置：要做好准备活动，运动开始时运动量需要小些，以后逐渐增加，即使在一个阶段的锻炼中，也要遵循循序渐进的原则。每次锻炼后，要及时做好放松活动，如仍然有酸痛现象，可采取局部按摩、热敷或用松节油擦抹等方法，以促进气血通达，缓解酸痛。

（二）运动中腹痛

（1）原因：准备活动不充分或在长跑和其他激烈运动中，膈肌运动异常，血液淤积在肝脾两区，引起两肋间疼痛，或者在运动前饮食过多，或者过于紧张而引起胃肠痉挛等。

（2）预防与处置：做好准备活动，运动负荷要循序渐进并注意呼吸调节，切忌闭气。如已产生腹痛，可适当减慢跑速，加深呼吸，揉按疼痛部位或弯着腰跑一段，即可缓解疼痛。腹痛严重者可停止运动，并口服10滴水或普鲁苯辛（1片/次）。如仍不见效，应送医院诊断治疗。

（三）肌肉痉挛（抽筋）

（1）原因：肌肉突然猛力收缩或用力不均匀，或因受到过冷水温（气温）的刺激，或肌肉收缩与放松不协调等。

（2）预防与处置：在运动前对容易发生痉挛的部位做好准备活动，并适当按摩。运动间歇时要注意保暖。如果已发生痉挛，对痉挛部位应立即做强制性牵拉或按摩，同时点按腹中的承山、涌泉等穴位。

（四）运动性昏厥

（1）原因：在运动过程中，脑部突然血液供给不足，并达到一定程度时会发生一时性知觉丧失现象，称为运动性昏厥。其症状表现为面色苍白、手脚发凉、呼吸缓慢、眼睛发黑、失去知觉而昏倒。其主要原因是长时间剧烈运动，四肢回流血液受阻，或突然进入激烈运动状态（如疾跑、冲刺），或在极度疲劳下继续锻炼，或久蹲后骤然站起，或疾跑后急停，或空腹状态下锻炼而出现低血糖等。

（2）预防与处置：平时应经常参加体育锻炼，以便增强体质。运动时要控制运动负荷，防止过度疲劳。如果一旦出现运动性昏厥，应立即让患者平卧，使脚高于头部，并进行由小腿向大腿、心脏方向的推摩，也可点按人中、合谷穴。如果发生呼吸障碍，应进行人工呼吸。轻微患者可由同伴搀扶慢走，并协助做伸展运动和深呼吸等。

（五）极点和第二次呼吸

（1）原因：剧烈的运动使内脏器官的功能存在惰性与肌肉活动需要不相称，致使氧气不断积累，乳酸堆积达到一定程度时，就会出现胸闷、呼吸急促、下肢沉重、动作不协调，甚至恶心、呕吐等现象。这就是运动生理学所称的“极点”。

（2）预防与处置：平时应加强体育锻炼，不断提高机体对运动的适应力，可延缓极点出现的时间和减轻症状。当极点出现后，应适当减少运动负荷，加深呼吸，异常反应可逐渐缓解或消失。随后，动作可重新变得轻松、协调，运动能力又有所提高。这种现象被称为“第二次呼吸”。极点是运动中常见的生理现象，因此不必疑虑和恐惧。

二、运动损伤的预防

（一）运动损伤的主要原因

（1）对预防运动损伤的意义认识不足。思想上的麻痹大意是造成运动损伤的最主要因素。

(2)准备活动不充分。缺乏对易损伤部位的保护及技术上的错误，如举重时过度挺腹，跳水时两腿过分后摆。

(3)身体机能状态不佳。如运动时情绪低下、恐惧、犹豫，或者缺乏运动经验和自我保护能力等。

(4)运动量安排不当。尤其是局部负荷量过大，超过了锻炼者的生理承受力。

(5)组织教法不合理、不科学。违反教学和运动规律的教法会导致伤害发生。

(6)运动环境不良。地面不平坦，光线暗淡，器械不坚固，人员过于拥挤等。

(二)运动损伤的预防

(1)加强安全意识。要提高预防运动损伤的意识，克服麻痹大意的思想。

(2)做好准备活动。准备活动要有针对性，加强对易损伤部位的防范措施。

(3)遵循教学规律。特别是对技术较难和容易受伤的环节，应事先做好预防措施，合理安排运动量，区别对待，切忌急于求成。

(4)加强保护和帮助意识，提高自我保护能力。如摔倒时立即屈肘、低头、团身，以肩背着地，顺势滚动，而不能用直臂撑地。

(5)加强医务监督。要善于把握自己在运动前后的生理变化，患有慢性疾病者要定期体检，并在医生和体育教练的指导下进行体育锻炼。

(6)重视运动器材、场地的安全和卫生。场地器材应经常检查和维修，锻炼者的服装、鞋子要符合体育卫生要求。

三、常见的运动损伤

(一)软组织损伤

软组织损伤可分为开放性损伤和闭合性损伤两类。前者有擦伤、撕裂伤、刺伤和切伤等；后者有挫伤和肌肉拉伤等。

(1)擦伤。在运动时，因摔倒或皮肤受器械摩擦而致伤，擦伤后皮肤出血或组织液渗出。小面积擦伤，用碘伏涂抹伤口即可；大面积擦伤，先用生理盐水洗净后涂抹碘伏，再用消毒纱布覆盖包扎。

(2)撕裂伤。在剧烈运动时突然受到强烈撞击，造成肌肉撕裂，包括开放伤和闭合伤。常见的有眉肌撕裂、跟肌撕裂等。轻度开放伤，用碘伏涂抹即可；裂口大，则需止血和缝合，必要时还需注射破伤风抗毒血清。

(3)肌肉拉伤。在外力作用下，使肌肉过度主动收缩或被动拉长，引起肌肉拉伤。这种损伤多数是由准备活动不充分，或者动作不协调，或者用力过猛造成的。致伤后，轻者即刻冷敷、局部加压、包扎，并抬高患肢，24小时后可实行按摩；严重者，肌肉完全撕裂，经加压后，立即送医院手术缝合治疗。

(二)关节、韧带扭伤

(1)急性腰伤。运动时因腰部受力过重，肌肉收缩不协调，或脊椎运动超过正常生理范围而致伤。如挺身式跳远，举重时过分挺腹，跳水时下肢后摆过多等。

轻度损伤可轻轻揉按，重症者应立即让患者平卧（一般不应随意扶动），并用担架护送至医院治疗。处理后，应睡硬板床或腰后垫一枕头，使肌肉、韧带处于放松状态，24小时后可实行按摩。

（2）踝关节扭伤。通常因跳起落地时身体失去平衡，使踝关节过度内翻或外翻，或者场地不平或动作不协调等，也可造成踝关节扭伤。

扭伤后，伤处肿胀、疼痛、皮下出血；如果疼痛剧烈，不能站立、行走，则可能发生骨折。伤后处置与手指挫伤的处置方法基本一致，伤重时应立即送医院诊断治疗。

（三）关节脱位

运动时因受外力作用，使关节面失去正常的连接关系，叫作关节脱位，又称脱臼。关节脱位后常出现畸形，与健肢相比不对称，因软组织受损而出现炎症反应。局部疼痛、压痛或关节肿胀，并失去正常活动能力，甚至发生肌肉痉挛现象。

应叮嘱患者保持安静不要活动，更不可揉搓脱位部位。如果脱位部位在肩部，可把患者肘部弯成直角，再用三角巾把前臂和肘部托起挂在颈上，然后用一条宽带缠过脑部，在对侧脑做结。如果脱位部位在髋部，则应立即让患者躺在软卧上送往医院。

（四）运动骨折

运动中，当身体某部位受到直接或间接的暴力撞击时，易造成骨折。骨折发生后，可见患处立即出现肿胀，皮下淤血，有剧烈疼痛，肢体失去正常功能，肌肉痉挛，有时骨折部位会发生变形，移动时可听到骨擦声。严重骨折时，伴有出血和神经损伤、发烧、口渴，直至休克等全身性症状。

骨折后肢体不稳定，容易移动，会加重损伤和剧烈疼痛，可用木板、塑料板等将肢体骨折部位的上、下两个关节固定起来。如果一时找不到固定的材料，骨折在上肢者，可屈曲肘关节固定于躯干上；骨折在下肢者，可伸直腿足，固定于对侧的肢体上。怀疑脊柱有骨折者，需仰卧在门板或担架上，躯干四周用衣服、被单等垫好，不要移动，不能抬伤者头部，这样会引起伤者脊髓损伤或发生截瘫。昏迷者应俯卧，头转向一侧，以免将呕吐物吸入肺内。怀疑颈椎骨折时，需在头颈两侧置一枕头或扶持患者头颈部，避免其在运输途中发生晃动。

思政小课堂

体育锻炼对于增强体质虽然起了很重要的作用，却并非决定性的作用。体质与体育锻炼之间既有联系性又有独立性。从社会行为学角度看，体育锻炼作为一种积极的行为，可以带来很多有益的结果，如除了可以增强体质外，还有助于提高睡眠质量、调节情绪、增进社会交往、提高生活质量等，所以积极的体育锻炼行为和好的体质水平对于人们的健康生活都很重要。因此，在繁重的工作和生活之余，人们一定要坚持参加体育锻炼，减少久坐行为，以增强体质，促进身体健康。

本章小结

本章从营养与健康的概念入手，介绍了体育锻炼的内容和方法，从营养、身体锻炼和运动损伤与处理三个方面突出体育锻炼对健康的重要意义，不仅使学习者掌握运动损伤的处理方法和营养的合理搭配，还以科学健身、均衡营养，以提高人们的健康水平。

第三章

体育与大学生的发展

本章概述

本章主要介绍体育与大学生发展的相关知识，通过学习了解大学体育精神、明确大学生参加体育活动的意义，为终身体育意识的培养奠定良好的基础。

章结构图

体育与大学生的发展
- 体育与大学生的身体发展
  - 大学生身体发展的特性
  - 影响大学生身体发展的因素
  - 体育对大学生身体发展的作用
- 体育与大学生的心理健康
  - 大学生心理健康的特性
  - 影响大学生心理健康的因素
  - 体育对大学生心理健康的作用
- 体育与大学生的社会适应
  - 对培养大学生人际交往能力的作用
  - 对培养大学生竞争和协作意识的作用
  - 对增强大学生

学习目标

1. 掌握大学生身体发展的特性和影响因素。
2. 理解大学体育精神的概念。
3. 认识体育在大学生成长成才中的重要性。

第一节 体育与大学生的身体发展

一、大学生身体发展的特性

人类的身体发展具有明显的年龄阶段特性，按身体增长的速度可分为匀速增长阶段（男7～11岁，女7～9岁）、快速增长阶段（男12～15岁，女10～12岁）、缓慢增长阶段（男16～18岁，女13～17岁）和稳定增长阶段（男19～22岁，女18～21岁）。我国大学生的年龄一般在17～23岁，已进入青春期后期向青年时期转换的阶段，身体形态发育已进入稳定阶段，身体机能的发展及身体素质的发展已达到较高的水平。

（一）身体形态发育的特性

名人语录

身体的健康因静止不动而破坏，因运动练习而长期保持。——苏格拉底

身体形态包括体格、体型及姿态等指标。体格指标是指人体的身高、体重、围度等；体型指标指人体的整体指数与比例；姿态指标指的是人坐、立、行等的优雅程度。第八次全国学生体质与健康调研结果显示，学生体质健康达标优良率逐渐上升。2019年全国6～22岁学生体质健康达标优良率为23.8%，优良率较高的地区为东部经济发达地区和沿海地区。自2014年教育部颁布实施《国家学生体质健康标准》以来，我国学生体质健康达标优良率总体呈上升趋势，13～22岁年龄段的学生体质健康优良率从2014年的14.8%上升到2019年的17.7%，上升了2.9个百分点。13～15岁、16～18岁、19～22岁年龄段的学生体质健康达标优良率分别上升5.1、1.8和0.2个百分点，初中生上升最为明显。同时，学生身高、体重、胸围等形态发育指标持续向好，各年龄组男女生的身高、体重、胸围等指标均继续呈现上升趋势。与2014年相比，2019年全国7～9岁、10～12岁、13～15岁、16～18岁、19～22岁男生身高分别增加0.52厘米、1.26厘米、1.69厘米、0.95厘米和0.81厘米，体重分别增加0.61千克、1.73千克、2.52千克、2.52千克和2.86千克，胸围分别增加0.53厘米、1.01厘米、0.99厘米、0.82厘米和1.54厘米。各年龄组女生的身高分别增加0.72厘米、1.24厘米、0.97厘米、0.80厘米和0.62厘米，体重分别增加0.70千克、1.64千克、2.28千克、1.99千克和1.67千克，胸围分别增加0.52厘米、1.03厘米、1.38厘米、0.95厘米和0.83厘米。从以上数据可以看出，我国大学生的身体形态发育进入稳定阶段，身高增长速度减慢，但体重增长较快，身体的厚度、围度也在稳步增长。体重的增加受骨骼、肌肉的生长发育和脂肪增加的影响。男生在雄性激素的作用下，肌肉继续发展，体型显得粗壮结实；而女生在雌性激素的作用下，体型丰满，皮下脂肪增多。

大学生的第二性征：男生表现为体形魁梧，肩部增宽，喉结突出，发音低沉，胡须丛生；女生表现为身材窈窕，乳房隆起，嗓音尖细，肢体柔软而丰满，臀部和骨盆增宽。第二性征的出现与性腺发育密切相关。大学生在校期间，由于年龄增长和营养状况的改善及体育活动的开展，其第二性征更趋成熟。

（二）身体机能发展的特性

身体机能发展可以从神经系统、呼吸系统及心血管系统等指标来考察。大学阶段是神经系统最活跃的时期，也是接受教育的最佳时期，对人生发展起着决定作用。人体第二信号系统（语言文字处理系统）高度发展，抽象思维能力提高；第一信号系统（感觉器官直接从外部刺激接收信号的系统）和第二信号系统的协调程度更为完善；人体神经系统的兴奋与抑制过程趋于平衡，分析与综合能力提高明显。由于神经反应过程的灵活性高，神经细胞物质代谢机能旺盛，大学生表现为注意力集中，观察力强，记忆力好，易出现疲劳，但恢复较快。根据这一时期的机能特点，在大学体育运动中，教师要采用启发式与引导式的教学方法，充分利用大学生精力旺盛和智能良好的特点，激发大学生的想象力、创造力和自主学习的能力。随着大学生生理功能的成熟，肺脏的横径和纵径都继续增大，肺泡体积也随之增大，表现为胸廓增大，男生尤为明显。由于呼吸肌增强，频率减慢，深度加大，肺活量增大，呼吸系统发育日益完善，肺活量、最大吸氧量均接近人生最佳水平，因此在这个年龄阶段，可进行适当的耐力练习，以增强心肺功能。心血管系统是人体发育成熟最晚的系统，大学生的心血管系统发育已经接近成人水平，心肌纤维逐步增粗、收缩能力加强，脉搏输出量增加，心率逐渐减慢，血管壁弹性较好，这些生理特征都显示着大学生的心血管系统发育正接近完善。这个时期，他们可以承受一定的运动负荷，但强度不宜过大，随着年龄的增长，可以逐渐增加运动负荷强度。

（三）身体素质发展的特性

身体素质是大学生生理特征的重要内容之一，包括力量素质、柔韧素质、耐力素质、灵敏素质及速度素质等指标。身体素质水平建立在身体结构、生理机能和健康水平的基础之上。处于青春期末期的大学生，虽然体形结构不会发生大的改变，但是他们的身体素质却有极大的可塑性。在大学期间，男生的身体素质特征表现在速度素质无明显变化，力量素质、耐力素质增长明显，而身体的柔韧性和灵敏性下降。女生的身体素质特性表现在力量素质、耐力素质虽有所增加，但没有男生增长明显，速度素质及身体的柔韧性和灵敏性无太大的变化。

二、影响大学生身体发展的因素

身体发展是许多因素交叉、渗透、影响、制约和作用的结果。人类的健康与寿命取决于3个方面：生活方式与行为占60%，遗传因素占15%，环境因素占25%。其中，生活方式完全是人们自己可以掌握的，而遗传因素在遵循优生优育的原则下也是可以改善的，环境因素经过全人类的共同努力也是可以控制的。世界卫生组织2024年公布的最新资料表明：2022年全球近三分之一（近18亿）成年人未达到建议的身体活动水平，从而面临患病风险。

资料显示，2022年全球约31%成年人缺乏身体活动，比2010年增加约5个百分点，增长趋势令人担忧。若这一趋势持续下去，预计到2030年缺乏身体活动的比例将进一步上升至35%。

（一）遗传因素

遗传是指自然生物通过一定的生殖方式，将遗传物质从上一代传给下一代的生物现象。在个体的生长发育过程中，遗传因素是构成机体潜在特征的重要因素，人体的形态结构、相貌、肤色、性格等都受遗传因素的影响，特别是人的身高，但遗传程度又取决于后天环境的影响。因此，遗传因素对人的身体形态、身体机能、身体素质的发展并不起决定性的作用。虽然人的身体形态、身体机能和身体素质水平的高低是客观存在的，但它们可以通过后天良好的环境、健康的生活方式及科学的体育锻炼得到一定程度的改善。根据达尔文遗传定律中“物竞天择，适者生存”的法则，个体的遗传是可以在后天得到优化的。养成健康的行为习惯和生活方式、良好的生活环境都会促进遗传向好的方面转化。

（二）生活方式

生活方式是指人们长期受一定文化、民族、经济、社会、风俗、道德及家庭等因素的影响而形成一系列生活意识、生活习惯和生活态度，包括人的衣、食、住、行等各种活动方式。生活方式对健康的影响很大，并具有潜习性、累积性和广泛性的特点。青年大学生要重视培养良好的行为习惯和生活方式，避免不良生活方式的危害，其中最重要的危险因素就是缺少运动、作息时间不规律、膳食结构不合理、吸烟、酗酒及性滥交等。因此，学校应与家庭及医疗卫生部门紧密配合，采取必要的措施，创造良好的环境条件，帮助大学生养成良好的生活习惯，杜绝不良行为，使他们健康成长。

（三）环境因素

环境根据是否被人类改造，可分为自然环境和社会环境。人类生活在自然环境和社会环境中，所有的活动都与环境有着直接或间接的关系。环境的构成及其状态的异常变化，都会不同程度地影响到人类的正常活动。

自然环境是指人类生存和发展所依赖的各种自然条件的总和。优雅的校园环境能促进大学生的健康发展，因此大学生要加强环保意识，爱护花草树木，为营造良好的校园自然环境作出贡献，也为自己的健康发展创造好的环境基础。

社会环境是在自然环境的基础上，人类通过长期有意识的社会劳动，加工和改造的自然物质、创造的物质生产体系、积累的物质文化等形成的环境体系，它是与自然环境相对的概念。

三、体育对大学生身体发展的作用

体育是以运动的方式给予人体器官一定强度和量的刺激，对身体各个系统、组织、器官起到积极有效的影响作用。大学生正处于身体发育的末期，各项生理指标正在稳定地增长且日趋完善，科学地进行体育活动可以促进身体的全面发展，如促进身体形态的发育、身体机能的改善及提高身体素质。

名人语录

世上没有比结实的肌肉和新鲜的皮肤更美丽的衣裳。——马雅可夫斯基

（一）对身体形态发展的作用

大学生经历了青春发育的高峰期后，骨骼发展进入了缓慢增长阶段，但骨化过程尚未结束，身高的变化仍存在着相当大的可塑性。研究表明，经常参加体育锻炼的学生与其他同龄人相比，身高平均增长4～7厘米。体重不仅反映骨骼、肌肉、脂肪等重量的综合变化情况，也是大学生非常关心的问题，尤其是女生常常会因为体重的增加而感到烦恼。参加体育运动无疑是控制体重最好的办法。人体的所有运动都需要能量供应，而能量主要是由糖、磷酸盐、脂肪提供的，通过适量的体育运动可以消耗掉身体里多余的脂肪，从而达到减轻体重的效果。国际上常用BMI指数衡量人体胖瘦程度及是否健康，我国成年人最理想的BMI指数值是22。围度反映的是身体的充盈度，包括胸围、腰围、臀围等指标。处于青春期末期的大学生，身体的围度随着身体的发育而不断增厚，通过适量的体育运动可以对胸部、腰部、臀部进行专门锻炼，使这几个部位的肌肉得到更好的锻炼，从而达到丰胸、瘦腰、翘臀的效果，使体形的发育更加完善。体型是指身体各部分的比例，决定体型的主要因素是骨骼与肌肉的状况，著名画家达·芬奇说过："美感完全建立在各部分之间神圣的比例关系上。"体型的主要指标包括躯干上、下之间的比例，身高与肩宽的比例，胸围、腰围、臀围之间的比例等。虽然身体各个部位的比例关系受遗传因素影响很大，但是可以通过科学的体育运动来控制身体各个部位肌肉的大小、形状，从而改变其比例关系。姿态是指人坐、立、行走等各种基本活动的姿势，人体的姿势主要通过脊柱弯曲的程度、四肢、手足及头等部位来体现。经有关研究证明，经常参加体育运动的大学生身体匀称、肌肉结实、步伐矫健、精神饱满，具有一种阳光、向上的精神面貌与气质。

（二）对身体机能发展的作用

身体机能是指人的整体及其各组成器官系统所表现的生命活动，包括神经系统、呼吸系统及心血管系统等组成的人体内环境。大学阶段也是人们身体机能发育完善的重要时期，因此科学的体育运动对大学生的身体机能发展有着重要作用。

神经系统是人体中一个十分复杂和重要的功能系统，由中枢神经（脑和脊髓）及与之相连的周围神经组成。人体的一切活动的本质都是神经的反射活动，都是经过感知、分析、判断并作出反应的过程来完成的。大学阶段正处于年轻气盛的阶段，同学间经常进行各种比拼，对于相互间的反应能力也是一个重要考验。经常参加体育活动可以改善和提高神经系统的反应能力，使之更加灵活、准确、协调。

呼吸系统由交换气体的肺和输送气体的呼吸道组成，呼吸道由鼻、咽、喉、气管和支气管组成，并以骨或软骨为支架使管道保持通畅，以利于呼吸的进行。在体育活动中，肌肉活动要消耗大量的养料和氧气，以供应运动所需的能量，同时产生大量的二氧化碳并被排出体外，这就需要呼吸系统加倍工作，而经常从事体育活动可以促进呼吸系统机能的不

断提高。大学生的呼吸系统正处于完善阶段，经常参加体育运动能促进呼吸肌发达有力、耐久，胸廓活动范围增加，肺活量、最大肺通气量增加，使机体能承受大强度、大运动量的活动；还能预防和消除呼吸系统的疾病。体育运动使人体新陈代谢旺盛、心肺功能增强、抵抗能力提高，同时能促使呼吸道毛细血管更加丰富，上皮细胞的纤毛活动和肺内白细胞的吞噬能力得到加强，能及时消除呼吸道的病原微生物，减少感染的机会，防止产生呼吸道疾病。

心血管系统由心脏、血管和血液组成。血管是血液流通的渠道，血液的主要机能是运输营养物质和氧气，排出代谢物质和二氧化碳。机能良好的心血管系统是一个体魄强健者所必备的条件。大学生的心脏在形态和功能上均已接近成年人的水平，体育活动能促进心肌增厚，增加心肌纤维中收缩蛋白和肌红蛋白的含量，使心肌中的毛细血管大量增生，心脏的重量、容量、横断面积等有所增大。体育锻炼能促进心肌粗壮有力，心搏徐缓，心缩力增大和每搏出血液量增多，使心脏机能得到增强。经常参加体育锻炼能改善血液成分，增加白细胞分类中淋巴细胞的数量。一般人每毫升血液中，红细胞含量男子450万～550万个，女子380万～460万个，而经常进行体育活动的人可达到600万～650万个。

（三）对身体素质发展的作用

身体素质是指人体肌肉活动的基本能力，是人体各系统的机能在肌肉工作中的综合反应，包括力量素质、耐力素质、速度素质、柔韧素质及灵敏素质等。身体素质水平的高低虽然与遗传因素有关，但决定因素是后天的营养和体育锻炼。通过正确的方法和恰当的体育锻炼可以从各个方面提高人体的身体素质水平。

（1）力量素质是人体完成所有活动的基础，是身体素质的重要组成部分。经常运动的人，除肌肉的外在形态变得更大、线条更加明显外，肌肉力量也不断增强。经常从事力量练习的人，其肌肉纤维呈现出数量多和横切面大的特点，而且在用力时肌肉所募集的肌纤维会更多。

（2）耐力素质是指人体尽可能长时间进行肌肉活动的能力，也可看作肌肉抵抗疲劳的能力，是健康身体的必备条件。经常从事耐力性体育运动，可以使大脑皮层长时间保持兴奋与抑制之间的有节律转换，使大脑皮层神经过程的均衡性得到改善，神经细胞的工作能力得到提高，支配肌肉活动的各运动中枢之间的协调得到改善；使心脏增大而心率降低，提高心脏输出血量，提高心血管系统循环能力；增强呼吸肌的力量和耐力，并使肺内容积增大，实现更多气体交换，从而提高机体呼吸系统的能力。12分钟跑是当前国际上流行的一种运动方式，对于发展有氧耐力，提高心血管功能的效果较好。

（3）速度素质是指人体进行快速运动的能力，其表现有动作速度、反应速度及位移速度。体育运动能够促进大脑皮层神经过程的转换，使神经系统有较高的灵活性，从而使肌肉的收缩和放松交替迅速，加快了动作频率，提高了反应速度，缩短了完成单个动作的时间，从而提高了动作速度。体育运动还可以使体内的能量物质储备增加，无氧代谢过程加快，从而提高人体快速完成运动的能力。

（4）柔韧素质是指身体各个关节的活动幅度及跨过关节的韧带、肌腱、肌肉、皮肤和其他组织的弹性和伸展能力。柔韧性包括两方面的含义：一是关节活动幅度的大小，二是跨过关节的韧带、肌腱和肌肉等软组织的伸展性。经常从事柔韧素质发展的个体，能使动作学习轻巧自如，动作更加协调和准确，姿势更加优美。发展柔韧素质还可以减少肌肉等软组织损伤，防止伤害事故的发生。柔韧素质的提高还能增强身体的适应能力，更好地发挥力量、速度、灵敏等素质，提高运动技能和技术。

（5）灵敏素质是指在变化的条件下表现出的对动作的准确、协调、机敏、易变的操纵能力和迅速改变身体或某一部位运动方向的能力。灵敏素质是运动机能和各种素质在运动过程中的综合表现。一个人的年龄、性别、体重，速度、力量、柔韧等素质水平及身体的疲劳程度等对动作的灵敏性有直接影响。经常从事体育运动的人，在完成身体动作时敏捷程度更高，能更快地做出身体反应。这对日常生活劳动、各种职业技能训练、运动训练均有重要的意义。

思政小课堂

学校体育是国家全民健身计划和奥运争光计划的基础。学校是为国家培养高素质体育人才的重要基地。普通高等学校高水平运动队的建设是高等教育的有机组成部分，是普通高等学校创办高水平大学的重要方面，同时也是我国竞技体育健康、持续发展的重要途径。

自1986年在普通高等学校开展高水平运动队试点工作以来，普通高等学校勇于探索，积极开展运动训练，使高等学校运动技术水平大幅度提高，为国家培养了一批优秀体育人才，推动了普通高等学校体育工作的全面发展。与此同时，在招生政策、学籍管理、运动训练、竞赛制度等方面积累了丰富经验，为普通高等学校进一步开展高水平运动队建设奠定了坚实基础。

——《关于进一步加强普通高等学校高水平运动队建设的意见》（节选）

第二节 体育与大学生的心理健康

一、大学生心理健康的特性

大学阶段是大学生身体和心理由幼稚向成熟发展的黄金时期：生理变化高峰期，是身体发育成熟和定型的阶段；智力发育高峰期，是人一生中平均智力达到最高的阶段；需要高峰期，包括事业、理想、爱情、生活等需要；创造高峰期，最容易接受新鲜事物且思维活跃。这些变化也引起大学生一系列的心理变化，形成了大学生一些独特的心理特性。

（一）自我意识增强

大学生自我意识增强体现在：①自我认识和自我评价水平大幅提高，表现在自我认识的自觉性和主动性较强，能根据周围人对自己的态度来认识和评价自己，也通过将自己与别人进行对比来评价自己，使自我评价的客观性有所提高；②大学生有一定的自我教育能力，善于根据社会、学校和集体对自己的要求来不断教育自己、改善自己；③自我体验得到提升，要求深入了解和关心自己的发展，常常进行独立思考，并进行自我设计和实践；④大学生的自尊心增强，表现为真诚的赞扬和尊重，嘲笑是让他们难以忍受的；⑤大学生的自我控制能力得到一定程度的提高，但是由于自身的修养、阅历和年轻气盛，他们并不能完全把控自己的情绪；⑥自我监督水平明显提高，能自觉、主动并逐渐以社会标准、社会期望、社会条件为转移不断审视自己的行为是否恰当。

流动的术语

自我意识是指人对于自身及其周围环境的认识，包括自我认识、自我体验、自我监督、自我评价、自我教育及自我控制等因素。

（二）情感丰富而强烈

处于体力和精力旺盛阶段的大学生，他们的情感丰富多彩，而且又带有瞬息万变的特点。大学生的情感体验以肯定、乐观和振奋为主，对美的体验表现得很直接，爱憎分明。大学生的情绪体验来得快而强烈，情境性强，感染力大，由此导致的情绪两极化突出，极易出现高度的兴奋、激动、热情或是极端的愤怒、绝望、冲动。例如，在大学阶段谈恋爱是正常现象，常常有大学生因为失恋而感到人生灰暗、精神不振，甚至出现绝望的情绪。

（三）思维提升

随着大学阶段知识的积累，大学生的思维得到了显著提高，思维方式有很大的变化，辩证逻辑思维占优势。他们能运用科学要领对某些事物和现象进行抽象性和理论性思维分析，他们喜欢独立地提出问题和寻找解决问题的办法，对事物的认识有自己的独立见解，用怀疑和批判的眼光看待周围的事物，喜欢争议、辩驳和提出一些新奇的想法。他们不满足于现象罗列和现成的结论，喜欢创造，敢于提出大胆的设想和新颖的见解；喜欢思考，追求完美而要求揭露事物的本质和规律，要求有理论的深度，希望对事物的因果关系做规律性的探索。

二、影响大学生心理健康的因素

大学生的心理正处于迅速走向成熟而又未完全成熟的过程中。心理发展的不成熟很容易引起适应不良甚至影响心理健康，而影响心理健康、导致心理疾病的因素很复杂，除了受大学生自身个性影响外，其中最有影响力的是学校、家庭和社会三个方面。

（一）自身因素

1. 生理因素

大学生处于青春期后期，生理的发育还在进行，身高体型的变化、第二性征的继续加强都是大学生特有心理问题的生理基础。根据天津医科大学大学生心理咨询门诊统计，相当一部分大学生的心理问题都与青春期的生理变化有着密切联系。如有的大学生因身材矮小而自卑，因身体过于肥胖而产生烦恼、痛苦心理；有的大学生由于性格有缺陷或胆小拘谨、多疑、冷漠而导致他们意志消沉、情绪过度紧张、动机冲突等，积压到一定程度便会诱发心理疾病。同时，大学生对于社会道德习俗、法律和纪律还不能深刻理解。因此，这种心理方面和思想方面的不成熟常常使大学生产生压抑、紧张、恐惧和羞涩的情绪，久而久之便会影响心理健康。

2. 个性因素

人格缺陷是产生心理疾病的重要原因。由于每个大学生成长的环境、条件、父母的遗传和教育方式不同，个性也千差万别。同样的环境，有的大学生能适应，有的大学生则格格不入；有的大学生能与人合作，有的大学生却独来独往，这些都与个性有关。个性决定了一个人的心理承受能力，决定了一个人待人接物的方式，决定了一个人的思维方式和行为方式，所以它对一个人的心理健康的影响特别大。那些在个性发展中存在严重缺陷的大学生，如自我中心、自私、骄横、懒惰、自卑、脆弱、狭窄、固执多疑、爱慕虚荣的人，特别容易产生心理疾病。

3. 情绪因素

现代心理学、生理学和医学的研究成果表明，情绪对人的心理健康具有直接的作用，可以说情绪主宰着心理健康。大学生的情绪处在最动荡和最复杂的时期，情绪特征具有明显的两极性：情绪情感丰富强烈并且复杂，年轻气盛，情绪多变，但控制和调节情绪的能力比较弱，心境易受环境变化的影响；在激情的状态下，往往缺乏冷静的思考，容易走向极端；有强烈的交往需求，渴望获得知己和友情，但缺乏交往的主动性，总希望他人先主动与自己接近，处于“守株待兔”的状态，从而导致内心闭锁。这些矛盾和冲突持续过长、强度过大，必然会破坏心理平衡而引发各种心理障碍，阻碍个体的发展和成功。

（二）学校因素

学校是大学生生活学习的主要场所，学校的环境和教育对大学生的心理状态有着更直接、更深刻的影响。在大学，来自四面八方的学生汇成一个群体，他们各自的生活习惯、性格、兴趣都有所不同，在人际交往过程中，有些大学生很难适应。由于中小学更注重智育，对学生其他的基本社会实践和基本生活能力缺乏必要的培养和磨炼，致使不少大学生缺乏独立和自理生活能力。

（三）家庭因素

家庭对于塑造大学生个性、养成生活习惯和行为方式都有重要的影响。“望子成龙，望女成凤”是中国家长期望值的代号。期望值过高或过低，对孩子的成长都不利。家庭对大学生心理健康的影响主要包括：不完整的家庭对于孩子的心理健康十分不利，往往使其产生孤僻、冷漠、粗暴的人格特点；父母关系不良、紧张或冲突，经常吵架甚至相互敌视，孩子在人际交往中往往表现出自私、敌视等心理和道德方面的欠缺；家庭教育方式的“态度不一致”“溺爱”又会造成孩子懦弱、虚荣和随心所欲的毛病；家长的经常打骂、缺乏人情温暖的家庭会使孩子迟钝、犹豫不决、具有凶残暴力的倾向。总之，现在的大学中，独生子女越来越多，由于大多数家庭对他们的教育方式都是溺爱、包办、放纵，进入大学后，他们首先要培养生活自理能力、学会与别人相处、矫正各种不良个性，这些问题解决不好，便会诱发心理疾病。

（四）社会因素

大学生的思想观念和价值目标常受到社会正在流行、大众传媒当前推崇的事物的影响，以及新兴网络文化的影响。当前社会中的各种矛盾，对大学生的思想观念、心理和行为都会产生强烈的影响和冲击。尤其是市场经济带来的负面影响，使一些大学生产生拜金主义、享乐主义和个人主义的思想。他们崇尚及时行乐，追求感官刺激，缺乏精神支柱，产生消极厌世的心理，导致心理疾病。

三、体育对大学生心理健康的作用

体育活动在促进大学生身体健康发展的过程中必然对其心理健康产生积极影响。研究表明，体育活动能有效地调节学生的情绪，使学生表现出积极向上、乐观进取的心理状态。

（一）对发展智力的作用

经常参加体育活动能改善人体中枢神经系统，提高大脑皮层的兴奋和抑制的协调作用，使大脑思维的灵活性、协调性、反应速度等得以改善和提高。经常参加体育活动还能使人在空间和运动感知能力等方面得到发展，使人体感觉、重力觉、触觉、速度觉和高度觉更为准确，从而提高脑细胞的耐受能力。体育活动还能缓解肌肉紧张和日常生活的紧张，降低焦虑水平。

（二）对形成和谐人际关系的作用

个体主动参加体育活动一般都会促进积极的自我知觉。同时，个体参加体育活动的内容绝大多数是根据自我兴趣、能力等选择的，这有利于增强个体的自信心和自尊心，并能在体育活动中寻求到安慰和满足。大学阶段都通过分专业教学，要想结交不同专业的同学，通过参加体育活动来增加社会交往无疑是一个很好的方式。体育活动可使人与人之间互相产生亲近感，使个体社会交往的需要得到满足，丰富和发展人们的生活方式，这有利于个体忘却烦恼、消除精神压力和孤独感，并在体育活动中找到志趣相投的朋友，从而给个体带来心理上的益处，有利于形成和改善人际关系。

（三）对协调和控制情绪的作用

体育运动能使不良的情绪得到合理形式的宣泄，使精神状态达到平衡，从而消除心理上的疲劳，促进心理健康。国外学者基恩的一项调查显示，在1 750名心理医生中有60%的人认为应将体育运动作为一种治疗手段来消除焦虑症；80%的人则认为体育运动是治疗抑郁症的有效手段之一。现代心理学研究也表明，焦虑和紧张的心理状态会随着身体运动的加强而逐步降低，激烈的情绪往往在体能的消耗中逐渐减弱，最后会平静下来。慢跑、散步等中低强度的有氧体育运动对治疗抑郁症和抗抑郁的效能十分明显，而中等强度的体育锻炼对调节情绪、保持良好的心境有积极的作用。

（四）对形成良好意志品质的作用

意志品质是指一个人的自觉性、果断性、坚韧性和自制力，以及顽强和独立主动的精神，是个人行为特点和稳定因素的总和。体育常常存在着竞争，要达到某一种水平后才能与人竞争，而要达到一定的运动水平必须经过努力、艰辛和坚持，参与者必须承受一定的生理和心理负荷，这有利于磨炼人的意志。同时，在从事体育锻炼和进行体育运动竞赛的过程中也必定会遇到失败、困难、挫折等不同程度的考验，这有利于培养积极进取、勇于探索和克服困难的精神。

第三节 体育与大学生的社会适应

大学生的社会适应包括学习适应、人际适应、环境适应和职业发展适应。影响大学生社会适应的因素包括自身素质、家庭、学校和社会四方面。而体育对大学生社会适应培养的作用表现在以下三个方面。

一、对培养大学生人际交往能力的作用

社会适应最重要的就是对人际交往和人际关系的适应。现代社会是人际交往频繁的社会，处处需要与他人建立关系。美国卡内基工业大学曾对千名被试者进行分析，发现“智慧”“专门技术”“经验”只占人们成功因素的15%，其余85%决定于良好的人际关系。在大学体育活动中，无论是体育课还是课外体育活动，都是在教师与学生或学生与学生的相互交往、沟通、交流中进行的，大多数体育活动是在群体中展开的，人际的互动十分频繁，这为大学生发展人际关系提供了交流平台和交往空间。在多种形式、内容的活动中人们通过语言、行动、情绪等方式相互作用、相互影响。再加上体育活动中的人际互动是在开放环境中，在非功利性、平等、友好的情境下进行的，因而它更能促进学生间的沟通和交流，在相互学习、合作、竞争的气氛中建立友好关系，增强人际交往的情感体验，培养与人和谐相处的意识和能力。所以，体育活动在培养学生人际交往能力方面具有其他一些活动所无法替代的特殊作用。

二、对培养大学生竞争意识和协作意识的作用

由于现代社会生产力的发展，社会化大生产的进程要求人们相互协作。竞争与协作是有机的统一整体，竞争是在协作基础上进行的，若一味寻求个人价值而忽视整体协作的竞争，最终只会影响个人能力的有效发挥。体育运动以其丰富多彩的内容性和鲜明的竞争性受到广大青少年的喜爱。在体育教育与运动竞赛的全过程始终贯穿着竞争与奋发向上的精神，就连在简单的体育游戏中，也充满着你追我赶、争强取胜的竞争意味。随着现代社会竞争的越演越烈，竞争意识已日益成为现代人的一种重要的基本素质，而经常从事体育竞赛与游戏可增强人们的竞争意识和进取精神。一些集体性的体育竞赛，由于抗争激烈、集体配合性强，在比赛中不仅要充分发挥场上队员的身体机能、技术、战术和心理能力，而且需要大家同心协力、默契配合、相互谅解，这样才能夺取比赛的胜利。因此，通过体育竞赛活动可有效地培养大学生在竞争中善于与人协作共事的团队意识。

三、对增强大学生规则意识的作用

在社会生活中，人们必须适应各种各样的规章制度、法律法规。因此为了适应社会生活的需要，在大学生心中形成一种遵守规则的意识是很有必要的。体育活动特殊的“规则效应”可使大学生在潜移默化中学会自律和自控。体育教学中的课堂常规、各种集体活动、游戏和竞赛都有其特定的规则与要求，即使是很调皮的学生在从事体育活动时也会遵守这些规则，甚至在没有教师或裁判的情况下，他们也会自觉地用规则来约束自己。如果某人违反了规则，就会遭到其他练习者的责备，甚至可能遭到同学的排斥。因此，在比赛中，约束他们的是那种无形的力量——规则。这种特殊的“规则效应”使大学生在活动中逐渐学会遵守纪律、尊重裁判，学会约束自我、公平竞争，懂得必须克制越轨行为、服从体育道德规范，必须在规则的约束下与他人竞争或协作。所有这些体育活动中的规则，对于培养大学生的自控、自律能力，养成遵纪守法、倡导社会道德规范的好习惯有着良好的作用。

本章小结

本章主要从体育对大学生身体发展、心理健康和社会适应三个方面介绍了体育对大学生发展的作用。通过对本章的学习，学习者不仅掌握了体育对大学生具有塑造完美身体形态、促进身体机能发展、提高身体素质的作用；还知道了体育具有促进大学生智力发展、形成和谐人际关系、协调和控制情绪及促进良好意志品质形成的作用；同时，体育还具有培养大学生人际交往能力、大学生竞争意识和协作意识、增强大学生规则意识的作用。

在线学习

1. BMI指数知识链接。
2. 国民体质监测中心。
3. 世界卫生组织。
4. 中国知网。
5. 国家学生体质健康标准（2014年修订）。
6. 第八次全国学生体质与健康调研结果。
7.《2024世界卫生统计报告》。

第四章

运动处方的制定与实施

本章概述

本章主要介绍学习者在对自身体质进行评价，确定体质健康状况后，针对不同体质健康状况制定与实施的运动处方，能够有计划地、科学地进行锻炼，使锻炼效果更加明显有效。

章结构图

- 运动处方的制定与实施
  - 运动处方的制定
    - 运动处方的制定原则
    - 运动处方的分类
    - 运动处方的基本内容
    - 制定运动处方的程序
  - 运动处方的实施
    - 每一次训练课的安排
    - 运动强度的监控
    - 医务监督

学习目标

1. 了解运动处方的制定规则。
2. 认识运动处方的分类。
3. 掌握运动处方的基本内容。
4. 能够根据自己的体质健康状况制定与实施相应的运动处方。

第一节 运动处方的制定

在体质的自我评价中，可以通过单项指标评定和综合评定来确定个体体质状况，并及时通过体育锻炼去预防或提高健康水平和运动能力。而要提高健康水平和运动能力就需要一个科学、合理的计划，运动处方就是根据锻炼者的需要，按照科学健身的原则，为锻炼者提供量化的指导方案，以指导人们有目的、有计划、科学地开展锻炼活动。

“处方”一词在医学上指的是医师给病人开的药方，不同的病或同一种病而程度不同就不能使用同一处方。同样，要科学地锻炼身体、提高健康水平、预防或治疗疾病，也必须“对症下药”。所谓运动处方就是指对从事体育锻炼的人（含病人），根据其医学检查资料，按照健康、体力及心血管功能状况，结合生活环境条件和运动爱好等个体特点，用处方的形式规定健身活动适当的运动种类、时间和频率，并指出运动中的注意事项，指导其有计划地经常性锻炼，达到健身或治病的目的的方法。

一、运动处方的制定原则

（一）科学性原则

科学性原则是指所设计的运动处方必须符合人体的生理和心理特点，运动处方中的运动时间和运动强度要符合处方对象的身体特点及健身重点要求。

（二）个别对待原则

不同的疾病，运动处方应有所不同；同一疾病在不同的病期，运动处方应有所不同；同一个人在不同的功能状态下，运动处方也应有所不同。所以制定运动处方时必须因人而异，切忌千篇一律。

（三）可行性原则

在制定运动处方选择运动项目时，要根据实施者的环境条件、兴趣爱好和学习、生活规律，以及运动技术掌握水平和体育课成绩来制定。如果制定的项目锻炼者不感兴趣，或居住环境不适合实施，就达不到预期的效果。

（四）调整性原则

运动处方应用于多数人时，有的人适应，有的人可能不适应。即使是根据检查结果开出的处方，也不一定在任何时间、任何地点都适用。因此，对于初定的处方在实施过程中要进行一次或数次调整，使之成为符合练习者条件的运动处方。一个安全、有效、愉快的运动处方是在实践过程中制定出来的。

（五）有效性原则

运动处方中运动强度和运动量的安排要保证对机体刺激有效，使参加者的功能状态有所改善。如锻炼前运动基础较差、体质不强的人，他们从事小运动量就能收到显著效果；而锻炼前有一定运动基础、体质较好的人，则要求更高运动强度的刺激才能见效。在制定运动处方时，要科学、合理地安排各项内容；在运动处方的实施过程中，要保质保量认真完成锻炼。

（六）安全性原则

按照运动处方运动时应保证在安全的范围内进行，若超出安全的界限，则可能发生危险。如为了提高全身耐力水平，必须达到改善心血管和呼吸功能的有效强度，这就是靶心率的范围。如果运动超过这个上限，就可能发生危险。这个运动强度（运动量）称为安全界限。达到这个有最低效果的下限，称为有效界限。安全界限和有效界限之间就是运动处方安全而有效的范围。因此，在制定和实施运动处方时，必须严格遵循各项规定和要求，以确保安全。

二、运动处方的分类

由于人们的健康状况各不相同，所以就存在不同类型的运动处方，一般分为以下三类。

（一）竞技性运动处方

竞技性运动处方是用于提高运动员身体素质和运动技术水平的训练方案，如速度性运动处方、灵敏性协调性运动处方。

（二）预防性（保健性）运动处方

预防性运动处方适合一般健康人群，包括中老年人在内。它用以增强体质、预防疾病和提高健康水平，如大学生健身运动处方、中老年人健身运动处方。

（三）治疗性运动处方

治疗性运动处方用于慢性疾病患者及病人创伤康复期的锻炼，它能提高疗效、加速疾病的康复。

三、运动处方的基本内容

运动处方的基本内容应包括运动目的、运动项目、运动强度、运动时间、运动频度、注意事项等。

（一）运动目的

运动目的是指锻炼者通过锻炼希望达到的预期效果。运动处方大体分为竞技性运动处方、预防性（保健性）运动处方和治疗性运动处方。在这三种目的分类下还可细分出更多的运动目的，如提高心肺功能、减肥、增加肌肉力量、提高身体素质、预防糖尿病和调节心理等。

（二）运动项目

不同的运动项目对人体产生的作用是不同的，效果也是不一样的，要根据自己的体质健康状况和希望达到的锻炼效果来选择项目。如为了减肥，应该选择有氧运动项目，如慢跑、游泳、爬山、有氧健身操等。在这些减肥项目中应该选择一些自己能力所及的、喜爱的、方便经常练习的项目，因为持之以恒的锻炼效果最佳。运动处方的运动项目可以分为以下三类。

1. 耐力性（有氧）运动

耐力性（有氧）运动是运动处方中最主要和最基本的运动手段。在治疗性运动处方和预防性运动处方中，它主要用于心血管、呼吸、内分泌等系统的慢性疾病的康复和预防，以改善和提高心血管、呼吸、内分泌等系统的功能。在健身、健美运动处方中，耐力性（有氧）运动是保持全面身心健康、保持理想体重的有效运动方式，如能提高血液运输氧的能力、加快清除机体代谢产物等。

有氧运动项目有步行、慢跑、走跑交替、上下楼梯、游泳、自行车、功率自行车、步行车、跑台、跳绳、划船、滑水、滑雪、球类运动等。

2. 力量性运动

人体的肢体活动与肌肉息息相关，肌肉在神经系统的支配下收缩做功，如果肌肉或神经失常，人体的走、跑、跳、投等动作将无法正常进行。

力量性运动在运动处方中主要用于运动系统、神经系统等肌肉、神经麻痹或关节功能障碍的患者，以恢复肌肉力量和肢体活动功能为主。在矫正畸形和预防肌力平衡被破坏所致的慢性疾患的康复中，通过有选择地增强肌肉力量、调整肌力平衡来改善躯干和肢体的形态和功能。

力量性运动根据其特点可分为：电刺激疗法（通过电刺激增强肌力，改善肌肉的神经控制）、被动运动、助力运动、免负荷运动（在减轻肢体重力负荷的情况下进行主动运动，如在水中运动）、主动运动和抗阻运动等。其中，抗阻运动包括等张练习、等长练习、等动练习和短促最大练习（等长练习与等张练习结合的训练方法）等。

3. 伸展运动和健身操

伸展运动及健身操较广泛地应用在治疗、预防和健身、健美等各类运动处方中，它的主要作用有放松精神、消除疲劳、改善体形、防治高血压和神经衰弱等。

伸展运动和健身操的项目主要有太极拳、保健气功、五禽戏、广播体操、医疗体操和矫正体操等。

（三）运动强度

运动强度是指身体活动对人体生理刺激的程度，是单位时间内的运动量，即运动强度=运动量/运动时间。它是运动处方定量化和科学性的核心，对运动效果和安全有直接的影响，需要有适当的监测来确定运动强度是否适宜。

1. 耐力性（有氧）运动的运动强度和运动量

当选择的运动项目属于耐力性（有氧）运动，那么其运动强度可根据“心率”“最大吸氧量的百分数”“代谢当量”“自觉疲劳程度”等指标来确定。为了使锻炼者能够在运动过程中快速、有效、简便地确定运动强度，下面主要介绍通过心率来确定运动强度的方法。

除环境、心理刺激、疾病等因素外，心率与运动强度之间也存在线性关系。在运动过程中为了简便地控制运动强度，通常以“靶心率”作为依据。靶心率是指运动时需要达到的目标心率，它是判断有氧运动的重要依据。有氧运动需要通过血液生化检测的指标来界定，如血乳酸的水平来判断。但在实践中，最简单的界定方法就是通过了解运动中的心率来判断。研究表明，有氧运动心率有一个特定的范围，而且在运动中，最好还要使心率维持在这个特定的范围内，并延续一定的时间，才能获得锻炼的理想效果。因为心率过慢，健身效果差；心率过快，又对健康有威胁。只有在运动中维持适宜的心率，才能取得较好的健身效果。具体的靶心率推算方法如下：

$$\text{靶心率}=(\text{最大心率}-\text{安静时心率})\times(0.6\sim0.8)+\text{安静时心率}$$

其中，最大心率=220-年龄。

例如：年龄为20岁的大学生，其最大运动心率为：220-20=200次/分，安静时心率为70次/分，那么此同学的靶心率下限为(200-70)×0.6+70=148次/分，上限为(200-70)×0.8+70=174次/分。即在运动过程中，该同学的心率应控制在148～174/分之间。

在做有氧运动时，运动心率低于靶心率的下限，则运动强度过低，效果不明显；若运动强度高于靶心率上限，则此时脂肪功能不足，将会分解蛋白质。而蛋白质又储存于肌肉中，则会导致基础代谢降低。对于中老年人和有慢性疾病的人，靶心率下限的安全系数可调整为0.5。

另外，还可以通过体力感觉等级量表(RPE)(表4-1)来确定运动强度，它利用主观感觉来推算。

表4-1 体力感觉等级量表(RPE)

<table>
<tr><th>RPE</th><th>主观运动感觉</th><th>相应心率</th></tr>
<tr><td>6</td><td>安静</td><td>—</td></tr>
<tr><td>7</td><td rowspan="2">非常轻松</td><td rowspan="2">70</td></tr>
<tr><td>8</td></tr>
<tr><td>9</td><td rowspan="2">很轻松</td><td rowspan="2">90</td></tr>
<tr><td>10</td></tr>
<tr><td>11</td><td rowspan="2">轻松</td><td rowspan="2">110</td></tr>
<tr><td>12</td></tr>
<tr><td>13</td><td rowspan="2">稍费力</td><td rowspan="2">130</td></tr>
<tr><td>14</td></tr>
</table>

续表

RPE	主观运动感觉	相应心率
15	费力	150
16		
17	很费力	170
18		
19	非常费力	195
20		

（资料来源：加纳・博格，1998）

2. 力量性运动的运动强度和运动量

当我们选择的运动项目属于力量性运动，那么其运动强度以局部肌肉反应为准，而不以心率等指标为准。在力量性运动处方中，负荷强度是影响锻炼效果的关键。例如大强度的训练，可以发展肌肉的最大力量；小强度的训练可以发展肌肉的耐力，但无法达到发展肌肉力量的目的。

在等张练习或等动练习中，运动量由所抗阻力的大小和运动次数来决定。在等长练习中，运动量由所抗阻力和持续时间来决定。

在增强肌肉力量时，宜逐步增加阻力而不是增加重复次数或持续时间（大负荷、少重复次数的练习）；在增强肌肉耐力时，宜逐步增加运动次数或持续时间（中等负荷、重复的练习）。在康复体育中，一般较重视发展肌肉力量，而肌肉耐力可在日常生活中得到恢复。

常用的力量型运动强度指标有负荷强度、持续时间、重复次数和完成组数等。

（1）负荷强度，指所抗阻力的重量，一般以千克、磅为单位。一般用最大重复值（Repetition Maximum，RM）来表示负荷强度。RM是指可重复某一次数的最大重量，如1RM指只能重复1次的最大负荷重量，10RM指能重复10次的最大负荷重量。肌力训练的负荷强度见表4-2。

表4-2　肌力训练的负荷强度

负荷程度	最大重复次数/RM	最大肌力/%
最大负荷	1	100
大致临界负荷	2～3	85～95
大负荷	4～7	75～85
稍大负荷	8～12	60～75
中度负荷	13～18	40～60
小负荷	19～25	25～40

续表

负荷程度	最大重复次数/RM	最大肌力/%
很小负荷	25以上	25以下

（2）持续时间，指完成一次练习的时间，即由起始姿势开始运动至还原到起始姿势所需的时间。

（3）重复次数，指连续完成的次数，中间没有间隔，静力性练习规定有短暂的间隔时间。

（4）完成组数，连续完成次数称为一组，完成组数将规定一共需完成几组。

3. 伸展运动和健身操的运动强度和运动量

当选择的运动项目属于伸展运动和健身操时，可以按照下面的方法进行强度控制。

（1）有固定套路的伸展运动和健身操的运动量。如太极拳、广播操等，其运动量相对固定。太极拳的运动强度一般在4～5MET或相当于40%～50%的最大吸氧量，运动量较小。增加运动量可通过增加套路的重复次数或动作幅度等来完成。

（2）一般的伸展运动和健身操的运动量。它分为大、中、小三种。小运动量是指做四肢个别关节的简单运动、轻松的腹背肌运动等，运动间隙较多，一般为8～12节；中等运动量可做数个关节或肢体的联合动作，一般为14～20节；大运动量以四肢及躯干大肌肉群的联合动作为主，可加负荷、有适当的间歇，一般在20节以上。

（四）运动时间

1. 耐力性（有氧）运动的运动时间

运动处方中的运动时间是指每次持续运动的时间。每次运动的持续时间为15～60分钟，一般须持续20～40分钟；其中达到适宜心率的时间须在12～15分钟。在计算间歇性运动的持续时间时，应扣除间歇时间。间歇运动的运动密度应视体力而定，体力差者运动密度应低；体力优者运动密度可较高。

运动量由运动强度和运动时间共同决定（运动量=运动强度×运动时间）。在总运动量确定时，运动强度与运动时间成反比，即运动强度较大则运动时间较短，运动强度较小则运动时间较长。前者适宜于年轻及体力较好者，后者适宜于老年及体力较弱者。年轻及体力较好者可由较高的运动强度开始锻炼，老年及体力较弱者可由较低的运动强度开始锻炼。运动量由小到大，增加运动量时应先延长运动时间，再提高运动强度。

2. 力量性运动的运动时间

力量性运动的运动时间主要是指每个练习动作的持续时间，如等长练习中肌肉收缩的维持时间一般认为在6秒以上较好。如股四头肌的最大练习是负重伸膝后再维持5～10秒。在动力性练习中，完成一次练习所用的时间实际上代表了动作的速度。

3. 伸展运动和健身操的运动时间

成套的伸展运动和健身操运动时间一般较固定，而不成套的伸展性运动和健身操的运动时间则存在较大差异。如24式太极拳的运动时间约为4分钟，42式太极拳的运动时间约为6分钟，第八套广播体操的运动时间约为8分钟，8～12节伸展性运动的运动时间约为12分钟。伸展运动或健身操的总运动时间由一套或一段伸展运动或健身操的运动时间、伸展运动或健身操的套数或节数来决定。

（五）运动频度

确定运动处方的运动频度，主要应考虑的依据与确定运动时间相似。常见运动项目的运动频度的确定依据如下。

1. 耐力性（有氧）运动的运动频度

在运动处方中，运动频度常用每周的锻炼次数表示。运动频度取决于运动强度和每次运动持续的时间。一般认为，每周锻炼3～4次，即隔1天锻炼1次，这种锻炼的效率最高。最低的运动频度为每周锻炼2次。运动频度更高时，锻炼的效率增加并不多，而有增加运动损伤的倾向，但小运动量的耐力运动可每天进行。

2. 力量性运动的运动频度

力量练习的频度一般为每日或隔日练习1次。

3. 伸展运动和健身操的运动频度

伸展运动和健身操的运动频度一般为每日1～2次。

（六）注意事项

为了确保安全，运动处方要根据参加锻炼者或患者的具体情况提出相应的注意事项，坚持循序渐进的原则。

1. 耐力性（有氧）运动的注意事项

用耐力性（有氧）运动进行康复和治疗的疾病多为心血管、呼吸、代谢、内分泌等系统的慢性疾病。在进行运动处方的锻炼时，要根据各类疾病的病理生理特点、每个参加锻炼者的具体身体状况，提出有针对性的注意事项，以确保运动处方的有效性和安全性。一般的注意事项应包括以下几个方面。

（1）运动的禁忌证或不宜进行运动的指征。在耐力性（有氧）运动处方中，应该有针对性地提出运动的禁忌证。例如，心脏病人运动的禁忌证有：病情不稳定的心力衰竭和严重的心功能障碍；急性心包炎、心肌炎、心内膜炎；严重心律失常；不稳定型、剧增型心绞痛；严重高血压；不稳定的血管栓塞性疾病等。

（2）在运动中应停止运动的指征。在耐力性（有氧）运动处方中应指出须立即停止运动的指征。例如，心脏病人在运动中出现以下指征时应停止运动：运动时出现胸闷，运动中感到无力、头晕、气短等。

（3）运动量的监控。在耐力性（有氧）运动处方中，须对运动量的监控提出具体的要求，以保证运动处方的有效和安全。

（4）要求做充分的准备活动。

（5）明确运动疗法与其他临床治疗的配合。如糖尿病患者的运动疗法须与药物治疗和饮食治疗相结合，以获得最佳的治疗效果。运动时间应避开降糖药物、血糖浓度达到高峰的时间。在运动前、中或后，可适当增加饮食，以避免出现低血糖等。

2. 力量性运动的注意事项

（1）力量练习不应引起明显疼痛。

（2）力量练习前、后应做充分的准备活动及放松整理活动。

（3）运动时保持正确的身体姿势。

（4）必要时给予保护和帮助。

（5）注意肌肉收缩引起的血压升高反应及闭气用力时心血管负荷增加。有轻度高血压、冠心病或其他心血管系统疾病的患者，应慎做力量练习；有较严重的心血管系统疾病的患者忌做力量练习。

（6）经常检修器械、设备，确保安全。

3. 伸展运动和健身操的注意事项

（1）应根据动作的难度、幅度等，循序渐进、量力而行。

（2）指出某些疾病应慎采用的动作。如高血压病患者、老年人等应不做或少做过分用力的动作及幅度较大的弯腰、低头等动作。

（3）运动中注意正确的呼吸方式和节奏。

四、制定运动处方的程序

为确保健身运动的安全性和有效性，制定运动处方时应严格按照运动处方的制定程序进行。首先应对参加锻炼者或病人进行系统的检查，以获得制定运动处方所需的全面资料。如果有疾病的人需要制定运动处方，要通过有医疗资质的机构进行系统检查，并由有资质的人员制定运动处方。对于没有疾病的人想自己制定运动处方来增强体质、促进健康、改善精神状态、发展和保持心肺功能，在进行一般检查、试验及测试时需要有相关的仪器设备及专业人员配合，这点虽然给一般健康人为自己制定运动处方带来了一定的困难，但也应到有资质的医疗机构进行检查。制定运动处方需要遵循以下程序。

第一，通过体检和临床医学检查了解锻炼者的一般情况（如性别、年龄、职业、病史、锻炼情况、食欲、睡眠、常用药、社会环境等）及身体健康状况（采用医学手段检测肌肉力量、心血管系统、呼吸系统、神经系统、内脏器官等）。第二，对锻炼者进行运动负荷试验及体力测试（了解锻炼者的心脏功能、体力活动能力、运动能力和全身耐力），大学生可结合《国家学生体质健康标准》进行评定，通过单项指标和综合评定确定大学生体质健康状况，要有针对性地制定运动处方。第三，根据检测结果和锻炼者需求确定锻炼目的，选择锻炼项目。第四，按照科学锻炼的原则和方法制定运动处方。第五，运动处方的实施。第六，运动中的医务监督。第七，锻炼一段时间后再次检查健康状况，根据承受运动负荷的能力和体力状况反馈的信息评价运动处方效果，并对运动处方进行修改和调整。第八，修订原运动处方和制定新的运动处方。第九，实施新运动处方。

名人语录

运动是健康的源泉，也是长寿的秘诀。——马约翰

运动处方的实施

实施运动处方是指按照运动处方进行体育锻炼。在锻炼一段时间后（4～6周），需要对身体再一次进行健康检查及运动负荷和体力测定。这样做一是对运动处方的锻炼效果进行评价，二是根据锻炼中的反馈信息对运动处方进行修改和调整，制定新的运动处方，以保证运动处方与个体身体状况相适应，使处方更具有针对性和实效性。在实施运动处方时要注意“每一次训练课的安排”“运动强度的监控”和“医务监督”三个方面。

一、每一次训练课的安排

在运动处方的实施过程中，每一次训练课都应包括三个部分，即准备活动部分、基本部分和整理活动部分。

（一）准备活动部分

准备活动部分的主要作用是使身体逐渐从安静状态进入到工作（运动）状态，使身体温度升高，血液流淌速度和呼吸节奏加快，全身肌肉充分伸展，逐渐适应运动强度较大的训练，避免出现心血管、呼吸等内脏器官系统因突然承受较大运动负荷而引起的意外，避免肌肉、韧带、关节等运动器官的损伤。

在运动处方的实施中，准备活动部分常采用运动强度小的有氧运动和伸展性体操，如步行、慢跑、徒手操、太极拳等。

准备活动部分的时间可以根据不同的锻炼阶段有所变化。在开始锻炼的早期阶段，准备活动的时间可为10～15分钟；在锻炼的中后期，准备活动的时间可减少为5～10分钟。

（二）基本部分

基本部分是运动处方的主要内容，是达到康复或健身目的的主要途径。运动处方基本部分的运动内容、运动强度、运动时间等，应按照具体运动处方的规定实施。

（三）整理活动部分

每一次按照运动处方进行锻炼时，都应安排一定内容和时间的整理活动。整理活动的主要作用是避免出现因突然停止运动而引起的心血管系统、呼吸系统、植物性神经系统的症状，如头晕、恶心、重力性休克等。

常用的整理活动有散步、放松体操、自我按摩等，整理活动的时间一般为5分钟。

二、运动强度的监控

在运动处方的实施过程中，应注意对运动强度进行监控，而能够简便、快速进行监控的方法主要是靶心率和自觉疲劳分级（RPE）。

三、医务监督

在运动处方的实施过程中，对一般的健康人进行自我监督，对治疗性运动处方的实施应进行医务监督。

本章小结

通过本章的学习，学习者能够了解运动处方的制定方法，能够根据自己的体质健康状况制定相应的运动处方，通过实施运动处方不断促进身体健康，增强自身体质。

第二篇

运动技能模块

网球运动

第五章

篮球运动

本章概述

篮球运动是一项以篮球为竞赛工具，在特定条件（规则、场地、器材、设备等）下，比赛双方各出5名队员，参加比赛的个人和集体以一定的体能为基础，以掌握特定的专门技术和战术方法为手段，在比赛中争夺球权，力争在攻守交替和对抗中获得球和展开投篮得分，并以得分多少决定胜负的集体运动项目。其突出特点为速度快、对抗性强、准确性高，注重速度与高度的统一。本章的主要学习内容包括篮球基本知识、基本技术、基本战术及比赛规则等，寓练于乐，以达到增进健康的目的。

章结构图

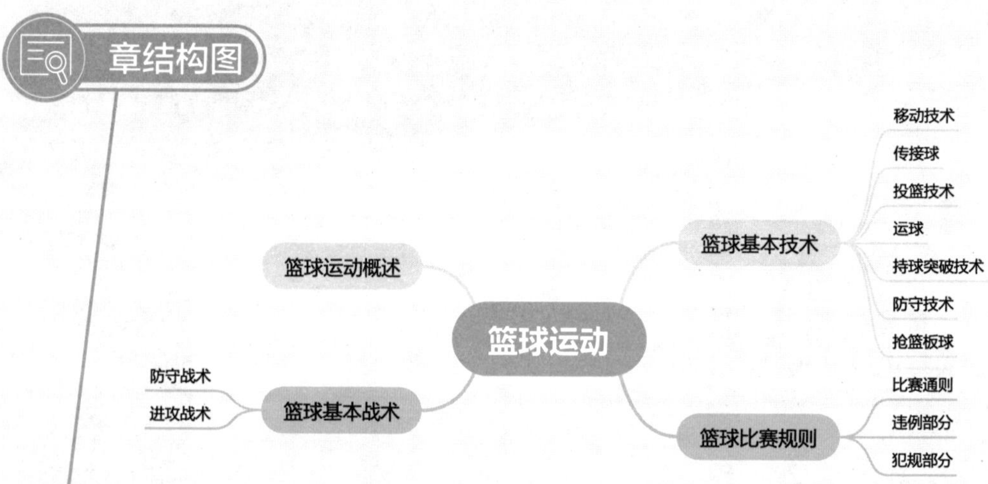

学习目标

1. 掌握篮球运动的基本技术和战术配合，能合理运用篮球技术，科学地进行锻炼，以提高自己的运动能力。

2. 喜爱篮球运动，积极参与篮球活动，形成锻炼的习惯，具有一定的欣赏篮球比赛的能力。

第一节 篮球运动概述

现代篮球于1891年由美国马萨诸塞州体育教师奈·史密斯教授发明。开始只是将竹篮固定在离地高约3米的墙上，向竹篮投球的一种游戏，对场地大小、上场人数、比赛时间均无严格限制，且运动员动作粗野。因游戏使用的器材主要是篮和球，故称篮球。1896年首届现代奥运会，篮球即被列为表演项目。1936年，国际奥委会决定将男子篮球正式列为比赛项目。1976年，女子篮球也被列为奥运会比赛项目。

篮球运动是在固定场地内，双方以投篮为中心的竞赛项目，并以投中得分获得乐趣。可见，篮球运动始终具有浓厚的游戏性。篮球运动是一项技术巧妙、战术多变的综合性集体运动项目，具有强烈的竞争性和对抗性，不仅能够促进人体发育，增进身心健康，还可以培养团结协作的集体主义精神和勇敢顽强、机智果断等优良品质，丰富校园生活。篮球运动不受年龄、性别和技术水平的限制，因而开展得十分广泛，成为丰富人们业余生活的重要内容。

全场长28米、宽15米，场地中央以中线将其分为两个半场，并有一直径为3.6米的圆圈为跳球区。篮板横宽1.8米、竖长1.05米，底端距地面2.9米。篮板呈白色，在板面上篮圈后面画有一长方形线框，宽58厘米、高45厘米。篮球外壳用皮、橡胶或合成物质制成，内有充气球胆。篮球的圆周为75～78厘米，重600～650克。移动式篮球架和篮球，如图5-1所示。篮球比赛全场40分钟，分上半时和下半时，每半时20分钟，中间休息10～15分钟。比赛结束时，以全场得分多者为胜。篮球比赛的球场如图5-2所示。

图5-1 移动式篮球架和篮球

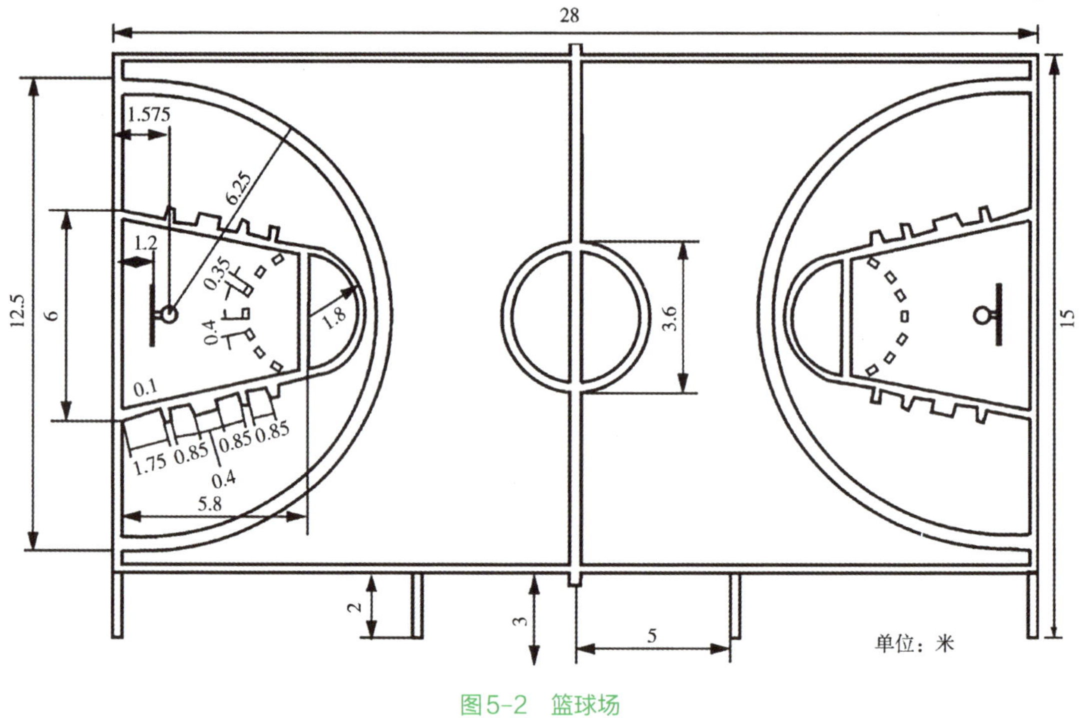

图5-2　篮球场

以美国黑人为主体的NBA球员，以强壮的身体、惊人的弹跳和高超的技巧，代表了当今世界篮球的运动水平。特别是1992年美国“梦之队”参加了雅典奥运会篮球比赛，他们把完美的篮球技术展示在世人面前。这些超级球星们将速度、力量、弹跳与技巧完美地结合在一起，将智慧、意志与多变的战术巧妙地运用在一起，使人们从篮球运动中得到了莫大的艺术享受。我国男子篮球队在亚洲处于领先地位。20世纪90年代以来，我国男篮、女篮的整体水平都有很大提高。男篮在第25届奥运会和第12届世界男篮锦标赛中，均取得了第8名的历史最好成绩。女篮在1992年第25届奥运会和1994年第12届世界女篮锦标赛中两次夺得亚军，成为世界强队之一。但是，我们还需要认真学习、吸取国外强队的先进经验，形成自己独特的风格和打法，争取在最短的时间内，使我国篮球运动达到世界先进水平。

思政小课堂

中国男篮始建于1917年，1936年加入国际篮联，由于政治原因于1958年退出，于1974年以中华人民共和国名义恢复了会员资格。中国男篮是亚洲地区实力最强的国家级篮球队，常年垄断所参加的亚洲各项篮球赛事冠军，并保持亚洲篮球锦标赛夺冠次数最多的纪录（15次）。球队自1978年开始参加世界篮球锦标赛之旅以来，也一直是亚洲球队在历届世锦赛上最好名次获得者。中国队在所参加的几次世锦赛中，分别获得了第11、第12、第9、第14、第8名，球队在世界大赛中的最好成绩为1994年圣彼得堡友好运动会上取得的季军。

中国女子篮球队是世界强队之一。1984年5月5日至16日，第23届奥运会女子篮球预选赛在古巴哈瓦那举行。我国女篮夺取第一名。2009年9月24日，第23届女篮亚洲锦标赛中国女篮以91:70击败韩国队，获得冠军。1984年8月15日，共青团中央授予中国女篮“全国新长征突击手”称号；8月18日，全国妇联授予中国女篮全体队员“三八”红旗手称号；8月19日，中国人民解放军总政治部决定授予中国女篮12名队员三等军功奖章。

第二节 篮球基本技术

运动价值

篮球运动对身体健康的作用具体表现在：①有效预防心血管疾病；②降低糖尿病发生的概率；③提高消化系统的功能；④控制体重与改变体形；⑤增强心脏功能。

篮球对青少年心理健康的影响主要表现在：①对心理承受能力的影响；②培养青少年顽强拼搏的精神；③对人际关系和团队意识的影响。

篮球的基本技术是篮球运动的基础，也是进行篮球运动所必需的专门技术动作的总称。它分为进攻技术和防守技术两大部分。进攻技术有传接球、运球、投篮和持球突破；防守技术有防守无球队员、防守有球队员、抢球、断球。在进攻与防守中，都包含移动和抢篮板球技术。

一、移动技术

移动技术是由起动、跑、滑步、急停、转身等脚步动作组成。它是通过快速而突然的各种脚步动作，在进攻中达到摆脱防守、接球、选择位置或快速完成运、传、突、投等技术动作，如图5-3所示。移动技术的掌握对后面篮球技术的学习起到至关重要的作用。

图5-3 移 动

（一）起动

动作方法：从基本站立姿势开始，向前起动时以后脚、向侧起动时以异侧脚的前脚掌短促有力地蹬地，同时上体迅速前倾或侧转，向跑的方向移动重心，手臂协调地摆动，充分利用蹬地的反作用力，并配合以快速的摆臂动作。

（二）跑

（1）变速跑。由慢跑变快跑时，上体前倾，用前脚掌短促有力地向后蹬地，同时迅速摆臂，前两三步要小，加快跑的频率。由快跑变慢跑时，上体抬起，步幅加大，用前脚掌抵地，减缓冲力，从而降低跑速。

（2）变向跑。从右向左变向跑时，最后一步用右脚前脚内侧用力蹬地，同时脚尖稍加内扣，迅速屈膝，腰部随之左转，上体向左前倾，移动重心，左脚向左前方跨出，然后加速前进。从左向右变向跑时则反之。

（3）侧身跑。脚尖对准跑动方向，头和上体转向球的方向，以便观察场上情况。

（4）后退跑。用两脚的前脚掌交替蹬地向后跑动，同时上体放松挺直，两臂屈肘配合摆动，保持身体平衡，两眼平视，观察场上情况。

（三）滑步

以侧滑步为例，基本站姿两脚左右开立同肩宽，膝微屈降重心，上体稍前倾，两臂侧伸，两眼目视防守人。向左滑步时，右脚前脚掌内侧用力蹬地，同时左脚向左跨出，在落地的同时，右脚迅速随同滑行，然后依次继续重复上述动作。向右滑步时则反之。

（四）急停

（1）跨步急停。队员在快速移动中急停时，先向前跨一大步，上体后仰，重心后移，用脚跟先着地，然后过渡到全脚掌抵住地面，迅速屈膝。接着上第二步，脚着地时，脚尖稍向内转，用脚前掌，内侧蹬地，两膝弯曲，上体稍转，并微前倾，重心落在两脚之间，两臂屈肘自然张开，保持身体平衡。

（2）跳步急停。队员在中速和慢速移动中，用单脚或双脚起跳，上体稍后仰，两脚同时落地，落地时屈膝，两臂屈肘微张，保持身体平衡。

（五）转身

转身是队员以一只脚为中轴脚，另一只脚向前或向后跨步旋转而改变身体方向的动作方法。在使用转身技术时，注意保持重心稳定，不要上下起伏不定。依据转身的类型，可将转身分为前转身和后转身。

（1）前转身。移动脚向中轴脚前面（身体前面）跨步而改变身体方向的动作称为前转身。动作要求重心稳定，前脚掌蹬地迅速有力。

（2）后转身。移动脚向中轴脚前面（背后）跨步而改变身体方向的动作称为后转身。动作要求腰胯发力，带动下肢，前脚掌蹬地发力，身体保持平衡。

二、传接球

传接球是篮球比赛中队员之间有目的地转移球的一种方法，是篮球运动中的重要技术之一。只有全面、熟练地掌握传接球技术，才能把每个队员连成一个整体，充分发挥集体的力量，这是实现战术、组织配合的纽带和桥梁。传接球技术分为传球技术和接球技术。

传球的方式主要有双手胸前传球、单手肩上传球、反弹传球、双手头上传球和单手胸前传球等，接球的主要方式有双手接球和单手接球。

（一）双手胸前传接球

技术要领：双手持球于胸前（两臂不要外张），手指自然分开，握在球的两侧偏后，两腿屈膝前后（左右）开立。传球时，两腿蹬地重心前移，两臂前伸，手腕向上翻转，利用拇指下压，中指、食指拨球将球传出，如图5-4所示。

图5-4 双手胸前传球

接球时，两臂前伸迎球，手指自然分开，两拇指呈八字形，两手呈半球形。当手触球后，两臂后引缓冲，持球在胸前（接球动作顺序与传球动作相反）。

（二）单手肩上传接球

技术要领：右手传球时，左脚前向迈出，身体右转重心后移，同时把球引至右肩侧上方，手指分开，手腕后仰托球下部。传球时，右脚蹬地转体，右臂前挥，手腕前屈，用拨指力量将球传出，如图5-5所示。

图5-5 单手肩上传接球

接球时，手臂伸向来球方向，掌心微凹正对来球，当手触球后顺势后引，翻腕，双手持球于腰腹前。

（三）其他传球方式

其他传球方式还有体侧传球及双手反弹传球等，如图5-6所示。

（a）体侧传球　　（b）双手反弹传球

图5-6　其他传球方式

（四）其他接球方式

其他接球方式还有向内线接球、向外线接球和跳起转身接球，如图5-7所示。

（a）向内线接球

（b）向外线接球

（c）跳起转身接球

图5-7　其他接球方式

三、投篮技术

投篮是将篮球投入篮筐的各种技术动作的总称，是篮球比赛中主要的进攻技术，也是唯一的得分手段。投篮得分的多少决定一场比赛的胜负，任何技术、战术的运用，都是为了创造有利的投篮机会。投篮时，应注意自己的瞄准点、球飞行的路线、全身的协调用力。

掌握正确的投篮技术并熟练运用，是提高投篮命中率和得分率的基础。投篮应注意以下几点：

（1）持球方法正确。

（2）瞄准点准确

（3）协调用力。身体各部位协调用力是投篮动作的关键。

（4）出手角度适宜。

（5）保持球的旋转。

（6）注意投篮弧线和入篮角度。

主要的投篮方式有：原地单手肩上投篮、原地双手胸前投篮、跳投、行进间单手低手上篮、行进间单手高手上篮和扣篮等。

（一）原地双手投篮

技术要领：两脚左右或前后分开，手指自然分开，拇指呈八字形，手心空出，双眼瞄准投篮点（正面瞄篮圈前沿正中）。投篮时，两脚蹬地，用腰腹伸展力量向上方抬肘伸臂，手腕前屈。最后，用食指、中指的指端拨球，使球有适当弧度向后旋投出，如图5–8所示。

图5–8 原地双手投篮

（二）原地单手肩上投篮

技术要领：持球手五指自然分开，用指根以上部位托球下方置于肩上，另一手扶球内侧。投篮时，两脚蹬地的同时向前抬肘伸臂，手腕前屈，用力拨球，使球后旋投出，如图5–9所示。

图5–9 原地单手肩上投篮

（三）行进间投篮技术

1. 运球接跳起单手肩上投篮

技术要领：持球方法和原地单手投篮相同，只是两手持球上举的同时，两脚用力蹬地，身体垂直向上跳起，当腾空至最高点时，扶球手离开，如图5-10所示。持球手迅速向前上方伸臂，用手腕和手指的力量将球投出。落地要屈稳。

图5-10　运球接跳起单手肩上投篮

2. 运球接单手低手投篮

技术要领：接球和运球上篮时，右脚跨出一大步的同时，双手持球，左脚紧接着跨出一小步，用力蹬地起跳。当身体接近最高点时，右手手指向后，掌心向上，托球的下部向球篮的方向伸臂，用食指、中指柔和地拨球。最后，球从指端投出，如图5-11所示。

图5-11　运球接单手低手投篮

3. 接传球后跳起单手肩上投篮

技术要领：右手投篮时，右脚向前跨一大步的同时接球，接着左脚跨出第二步，用脚跟先着地，然后用前脚掌蹬离地面，随着球的上举用左手护球过肩，当身体腾空至最高点时，左手离球，右手向上伸臂，手腕前屈，以食指、中指拨球投出，如图5-12所示。

图5-12 接传球后跳起单手肩上投篮

4. 接球后单手低手投篮

技术要领：右脚跨大步接球，第二步较小，并向前上方跳起，持球在胸前。投篮时，右手要充分向球篮举球，用手腕上挑动作，使球从食指和中指指端出手旋入篮中，如图5-13所示。

图5-13 接球后单手低手投篮

上述原地投篮、跳投和低手上篮的持球动作如图5-14所示。

（a）原地投篮的持球动作 （b）跳投的持球动作 （c）低手上篮的持球动作

图5-14 持球动作

四、运球

运球是持球队员在原地或行进中用手连续按拍，借助地面，使球反弹起来的一类动作方法。运球是篮球比赛中个人进攻的重要技术，不仅是个人摆脱、吸引、突破防守的进攻手段，也是发动、组织战术配合的重要桥梁。

运球的主要方式有：高运球、低运球、体前变方向运球、体后变方向运球、胯下变方向运球和运球急停急起跳球等。

（一）高运球

技术要领：抬头、目视前方，上体稍前倾，手按拍球的后上方，球的落点在身体的侧前方，球反弹高度约在腰胯之间，如图5-15所示。

图5-15 高运球

（二）低运球

技术要领：抬头、目视前方，两膝深屈，身体半蹲，手按拍球的后上部，球的落点在身体侧面，球的反弹高度约在膝腰之间，如图5-16所示。

图5-16 低运球

（三）体前变方向运球

技术要领：如用右手向对方右侧运球，就用右手拍按球的右上部，使球从自己右侧转向左侧，同时右脚向左前方跨出，上体左转，用右肩挡住对方，然后用左手运球，左腿迅速跨出，从对方右侧运球过人，如图5-17所示。

图5-17 体前变方向运球

（四）体后变方向运球

技术要领：运球队员从防守队员右侧变方向时，变向前一次运球，要把球控制于身体右侧后方，左脚前跨，右手按拍球侧后方，球经身后拍到左前方，右脚迅速前跨，换用左手运球继续前进，如图5-18所示。

图5-18 体后变方向运球

（五）胯下变方向运球

胯下变方向运球如图5-19所示。

图5-19 胯下变方向运球

（六）运球急停急起跳投

运球急停急起跳投如图5-20所示。

图5-20 运球急停急起跳投

五、持球突破技术

持球突破是持球队员运用脚步动作与运球技术相结合的快速超越对手的一项攻击性很强的进攻技术。在比赛中，进攻队员如能及时地观察、判断攻防的变化，合理运用持球突破，则既能直接切入篮下得分，又能造成防守者的犯规和增加进攻次数；既能为中距离投篮创造机会，又能为同伴创造进攻机会，从而使全队更好地发挥积极主动、快速灵活的打法。持球突破技术主要有交叉步突破技术、同侧步突破技术和跳步急停突破技术，以下分别进行简单介绍。

（一）交叉步突破技术（以左脚为中枢脚，从防守队员右侧突破）

技术要领：两脚左右开立，两膝微屈，持球于胸前，突破前先做瞄篮或其他假动作。突破时，左脚不动，右脚内侧蹬地，并向左前方迈出一大步，上体左转，右肩向前下压，将球引至左侧。同时，左脚用力蹬地，迅速从对手右侧超越，如图5-21所示。从对手左侧突破，动作相同，方向相反。

图5-21　交叉步突破技术

（二）同侧步突破技术（以左脚为中枢脚，以防守队员左侧突破为例）

技术要领：准备姿势与交叉步突破相同。突破时，左脚以内侧蹬地，右脚迅速向防守队员左侧跨出，上体稍右转，同时探肩，重心前移。在左脚离地前，用右手推拍球于右脚的侧前方。同时，左脚用力蹬地，加速超越对手，如图5-22所示。从对手右侧突破，动作相同，方向相反。

图5-22　同侧步突破技术

（三）跳步急停持球突破技术

技术要领：应根据自己与防守队员的位置、同伴的传球方向调整好准备姿势，向前或向侧面跳步急停接球时，要向来球方向伸臂迎球。同时，用一脚蹬地，向前或向侧跃出，在腾空时接球（一般使用移动方向异侧脚）。然后两脚前后或平行落地，两腿微屈，重心落在前脚掌上，如图5-23所示。根据防守队员情况，用交叉步或同侧步超越。

图5-23 跳步急停持球突破技术

六、防守技术

防守技术是在篮球比赛中防守者运用合理的脚步动作、身体和手臂的动作限制进攻者活动和制造进攻者失误、违例而运用的一种方法。防守的目的是主动破坏对方的进攻，最大限度地降低对手的得分率，主动地抢断球，转守为攻。防守对手既是个人防守技术的合理运用，又是集体配合防守的组成部分。因此，个人防守水平的高低又是集体防守水平高低的基础。防守主要分为防守无球队员和防守有球队员。

（一）防守的步伐

防守时，两脚开立，屈膝，重心落在两腿之间，全脚掌着地，两肘自然弯曲抬起，保持身体平衡，如图5-24（a）所示。防守的步伐分为横跨步和交叉步，分别如图5-24（b）和图5-24（c）所示。

（a）基本姿势　（b）横跨步　（c）交叉步

图5-24 防守的步伐

（二）防守无球队员

技术要领：应站在对手和球之间并偏向有球一侧，随球的转移而不断移动防守位置。当球离防守人较近时，可采用面向人、侧向球的站法；当球离得较远时，可采用面向球、侧向人的站法，做到人球兼顾，不让对手在限制区及附近范围内轻易接球，并伺机抢断球，如图5-25所示。

图5-25 防守无球队员

（三）防守有球队员

技术要领：防守有球队员的目的有两个：防突破和防投篮。防突破时，一般采用两脚左右开立，两手左右伸出摇摆，重心下降，与持球人保持一步半距离，根据对手脚步移动采用左右滑步或后撤步堵截突破，如图5-26（a）所示。防投篮时，采用两脚前后开立，重心提升，前脚同侧手臂前伸并上下摆动，用前后滑步阻挠投篮，如图5-26（b）所示。

（a）防突破

（b）防投篮

图5-26 防守有球队员

七、抢篮板球

抢篮板球是指双方队员争抢投篮未中的从篮板或篮圈反弹出的球。进攻队员抢本队投篮未中的球，称为抢进攻篮板球或前场篮板球；防守队员抢对方未投中的球，称为抢防守篮板球或后场篮板球。

在篮球比赛中，抢篮板球是获得控制球权的重要手段之一。进攻时，有效地控制篮板球，不仅可以增加进攻次数和投篮得分的机会，而且可以增强队员投篮的信心和减少对方发动快攻的机会。防守时，有效地控制篮板球，不仅可以中止对方连续进攻，造成进攻队员外线中投的顾虑，而且可为本队发动快攻创造有利的条件。因此，一个球队对抢篮板球技术掌握得好坏，对比赛的主动与被动、胜利与失败起着很重要的作用。

（1）当对方或同伴投篮时，必须想到可能不中，要积极地拼抢篮板球。

（2）防守时抢篮板球，必须把人挡在外面。挡人方法有两种：前转身挡人和后转身挡人。当对手与你的距离稍远，动作很快时，用前转身挡人，前转身挡人比后转身快，但占据面积小。对手离身体较近，为抢占较大面积，多用后转身挡人。后转身挡人应注意：第一，必须贴紧对手，最好用臀部、腰部顶住对手；第二，挡住人以后，稍停1秒钟，再冲到篮下，去抢篮板球，因为在距离投篮时，一般球在空中运行1～2秒；第三，要冲到篮下抢占投篮方向的另一面，因为球碰到篮圈后，一般有70%的机会反射到对面，如图5-27所示。

图5-27 抢篮板球

（3）到篮下立即屈臂，两臂要张开，占据空间面积，腿和腰及全身要用力起跳，技术动作要求力量强，起跳迅速，即使被对方冲撞也不能失去平衡，仍然能跳起来。抢前场篮板球时，只要挤进一条腿、一只手臂，就要跳起来拼抢。

（4）只要手指触到球，就要控制住球。在空中要转身观察同伴的接应情况。保护好球，将球举到头上，不要拿在胸前。落地同时要向边线一侧后转身，同时观察接应同伴位置，以最快的速度做第一传。

（5）一传出手后，借后转身的动作把和自己争抢篮板球的对手挡在后面，立即启动快跑跟进参加快攻。

动起来

手臂转球，一般人们是左手把球放到右手上再抬高手，让球顺胳膊滑下来，这时候主要是让胸把球转到左臂，主要靠胸肌的上半部球才走得平稳，到左臂上再让左臂稍微下垂，球会顺势滚下去。刚开始练的时候，可以左右手来回转；熟练了就可以从左手到右手连续转（手心向外指尖并到一起）；再熟练就可以让右手把球转起来再到胳膊上，这样效果会更好；更熟练了就可以从头后面用脖子转了。刚开始一定是会掉的，要多练先从胳膊上转一圈再在球快要到右臂根时顺势低头，手臂和脖子要在同一水平面上，让球自己过去后再抬起头来。

第三节 篮球基本战术

篮球战术是在比赛中队员按照基本的落位阵势、移动路线、进攻地点、防守范围和一定的变化规律而确定的集体协同配合的组织形式。其目的是个人能够合理地运用和更好地发挥技术水平，取得协同配合、整体作战的效应，力争获得比赛的主动和最后的胜利。

在讲述篮球基本战术之前，先介绍一下篮球运动的意识。篮球运动的灵魂是对篮球的意识，有了良好的篮球意识，战术配合才能充分体现，技术才能发挥作用。篮球意识主要反映在运动者对球、人、场地的时空认识上。篮球意识的发展也是有阶段性的，从低级到高级主要有以下四个阶段。

（1）队员在场上“扎堆”抢球的阶段。

（2）开始向纵横方向散开的阶段。

（3）会利用对方空当的阶段。

（4）有意识地制造对方空当的阶段（可参照足球意识的发展阶段）。

因此，初学篮球的同学应该在学习篮球技术的同时，注意篮球意识的培养，以便能尽快打好篮球比赛。

篮球的基本战术包括进攻战术和防守战术。攻防战术一般分为基础战术和全队攻防战术。基础战术是组成全队整体攻防战术的主要基础，是由两三人之间组成的一种简单配合。全队攻防战术有快攻与防快攻、区域联防和进攻区域联防。

一、防守战术

常用的防守基础战术有以下三种。

（1）盯人与交换盯人。在防守对手时，用挤过、穿过紧盯住对手。在对方掩护时，为瓦解对方掩护而互换对手盯人。

（2）协防与夹击。协防与夹击主要用于篮下有威胁的对手，一般是附近外线同伴缩回，形成二防一。

（3）一防二。防守应站在进攻两者之间，向持球队员做抢球、截球假动作，逼对方失误，如已接近球篮，要果断封锁投篮路线。

全队防守常用的基本战术有半场人盯人和半场“2—1—2”联防。

（a）传切配合

（b）突破分球

图5-28 进攻战术

二、进攻战术

常用的进攻基础战术有以下四种。

（1）传切配合。外围队员传球后，突然启动，切至篮下，接同伴回传球投篮，如图5-28（a）所示。

（2）突破分球。当持球队员运球突破上篮受阻时，立即将球传给同伴，如图5-28（b）所示。

（3）二攻一配合。快攻到前场，出现以多打少二攻一时，运球队员要果断快速运球上篮，防守队员上前阻截，再将球传给同伴投篮。

（4）掩护配合。掩护配合就是人们常说的“挡人”或“挡拆”的方法（图5-29）。它是进攻队员有目的选择适当的位置，用身体挡住同伴对手的去路，使同伴能摆脱防守并获得进攻机会的一种配合。掩护配合主要有前掩护、侧掩护、后掩护和反掩护。

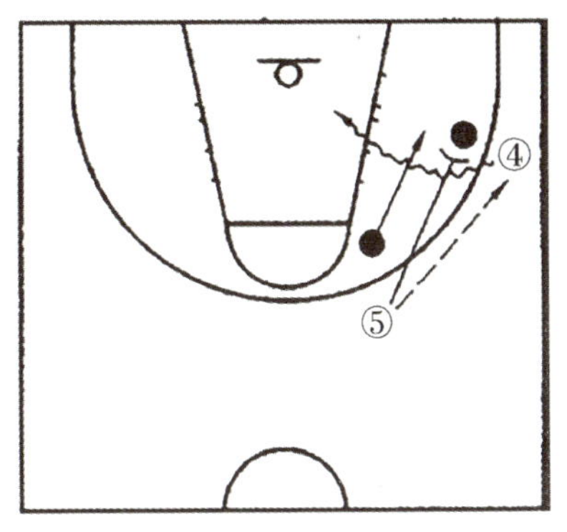

图5-29 挡 拆

常用的全队进攻战术有以下两种。

（一）快攻

快攻（图5-30）是指由防守转入进攻时，以最快的速度、最短的时间，在对方尚未部署好防守之前，创造人数上、位置上的优势，果断而合理地进行攻击的一种速决战的进攻战术。快攻有三种形式：长传快攻、短传结合运球推进快攻和运球突破快攻。快攻是由发动与接应、推进、结束三个阶段组成的。

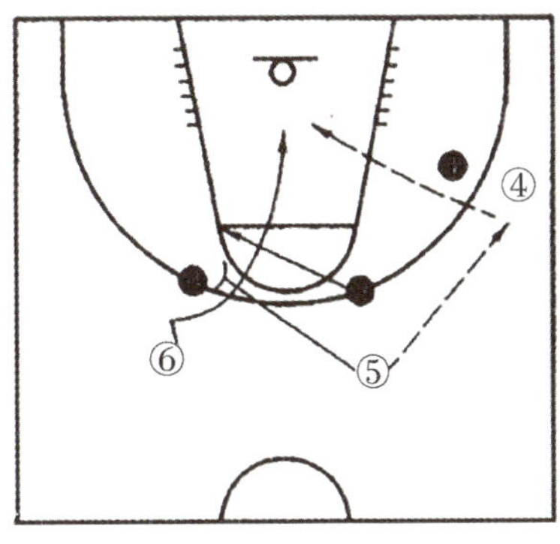

图5-30 快 攻

（1）发动与接应阶段的方法。发动快攻要抓住时机，主要是通过在防守中的获球队员和后场掷界外球队员的快速传球或运球突破来发动。一般来讲，先争取长传快攻，再与接应队员配合共同发动快攻。

（2）推进阶段的方法。在快攻推进过程中，场上五名队员注意保持前、后、左、右合理的纵深队形，并根据场上的情况各自努力完成向前推进的任务。

（3）结束阶段的方法。快攻结束阶段是决定快攻成功的关键，在保持速度和时空优势的基础上，保持推进中的纵深队形，不论处于最前沿人数多或少，都要乘防守立足未稳之时，果断地展开有组织的攻击，毫不犹豫地投篮和跟进抢篮板球，准备第二次进攻或转入阵地进攻。

（二）防守快攻

防守快攻是防守战术的重要组成部分。防守快攻要在积极主动的思想指导下，针对快攻的三个阶段，采取积极防御行动来阻止对方快攻的发动或进行，争取时间，为组织阵地防守战术创造条件。

（1）一防二。力求做到退守中积极移动，始终注意占据和调整有利于兼顾的防守位置，有策略地利用假动作进行干扰，造成对方失误或延缓其进攻速度，赢得时间争取同伴们的回防。准确判断，出其不意地出击。

（2）二防三。力求做到积极退守中，紧密配合，里外兼顾，左右照应，分工明确，对有球队员和无球队员加以控制。严控篮下，不让对方轻易切入篮下进行攻击。准确判断，出击断球或打球。

第四节 篮球比赛规则

一、比赛通则

每场比赛由两个队参加，每队出场5名队员，如果某队在场上准备比赛的队员不满5名时，比赛不能开始。

比赛分两种：上下半时制和四节制。

（1）上下半时制，每半时20分钟，中间休息10分钟或15分钟。到终场得分相等时，打决胜期5分钟，直至决出胜负。

（2）四节制，比赛由4节组成，每节12分钟。第1节和第2节、第3节和第4节之间的休息时间为2分钟；第2节和第3节之间的休息时间为15分钟。如果第4节结束时得分相等，要延长5分钟作为决胜期继续比赛，必要时可延长几个决胜期，直到分出胜负为止。

二、违例部分

违例是违反规则，罚则是失去球权，将球判给对方队在最靠近发生违例的地点掷界外球。

（一）带球走规则

（1）确定中枢脚。队员静立时接球或双脚同时着地接到球，可用任何一脚作中枢脚。一脚抬起的一刹那，另一脚就成为中枢脚。队员在移动或运球中接到球，如果脚先后着地，只能用先着地的脚作为中枢脚。

（2）确定中枢脚后，在传球或投篮时，可抬起中枢脚，但必须球离手后，中枢脚才能落回地面。开始运球时，在球离手前，不能抬起中枢脚。

（二）运球规则

（1）运球开始。队员控制球后，将球掷、拍或滚在地面上，并在球触及另一队员前再触击球为运球开始。

（2）运球结束。运球过程中，队员用双手同时触球或使球在一手或两手中停留的瞬间即运球完毕。运球完毕一般包括3种情况：①投篮。②球被对方队员触及。③传球或漏接，球触及了另一队员或被另一队员触及。

（三）球回后场规则

1. 划分前、后场

对方球篮的端线与中线之间的场区（不包括中线）是某队的前场，本方球篮的端线与中线之间的场区（包括中线）是某队的后场。

2. 判断球回后场

（1）前场控制活球队的队员使球进入后场。

（2）球进入后场后，最先触球的是控制球队队员，则构成球回后场违例。

（四）罚球规则

1. 罚球队员规则

（1）可用任何方式投篮，但罚球队员在处理球时，必须在5秒内投球离手；投篮的球必须从篮圈上方进入球篮或触及篮圈。

（2）在球触及篮圈前不得触及罚球线或罚球线前的地面。

（3）不得做假动作发球。

（4）当球已在飞向球篮的途中不得触及球。

（5）判罚。违反规则，罚中不得分；如果是仅有的一次罚球或是最后一次罚球，则将球判给对方队员在罚球线的延长部分掷界外球。

2. 非罚球队员规则

（1）不得占据非罚球队员无权占据的位置区。

（2）在球离开罚球队员的手之前，不得进入限制区、中区域或离开位置区。

（3）不得干扰罚球队员。

（4）当球在飞向球篮的途中，不得触及球；当球与篮圈接触时，不得触及球篮或篮板。

（5）双方队同时违例，违例不究，球中篮计得分；罚球不成功，由双方任一队员跳球重新开始比赛。

（6）罚球队员的同队队员违例，球中篮计得分；罚球不成功，判给对方队员掷界外球。

（7）罚球队员的对方队员违例，球中篮计得分；罚球不成功，判给罚球队员重罚一次。

（五）时间规则

（1）3秒规则。某队在场上控制球且比赛计时钟正在走动时，该队队员不得在对方的限制区内持续停留超过3秒。

（2）8秒规则。当一名队员在后场获得控制活球时，该队员必须在8秒内使球进入前场。

（3）24秒规则。当一名队员在场上获得控制一个活球时，该队员应在24秒内设法投篮，并且投篮的球只有在进入篮圈或触及篮圈时，24秒装置才能复位。

（六）干扰球规则

（1）当投篮的球在飞行中下落，并完全在篮圈水平面之上时，进攻或防守队员不可以触及球；在投篮中，当球撞击篮板后，并完全在篮圈水平面之上时，也不可以触及球。

（2）当投篮的球接触篮圈时，进攻或防守队员都不得触及球篮或篮板。

（3）判罚。如果进攻队员违例，不能得分，将球判给对方队员在球线的延长部分掷界外球。如果防守队员违例，判给投篮队员得2分；如在3分投篮区投篮，则判得3分。

三、犯规部分

犯规是违反规则的行为，含有与对方队员的身体接触或有违反体育道德的举止。

（一）侵人犯规及其判罚

（1）一般性侵人犯规。一般性侵人犯规主要有阻挡、非法用手、拉人、推人、非法掩护和带球撞人等。在上述情况下，都要登记犯规队员的每一次侵人犯规。如果对没有做投篮动作的队员犯规，则由非犯规队在距犯规地点最近的界外掷界外球。如果对已在做投篮动作的队员犯规，投球中篮，要计得分并判给一次罚球；如果2分投篮没有成功，则判给两次罚球；如果3分投篮没有成功，则判给3次罚球。如果是控制球队的队员发生犯规，由非犯规队在距犯规地点最近的界外掷界外球。

（2）双方犯规。双方犯规是指两名对抗的队员大约同时发生接触犯规的情况。登记每个犯规队员一次侵人犯规，不判给罚球。如果双方犯规时，某队已经控制球或虽尚未控制球，但已拥有球权，则应判给该队掷界外球；如果双方犯规时，两队都不控制球，则由裁判根据轮流进攻的原则来判罚；如果双方犯规的同时，投篮有效并得分，则由得分队的对方队员在端线掷界外球。

（3）违反体育道德的犯规。违反体育道德的犯规是指队员蓄意地、过分地对对方队员造成侵人犯规。登记犯规队员一次违反体育道德的犯规，并判给非犯规队两次罚球再加一次中线处掷界外球。

（4）取消比赛资格的犯规。取消比赛资格的犯规是指侵人犯规、违反体育道德的犯规及技术犯规中任何十分恶劣的不道德犯规。登记一次取消比赛资格的犯规，并判给非犯规队两次罚球再加一次中线处掷界外球。

（5）特殊情况下的犯规。特殊情况下的犯规是指在一起犯规或一起违例后的同一个停止比赛计时期间，又发生一起或多起犯规。登记每个犯规队员一次犯规。如果几乎同时宣判双方球队多起犯规，裁判员必须确定犯规发生的次序。双方球队的犯规涉及相同的判罚，它们要互相抵消；双方球队的犯规不涉及相同的罚则，要按犯规发生的次序判罚和执行。

（二）技术犯规及其罚则

技术犯规是指所有不包括与对方队员发生接触的犯规，主要包括队员、教练员、替补队员或随队人员的技术犯规及比赛休息时间内的技术犯规。

（1）队员技术犯规。登记违反者一次技术犯规，并判给对方一次罚球再加一次中线处掷界外球。

（2）教练员、替补队员或随队人员的技术犯规。登记教练员一次技术犯规，判给对方两次罚球再加一次中线处掷界外球。

（3）比赛休息时间内技术犯规。如果是队员犯规，则登记该队员一次技术犯规，判给对方两次罚球，该犯规要计入全队犯规之中；如果是教练员或随队人员技术犯规，则对教练员进行登记，判给对方两次罚球，该犯规不计入全队犯规之中。

（三）全队犯规的处罚规则

（1）在每节比赛中，当一个队的队员侵人犯规或技术犯规累计达4次时，所有以后发生的队员侵人犯规都要判给对方两次罚球。

（2）如果是控制球队的队员犯规，则判给对方掷界外球。

（3）在任一决胜期内发生的所有全队犯规要看作第4节发生犯规的一部分。

通过本章理论知识的学习，了解篮球运动的锻炼价值，培养参加篮球运动的兴趣和爱好，形成坚持锻炼的习惯。通过篮球游戏化教学活动，进一步提高学生的篮球基本技术和简单战术水平，并能使其在篮球游戏和比赛中运用所学的篮球基本技术和简单战术。通过理论知识与实际运动相结合，发展学生的灵活性、机敏性及速度、力量、耐力等身体素质，促进学生身体的全面发展。在从事篮球游戏和比赛中，培养学生自尊、自信、集体合作意识，使学生形成积极进取、团结协作的良好作风。

在线学习

1. 中国篮球协会官方网站。
2. 国家体育总局篮球运动管理中心。

第六章
足球运动

本章概述

本章重点介绍了足球运动的常用技术和战术。足球技术主要包括传球、射门、接球、运球和运球过人、头顶和抢断球等；足球战术主要包括局部和整体的一些常用战术。通过对章节的学习，学习者应该掌握各个技术动作的动作过程和动作方法，掌握足球比赛中的常用战术，进而提高自己的足球运动技能。

章结构图

学习目标

1. 学习足球技术动作要领。
2. 掌握足球基本技术动作。
3. 学习足球比赛中的常用战术。
4. 运用足球技术进行足球比赛。

第一节 足球运动概述

足球运动是一项古老的运动项目。公元前，中国就有了用脚踢球的游戏。2001年，国际足球联合会（以下简称国际足联）宣布古代足球（蹴鞠）起源于中国的临淄。

现代足球运动起源于英国。1863年10月26日，英国人在伦敦皇后大街弗里马森旅馆成立了世界第一个足球协会——英格兰足球协会。该协会制订和通过了世界第一部较为统一的足球竞赛规则，并以文字形式记载了下来。因此，人们公认1863年10月26日为现代足球的诞生日。此后，足球运动逐步从欧美传入世界各国，在一些发达国家更为盛行。越来越多的人走向球场，投身到这一富有刺激性和畅快感强的运动中去。

1904年5月21日，国际足联在法国巴黎圣奥诺雷街229号正式成立，法国、比利时、丹麦、荷兰、西班牙、瑞士和瑞典7个国家的代表和代理人在有关文件上签字。法国的罗伯特·盖林被推选为国际足联第一任主席。国际足联的创建，标志着足球作为世界性的体育运动项目登上了世界体坛。国际足联是世界足球运动的最高权力机构，总部设在瑞士苏黎世希茨希11号国际足联大厦。

从1896年第1届现代奥运会举办以来，奥运会足球比赛每4年一届。世界杯足球赛至今已举办了16届（1942年和1946年因第二次世界大战中断）。除此之外，国际足联还举办了19岁以下世界青年比赛、17岁以下少年比赛、5人制比赛、世界杯女子足球锦标赛、世界俱乐部锦标赛。1840年，现代足球随着英帝国主义的入侵而传入我国。

思政小课堂

中国国家男子足球队始建于1924年，于1931年加入国际足联。中国队在国际足联最高排名是1998年12月的世界第37位。国足先后12次参加亚洲杯足球赛正赛，并于1984年和2004年两度获得亚军；1936年、1948年、1988年和2008年4次参加奥运会足球赛决赛圈；2002年首次参加世界杯决赛圈比赛。

中国女足于1986年首次参加亚洲杯就获得冠军，自此开创1986年、1989年、1991年、1993年、1995年、1997年、1999年女足亚洲杯七连冠，2006年、2022年女足再次问鼎亚洲杯冠军，15次参与亚洲杯共获得冠军9次，亚军2次，季军3次；参加亚运会9次，获得冠军3次、亚军2次、季军2次，1990年、1994年和1998年亚运会女足获三连冠；晋级世界杯决赛圈8次，参加女足世界杯7次，获得亚军1次，进入四强1次（不含前述亚军）。闯入奥运会5次，其中在1996年美国亚特兰大奥运会上1:2惜败美国获得亚军，为中国女足迄今为止在奥运会上取得的最好成绩。

第二节 足球基本技术

足球技术是指运动员在足球比赛中所采用的合理动作的总称。足球运动是一项技术动作相当复杂的运动项目。根据足球比赛队员在场上的分工和技术特点足球基本技术可分为锋卫队员技术、守门员技术、有球技术和无球技术。本节仅对无球技术和有球技术进行详细讲解。

名人语录

运动太多和太少同样损伤体力，饮食过多和过少同样损害健康，唯有适度可以产生、增进、保持体力和健康。——亚里士多德

一、无球技术

足球运动员在比赛中的无球跑动占全场比赛的绝大多数时间。无球技术是指比赛中运动员在不控球的情况下所采用的合理动作的总称，主要包括起动、跑动、急停、转身、跳跃、移位和假动作。

无球技术对比赛极为重要，尤其是无球技术的质量，对运动员的技巧水平提高具有相当重要的作用。对足球技巧缺乏深刻认识的教练员，往往只关注队员的球技或速度等，因为这些技术比较容易观察，但无球技术的作用却不易显露，忽略了发展队员的无球动作质量的练习。其实，运动员能轻松地摆脱对手，能牢牢盯防进攻队员，都与他们出色的起动、转身等无球技术的质量密切相关。

无球技术与身体素质有紧密联系。无球技术通常表现为技术质量，通过完成动作的正确程度来反映优劣；身体素质则具有定量特征，例如速度多快或耐力多强等。当一名队员的速度或弹跳能力较差时，可能是由于其缺乏力量造成的。此外，无球技术和身体素质，必须以符合足球项目特征为前提去发展。田径式的跑速未必能在足球比赛中发挥作用。

二、有球技术

有球技术是指运动员在比赛中，为达到进攻和防守目的所采用的各种支配球的技术，有球技术包括踢球技术、颠球技术、停球技术、头顶球技术、运球技术、抢截球技术守门员技术等。

（一）踢球技术

踢球用于传球和射门。传球是队员之间联系的主要手段。在球队保持控球权时，传球技巧运用得最为频繁。射门是比赛获胜的最终武器。

常用的踢球方式有脚内侧踢球、脚背正面踢球、脚背外侧踢球、脚背内侧踢球，特殊情况下用脚跟或脚尖也可以踢球。

1. 脚内侧踢球

技术要领：踢球时，要把握好大腿外旋和脚尖外转的举措。踝枢纽要紧张使劲。支持脚踏地地位要适合。如靠前，出球偏低而无力；靠后，轻易把球踢高。可重复做原地或走动中髋枢纽外旋举措。脚内侧踢球如图6-1所示。

图6-1 脚内侧踢球

2. 脚背正面踢球

技术要领：练习时，要强调脚面绷直，脚跟提起的要领。踢球腿前摆时，小腿不要过早加快使劲，不然会轻易呈现把球踢高、踢偏或脚尖踢地景象。初学时，可多做踢球的辅佐练习，如脚尖走步、压脚背、踢实心球等。脚背正面踢球如图6-2所示。

图6-2 脚背正面踢球

3. 脚背外侧踢球

技术要领：踢球脚触球时，不要勾脚尖，不然踢出的球既高又转。要踢球的后中部，假如触球部位不正确，踢出的球只旋转而无力。初学时，可先做内八字走动中摆腿练习。脚背外侧踢球如图6-3所示。

图6-3 脚背外侧踢球

4. 脚背内侧踢球

技术要领：支撑脚的位置能否准确，直接关系到出球的精确性和力气。初学时，采取在支持脚地位上画线的办法协助把握准确的踏地地位。可多做摆腿的模拟举措。踢球后，脚要持续前摆，脚尖不要内转。脚背内侧踢球如图6–4所示。

图6–4 脚背内侧踢球

（二）颠球技术

颠球可分为拉挑球、脚背正面颠球、脚内侧颠球、脚外侧颠球、大腿颠球、头颠球、肩颠球和胸部颠球。以下讲解其中几种。

1. 拉挑球

技术要领：支撑脚站在球的后方约30厘米处，膝关节微屈，身体重心在支撑脚上，拉挑球的脚前掌踩在球的上方并向后轻拉，在球开始向后滚动的同时，脚掌着地，脚尖插向球的底部，脚尖微翘向上挑起。

2. 脚背正面颠球

动作：脚向前上方摆动，以髋、踝关节为轴，脚尖跷起，使球与前脚面接触，击球的下部，球向内转动，将球连续颠起。

技术要领：重心放低，击球时用力均匀，不需要用太大力，尽量用脚背的平面去接球，避免球左右飞行，将球始终控制在身体周围。

作用：脚背正面颠球可以熟悉球与脚面接触的感觉，对控制用正脚背踢定位球、滚动球、正面空中球与侧面凌空球的传球、射门和脚面停球有作用，对促进身体的协调配合也有很大帮助。

3. 大腿颠球

动作：以髋关节为轴，屈膝上抬，大腿的中前部位向上击球的下部，使球向内转动，将球连续颠起。单腿面颠球熟练后，可以采用双腿交替颠球法，如图6–5所示。

（a）颠球

（b）带球起练习一

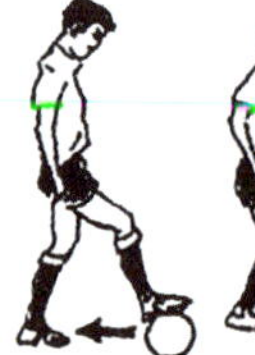

（c）带球起练习二

图6–5 大腿颠球

技术要领：重心放在丹田处，让身体稳住，不要左右摆动。用膝盖向上8～18厘米区域击球，力量均衡，使球上升到自己头部的位置。球有方向偏移时，用小碎步的方式快速调整至球的正下方。

作用：熟悉大腿与球接触的感觉，对培养大腿停球、挡球等控制能力有帮助，对培养身体协调配合和柔软性也有很大的作用。

（三）停球技术

停球方式有脚内侧停球、脚底停球、脚外侧停球、胸部停球和大腿停球等。

1. 脚内侧停球

技术要领：脚内侧停地滚球时，根据来球路线选择停球位置并及时移动到位。支撑脚正对来球，膝关节微屈。停球腿屈膝外展并前迎，脚尖翘起，当脚与球接触前的刹那开始后撤，在后撤过程中用脚内侧触球，把球控制在衔接下一个动作需要的位置上。

脚内侧停反弹球时，支撑脚踏在球的落点的侧前方，膝关节微屈，上体稍前倾并向停球方向微转，同时停球脚提起，踝关节放松，脚内侧对准球的反弹路线。当球落地反弹时，用脚内侧挡压球的后中部。此种方式主要用于停地滚球，如图6-6所示。

易犯错误：触球时，停球脚的踝关节过于紧张，不利于缓冲，球停得离身体过远；停地滚球时，脚离地过高，使球通过；停反弹球时，对球落地的时间判断不准，传球漏过或停不稳。

图6-6 脚内侧停球

2. 脚底停球

技术要领：支撑腿微屈，脚尖正对来球，上翘，踝关节放松，用脚前掌触球上部。停反弹球时，停球前脚掌正对球的反弹方向，如图6-7所示。

图6-7 脚底停球

易犯错误：停球脚抬起过高，用脚掌踩球，使球漏过或停球不稳；踝关节过于紧张，停球不稳。

3. 脚外侧停球

技术要领：判断好落点，支撑脚踏在落点的侧前方，脚微屈，体前倾，停球脚踝关节放松，脚外侧对准球的反弹路线并推压球的中上部，如图6-8所示。

易犯错误：停球脚的踝关节没有放松，停球不稳；对球的反弹路线判断不准，将球漏过。

图6-8 脚外侧停球

4. 胸部停球

胸部停球分为挺胸法和收胸法两种方法。挺胸法准备停球时，稍收下颌。当球运行到与胸部接触前的刹那，两脚蹬地上挺的同时屈膝，上体后仰，用胸大肌触球，如图6-9（a）所示。采用收胸法准备停球时，两脚前后开立，身体重心前移，挺胸迎球。当球运行到与胸部接触前的刹那，重心迅速后移的同时收胸、收腹，如图6-9（b）所示。

易犯错误：停球时，球在空中的位置选择不准，未能用正确部位接触球；收胸停球时，收胸和收腹过晚，未能缓冲来球力量；没有收下颚。

（a）胸部停球（向上控制）　　（b）胸部停球（向下控制）

图6-9 胸部停球

5. 大腿停球

技术要领：支撑脚膝关节微屈，停球腿屈膝迎球，当大腿与球接触的刹那，后撤缓冲把球停在体前，如图6-10所示。

图6-10 大腿停球

易犯错误：停球腿过于紧张，不能较好地缓冲来球力量；停球腿下撤过迟，使球不能随腿下撤。

（四）头顶球技术

头顶球分为前额正面顶球和前额侧面顶球，这两个部位都可以做原地、跳起和鱼跃顶球。以下讲解其中两种。

1. 原地前额正面头顶球

动作要领：身体正对来球，两脚前后或左右开立，膝关节微屈，上体稍后仰，重心放在后脚上，两臂微屈自然张开，眼睛注视来球。当球运行至身体垂直面前的刹那，后脚用力蹬地，身体重心由后脚移向前脚的同时，迅速向前摆体收下颌，颈部紧张，快速甩头，用前额正面顶球的后中部。

易犯错误：顶球时闭眼或球与头接触的部位不对。

纠正方法：一人用球轻轻地触击顶球前额的部位，之后自抛顶球，感觉触球部位，可反复练顶吊球自己体会。

2. 原地跳起前额正面头顶球

动作要领：准备起跳时，两腿屈膝，重心下降，然后两脚同时蹬地，两臂屈肘上摆向上跳起。在跳起上升过程中挺胸展腹，两臂自然张开，眼睛注视来球。在跳起到达最高点准备顶球时，身体成背弓。当球运行到身体的垂直面前的刹那，快速收胸折体前屈并甩头，用前额正面将球顶出。顶球后两腿同时屈膝、缓冲落地，如图6-11所示。

易犯错误：跑动顶球的时机不合适，顶球时缩头、耸肩。

纠正方法：多练顶挂在高空中的吊球，体会跳起时间。缩头是不敢主动迎击球，可多作无球练习，着重颈部、腰、腿协调用力，之后做轻力量的抛球练习。

图6-11 原地跳起前额正面头顶球

（五）运球技术

运球是运动员在跑动中用脚连续推拨球，使球处于自己控制范围内的触球动作，也称为带球。利用运球可以变换进攻的速度，调节比赛的节奏。在对手紧逼和密集防守的情况下，利用运球和过人可以摆脱对方的阻截和围抢，扰乱对方防守阵形，造成以多打少的主动局势，为传球或射门创造有利时机。

运球方式主要有脚内侧运球、脚外侧运球和脚背正面运球等，如图6-12所示。

（a）脚内侧运球

（b）脚外侧运球

（c）脚背正面运球

图6-12　运球方式

1. 脚内侧运球

跑动时，身体自然放松，步幅要小，上体前倾并稍向运球方向转动；运球脚提起时，膝关节稍弯曲，脚跟提起，踝关节外展，脚尖斜下指，用脚内侧部位推拨球前进。在比赛中，大多在改变方向或护球的情况下使用。

2. 脚外侧运球

跑动时，身体自然放松，上体稍前倾，两臂自然摆动，步幅不要过大；运球脚提起时，膝关节弯曲，脚跟提起，踝关节内旋，脚尖向内斜下指，用脚外侧部位推拨球前进。在比赛中，大多在快速推进或为超越对手、前方纵深距离较大或改变方向时使用。

3. 脚背正面运球

运球时，上体前倾，步幅放大，运球脚提起时，膝关节弯曲，脚尖向下，以脚背正面推拨球前进。在比赛中，主要适用于突破对手后做较长距离的快速运球时。

4. 运球过人

运球时，要逼近防守者，距对方2米左右。身体要保护球并用远离防守者的脚控制球。过人时，重心要低并落于两脚之间，有利于假动作使对方失去重心，运用拨、拉、扣、挑等技术动作，突然快速地摆脱越过对手，如图6-13、图6-14、图6-15所示。

图6-13　运球过人技术1

（a）　（b）　（c）

图6-14　运球过人技术2

（a）

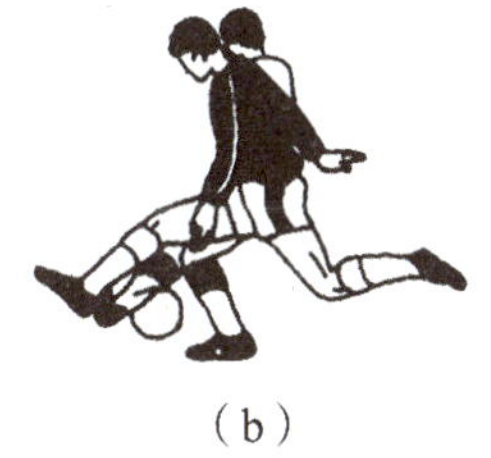

（b）

（c）

图6-15　运球过人技术3

（六）抢截球技术

抢截球是防守中的主动行动，是转守为攻的积极手段。抢截球包括抢球和截球两个内容。抢截球技术和抢截球技巧是不同的。技术是完成动作的方法，而技巧则是依据比赛局面对技术的选择性运用。抢截球技巧的应用必须考虑到诸多因素，如争抢球的场区、同伴的位置和对手的能力等。

1. 正面抢球

为加大抢球面积，应用脚内侧阻抢。支撑脚立于球的一侧，双膝微屈以降低重心和维持身体平衡，以利于更有力地抢球和缓冲抢球时的冲击力。应在对手运球脚触球后即将着地或刚着地时实施抢截。抢球动作用力要通过球的中心，触球时上体应前倾且腿部用力。若球夹在双方的两脚之间，可顺势把球提拉过对方的脚面，或是把球拨向一侧，亦或是让对手用力推球，而随即转身并贴向对手。正面抢球技术是比赛中常用的抢球技术。

2. 侧面抢球

侧面抢球技术是与运球对手并肩跑动或从后面追平对手时采用的抢球办法。在准备抢球前，应尽可能地靠近球并设法使支撑脚立于球的前方，然后以支撑脚为轴转动身体，用抢球脚的脚内侧封阻球。还可以利用合理冲撞的办法实施侧面抢球行动，在对手失去平衡时乘机夺球。侧面抢球的时机把握非常重要，因为控球队员在跑动之中，若离其太远时抢球，重心不稳定，而且抢球力量不大，还容易造成犯规。

3. 铲球

铲球技术运用最多的局面是在对手已突破防线，防守队员又无法回到正面抢球位置时。最关键的因素是适时倒地，应尽可能地接近控球队员，重心置于支撑脚上，看准时机抢球腿下滑，以脚底、脚背或脚内侧把球铲掉。铲球时，首先判断能否铲到球；其次，是否会犯规，还要看所处的场区和比赛情况。

绝活儿

无影脚

效力于罗马队的巴西人罗德里戈·塔代伊拥有充足的场上经验，还有个技惊四座的花招—— 无影脚。塔代伊技术娴熟，身体协调性出众，喜欢做一些杂耍动作。特别是运球过人时，“踩单车”式假动作速率快、动作逼真，令对手难以分辨，堪称“无影脚”。

（七）守门员技术

守门员技术的高低、反应的敏捷程度和竞争意识直接影响全队的士气与最后一道门户的牢固。守门员技术可分为接球、扑接球、拳击球、托球、掷球和抛踢球。

第三节 足球基本战术

足球比赛攻守过程中采取的个人行动和集体配合，称为基本战术。在战术运用中，与篮球一样，需要特别强调的是足球意识。足球运动的灵魂是足球意识，有了好的足球意识，战术才能活起来，技术才能发挥作用。足球意识主要反映在运动者对球、人、场地的时空认识上，足球意识的发展也是有阶段性的。足球初学者应该在学习足球技能的同时，注意对自己足球意识的培养，有时足球的意识比技能更重要。

足球的基本战术主要包括比赛阵形、进攻战术、防守战术和定位战术等。在进攻战术和防守战术中，都包含个人和集体的战术。

流动的术语

当守方采用“制造越位”战术，后卫线集体向前压出时，攻方传球队员突然把球传向一侧，由埋伏在第二线的队员突然插上控球突破，威胁球门，使对手猝不及防，称为“反越位战术”。

一、比赛阵形

比赛阵形是指比赛场上队员的基本位置排列，是本队攻守力量搭配和分工的形式。选择阵形要以本队队员的特长、体能、技术水平和对手的特点为依据。

根据队员的职责和排列的层次，阵形分为后卫线、前卫线和前锋线。阵形的人数排列原则是从后卫数向前锋的，守门员不计算在内。

目前，世界上普遍采用的阵形有“4—3—3”“4—4—2”“4—1—2—3”“3—5—2”等。在以上阵形中，除“4—4—2”阵形以防守为主、反击为辅外，其他阵形均以进攻为主，尤以“3—5—2”阵形更为突出。“4—3—3”和“4—4—2”阵形如图6-16所示。

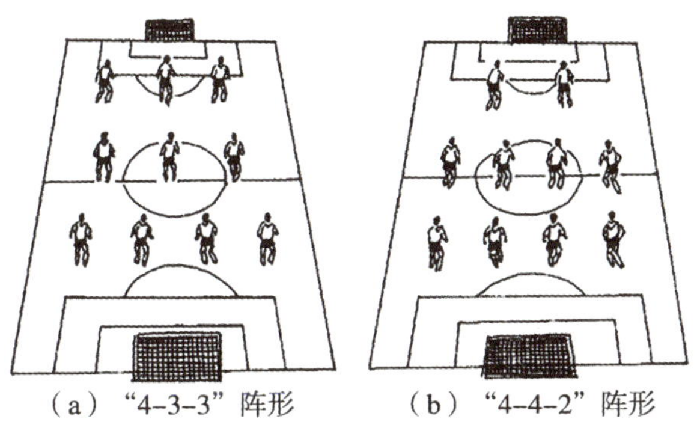

（a）“4-3-3”阵形　（b）“4-4-2”阵形

图6-16　比赛阵形

二、进攻基础战术

进攻战术中分为个人进攻战术、局部进攻战术和集体进攻战术。

（一）个人进攻战术

个人进攻战术包括摆脱、跑位和运球过人等。这是在对方紧逼防守的情况下采取的有效措施，摆脱自己的对手，跑到有利的位置，接应控制球的同伴巧妙地传球，以达到进攻的目的。

（二）局部进攻战术

局部进攻战术是指两人以上的战术配合行动，如图6-17所示。此战术可以丰富和完善全队的进攻战术，是实施全队战术的基础。一般常用的有直传斜插二过一、斜传直插二过一、踢墙式二过一和三过二进攻配合等。两人的局部配合是集体配合的基础。

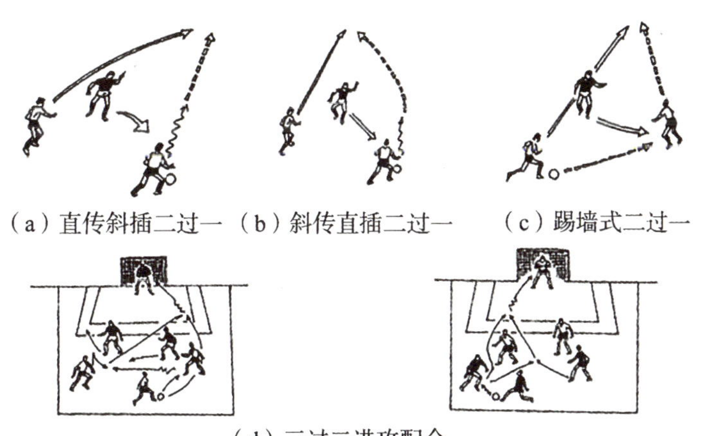

（a）直传斜插二过一　（b）斜传直插二过一　（c）踢墙式二过一

（d）三过二进攻配合

图6-17　局部进攻战术

（三）集体进攻战术

1. 边路进攻

在对方半场两侧，主要通过边锋或交叉到边上的中锋，直接插上的前卫、边后卫，运用个人带球突破或传球配合突破对方防线传中（外围传中、下底传中等），由中锋在另一侧包抄射门，如图6-18所示。

图6-18　边路进攻

2. 中路进攻

在对方半场中间地带，中路进攻能直接威胁球门，但中间防守队员密集，不易突破。因此，通过中锋、内切的边锋或插上的前卫间的配合或个人运球过人等方法突破对方防线，如图6-19所示。

图6-19　中路进攻

3. 转移进攻

当一侧进攻受阻，另一侧进攻有利时要及时、快速地转移进攻方向。此方法多是采用有效而准确的中长距离传球来实现的，以拉开对方的一边防守，达到声东击西的进攻目的。

4. 快速反击

在防御中积极拼抢，一旦得球，趁对方立足未稳时，快速传球，以多打少，达到射门得分取胜的目的。

三、防守基础战术

（一）个人防守战术

个人防守战术主要包括选位和盯人，保护和补位。

选位与盯人既是防守战术，也是重要的个人技术。选位时，防守队员一般应处于球门中心与对手之间的直线上。盯人时，应采用“有球紧、无球松”和“远松近紧”的方法，即对有球的、接近球和逼近球门的对手采用紧逼的战术；对无球的、远离球和远离球门的对手采用松动盯人的战术。

保护是补位的前提，没有保护就不可能有效地补位，队员之间适当的斜线站位是保护的选位要求，也是后卫防守站位的基本原则。补位是防守队员之间协同配合、相互帮助的一种方法。补位有两种：一种是队员去补空当，如边后卫插上助攻时，就由另一队员暂时补他的位置，以防插上进攻失误后对方利用此空当进行反击；另一种是队员间的相互补位，即交换防守。相互补位一般应是邻近的两个同伴之间的换位，这样出现漏洞的可能性较小。

（二）集体防守战术

集体防守战术主要有盯人防守、区域防守、混合防守和造越位战术。集体防守战术有全攻全守的全场防守、半场防守、紧逼防守、区域防守，也有盯人结合区域防守、密集防守等混合防守战术。不论采用哪种战术都要考虑到本队的特长，更要针对对方的进攻战术，采用有效的防守战术，阻止对方的进攻。目前常采用混合防守（是盯人和区域防守的结合），一般采用3个后卫盯人，拖后卫负责补位，前卫和前锋区域盯人的分工方法。

四、定位球战术

定位球主要有角球、球门球、任意球和点球等。

（1）角球。角球进攻战术有两种：一种是直接将球踢至门前，由头球能力强的同伴争抢头球射门；另一种是短传配合，是在己方头球能力较差或碰到较大逆风时运用。

（2）球门球。发球门球的原则是及时、快速、准确、有效。发球门球时，守门员与后卫做一次配合，也可踢远球给进攻的一线队员。

（3）任意球。任意球分直接任意球和间接任意球两种。罚直接任意球可采用穿墙和弧线球直接踢入，或者采用过顶吊人传切配合；罚间接任意球时，传球次数要少，运用假动作声东击西，传球要及时，以免越位。

（4）点球。要求主罚队员沉着、机智，有高度信心及熟练的假动作技术和过硬的脚法。

运动价值

足球运动之所以被称为世界第一大运动，主要是因为参与足球运动乐趣不断，有很强的吸引力。足球运动对战术运用能力要求较高，这就要求足球运动参与者具备更好的身体素质。跑动是参与比赛的基本竞技能力，也是速度、力量、柔韧、灵敏、协调性等综合素质的集中表现。长期坚持参与足球运动，可以改善参与者的心肺功能，维持其身体机能，在身心愉悦的同时促进参与者的身体健康，是很好的健身项目。

第四节 足球比赛规则

一、足球竞赛规则简介

（一）球场

足球赛场必须是长方形，在长90～120米、宽45～90米范围内均可。国际比赛的赛场长度范围为长100～110米，宽64～75米。基层比赛场地可因地制宜，但边线必须长于端线，场内各区域尺寸应不变。

国际足联曾规定世界杯决赛阶段比赛场地为长105米、宽68米，比赛不能在人造草皮上进行。场地各线宽度不超过12厘米（球门线的宽度必须与球门柱宽度相等），边线与球门线应包括在场地面积之内。其他各线宽度也应包括在该区域面积之内。标准的足球赛场如图6-20所示。

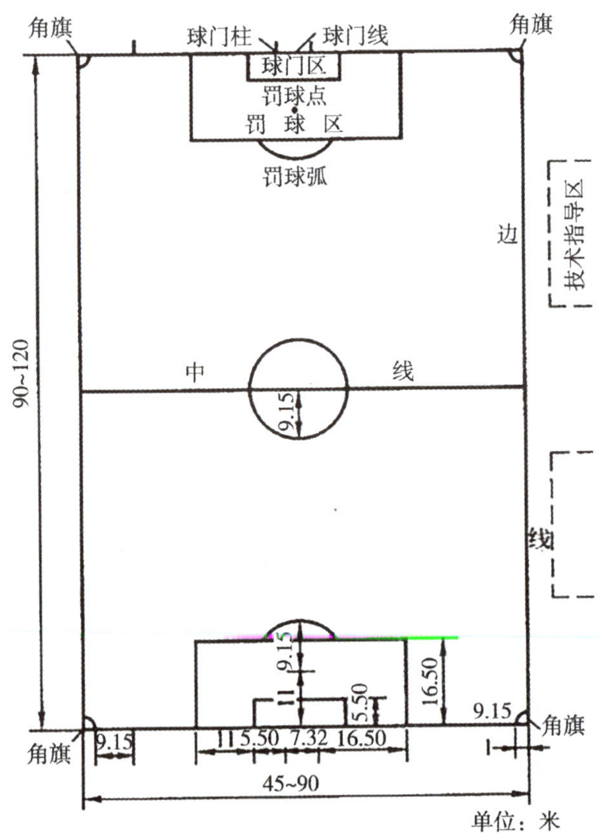

图6-20 标准的足球赛场

（二）足球

足球由皮革或其他适当的材料制成。标准的足球由32块皮（12块五角形和20块六角形）拼接而成。在国际足联主办的比赛中，使用的球必须有正式的“国际足联批准”标志、正式的“国际足联监制”标志或经证明的“国际比赛标准球”。足球的周长在68～70厘米；重量不少于410克，不多于450克；压力在0.6～1.1个大气压（世界杯赛一般采用0.9个大气压）。

（三）队员人数

每队参赛人员不得多于11人，其中1人必须为守门员。正式比赛提名替补队员为7人，但每场比赛最多可以替换3人，位置不限。被替换下场的队员不可在本场比赛中重新上场。

（四）队员装备

队员不得使用或佩戴可能危及自己及其他队员的装备或任何物件。运动员必需的装备包括运动上衣、短裤、护袜、护腿板和足球鞋。比赛时，球员上衣号码与短裤号码必须一致，队员之间不得重号。守门员服装颜色应区别于其他队员和裁判员、助理裁判员，队长必须佩戴袖标。

（五）比赛时间

正式比赛时间为90分钟，上、下半场各45分钟，除经裁判员同意外，中场休息不得超过15分钟。如规程规定有加时赛，则再进行30分钟的决胜期比赛，每半场15分钟，中间立即交换场地不再休息。如果采用“金球制胜”法，则在30分钟内，先进球者为胜，比赛立即结束。若决胜局双方仍平局，以踢点球方式决胜负。

（六）越位

处于越位位置，必须同时符合以下3个条件。缺少任何一条，均不是处于越位位置。

（1）在对方半场内。

（2）球更接近于对方球门线。

（3）在该队员与对方球门线之间，对方队员不足两人。判断是否处于越位位置的时间，关键是同队队员传球的时刻，而不是该队员得球的时刻。

处于越位位置的队员并不都是犯规，只有在同队队员传球的时刻，有下列情况之一时，才被视为越位犯规。

（1）干扰比赛。

（2）干扰对方。

（3）利用越位位置获得利益。

位置是前提，触球瞬间是判断的时机，行为和效果是构成越位犯规的依据。

（七）任意球

1. 直接任意球

直接任意球是指可以直接射入对方球门得分的球（直接射入本方球门，不算进球，应由对方踢角球）。足球比赛对抗性强，又允许身体接触与碰撞，裁判员要准确掌握规则精神。如果队员违反下列10条中的任何一条，将判给对方踢直接任意球。

（1）踢或企图踢对方队员。

（2）绊摔或企图绊摔对方队员。

（3）跳向对方队员。

（4）冲撞对方队员。

（5）打或企图打对方队员。

（6）推对方队员。

（7）为了得到对球的控制拦截对方队员时，在触球前触及对方队员。

（8）拉扯对方队员。

（9）向对方队员吐口水。

（10）故意手球（不包括守门员在本方罚球区）。

2. 间接任意球

间接任意球是指不能直接射门得分，必须经场上其他队员触及后进入球门内才算进一球（直接射入对方球门，由对方踢球门球）。如果守门员在本方罚球区内符合下列5条中的任何一条，都将判给对方踢间接任意球。

（1）当手控制球时，在发出球之前持球超过6秒。

（2）在发出球之后，未经其他队员触及，再次用手触球。

（3）用手触及同队队员故意踢给的球。

（4）用手触及同队队员直接掷入的界外球。

（5）裁判员认为，队员阻挡对方队员，或阻挡对方守门员发球时，有危险性的动作。

另外，如果队员在比赛中被判有开球、球门球、角球、界外球、任意球、越位犯规，也将在犯规地点以间接任意球恢复比赛。

罚任意球时，除守方在本方球门线上外，对方队员必须至少距球9.15米（主罚队不要求对方退9.15米时，裁判员可不必维持这一要求）。球一经踢动，则比赛恢复。

（八）掷界外球

在比赛进行中，当球的整体从地面或空中越过边线时即为球出界。此后，应由出界前最后触球队员的对方队员在球出界外边线外1米范围内，站立将球掷向场内任何方向。球一进场，比赛即开始。

（九）球门球

队员将球的整体从空中或地面踢出对方球门线（不属于进球得分）时，由对方在球门区内任何一点踢球门球。踢球门球时，对方队员应退出罚球区。

（十）角球

在比赛进行中，队员将球的整体由地面或空中踢出本方球门线（不属于进球得分）时，由对方在出界一边的角球弧内踢角球。角球可以直接射入对方球门得分。

二、主要犯规行为

足球竞赛中的主要犯规行为见表6-1。

表6-1 足球竞赛中的主要犯规行为

	犯规与不正当行为	处罚
直接任意球	1. 踢、绊、摔对方队员 2. 跳向对方冲撞和蹬踏 3. 有危险性的猛烈冲撞 4. 用手或臂拉扯、推拦对方 5. 用手或臂有意识触球	1. 对方可直接射门 2. 守方在本罚球区犯规，判对方罚点球
间接任意球	守门员回步；守门员用手接同伴从罚球区外回传球发定位球时，一人连踢越位	在犯规、越位点，由对方踢间接任意球，不得直接射门
警告	1. 队员擅自进场、离场 2. 队员连续违反规则 3. 对裁判裁决进行言语冲撞	1. 劝告 2. 警告 3. 出示黄牌
罚出场	1. 有恶劣行为或严重、有意犯规 2. 连续违反规则，不服判决 3. 辱骂裁判，经警告不改	1. 出示红牌 2. 退出比赛

赛事时刻

世界性足球比赛主要有奥林匹克运动会足球赛和世界杯足球赛。世界杯足球赛是最引人注目的，也是技术水平最高、争夺最激烈的足球赛。此外，还有地区性足球赛，如亚洲杯足球赛等。

奥运会足球赛：1896年，在希腊举行的第一届奥林匹克运动会上，足球是表演赛的项目。从1900年第二届奥运会起，足球被列为正式比赛项目。

世界杯足球赛：国际足球联合会世界杯比赛简称世界杯足球赛（旧译世界足球锦标赛），是由国际足球联合会统一领导和组织的世界性的足球比赛。每届比赛从预赛到决赛前后历时3个年头，参加预选赛的国家已近100个。它是世界上规模最大、影响最大、水平最高的足球比赛，也是世界上观众最多的体育比赛项目。1930年，首届世界杯足球比赛在乌拉圭举行。

本章小结

通过本章的学习，学习者应该了解足球的基本技术与基本战术，特别是脚内侧、脚背内侧踢球技术动作要领，局部传切二过一战术配合等战术。通过学习，学习者能够看懂足球比赛，并逐渐理解足球比赛的魅力，能亲自参与到足球运动或足球游戏中去，培养对足球的兴趣，学会用足球锻炼身体，养成终身体育锻炼的习惯。

在线学习

1. 中国足球协会。
2. 国际足球联合会。
3. 欧洲足球联合会。
4. 中国奥委会。
5. 中国足球学校（秦皇岛）。

第七章

排球运动

本章概述

本章主要介绍了排球运动的起源与发展、排球的基本技术和战术、排球的一些小游戏及排球的基本竞赛规则。希望通过本章的学习后，学习者能对排球有更深入的了解及更浓厚的学习兴趣。

章结构图

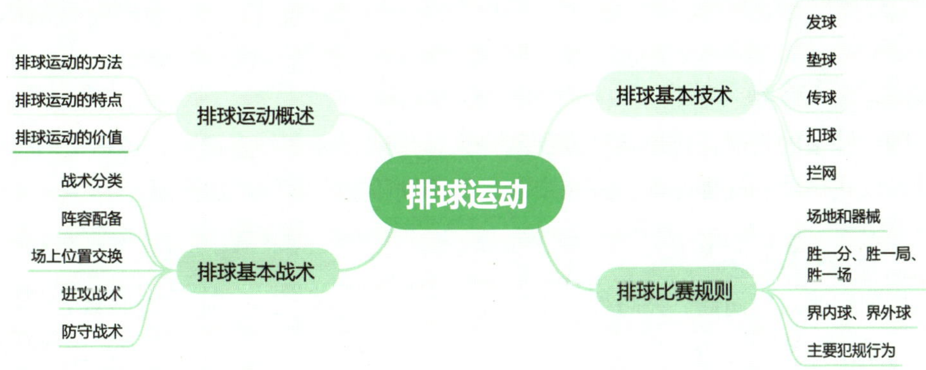

学习目标

1. 了解排球这项运动，知晓其特点、健身价值及起源和发展。
2. 学习并掌握排球的基本技术。
3. 了解排球的基本战术，熟悉排球的竞赛规则。
4. 了解排球运动的发展趋势。
5. 学习并尝试组织开展排球的相关游戏。

第一节 排球运动概述

一、排球运动的方法

排球属于隔网对抗性球类运动项目，比赛时，双方各 6 名队员站在排球场上，以中间球网为界，按照一定的比赛规则，运用发球、垫球、传球、扣球及拦网等技术进行攻防对抗，使球在对方场内落地，从而得分获胜的一种球类运动。该运动对场地设施要求简单，比赛规则易于掌握，运动强度也可随时调节变动，因而成为大多数人喜爱的运动项目之一。

二、排球运动的特点

（一）广泛的群众性

排球的场地设备简单，比赛规则也易于掌握，除了在球场上练习和比赛，在其余空地上也可以练习。排球运动强度的可调节性也决定了它能吸引各个年龄阶层、不同性别的人加入其中。

（二）形式的多样性

随着社会的发展，排球运动发展到今天，形式已经多种多样了，包括室内排球、沙滩排球、软式排球、气排球等，进一步满足了不同阶层人群的运动需要。

（三）高度的技巧性

排球比赛对时间性、技巧性要求很高。在排球比赛中，规则规定排球既不能落地，也不得在手中停留或连击，击球3次以内必须过网。比赛时双方比拼激烈，比赛情况瞬息万变，运动员往往是在快速、突变、连续和复杂的争夺中完成技术动作。因此决定了排球技术的高度技巧性。

（四）技术的全面性

在排球比赛中，场上的每个队员都要进行位置轮转。也就是说，场上6名队员都要参与前排进攻及后排防守。因此，每位队员必须掌握各项基本动作，以适应各个位置的需要，同时避免违例。这就决定了排球技术的全面性。

（五）激烈的对抗性

排球比赛都是在激烈的对抗中进行的，无论是从发球到接发球，从扣球到拦网，还是从进攻到防守，由于争夺激烈，夺取一分往往需要多个回合的交锋。越是高水平的比赛，其对抗性就越强，比赛就越具有观赏性。

（六）严密的组织性

除发球外，在排球比赛中，各个技术都是一环扣一环的，无论是接发球进攻中的一传、二传、扣球，还是扣球进攻中的拦网、防守、组织反击，任一环节配合不当，整个战术配合就无法进行，这体现了排球运动严密的组织性。

（七）攻防两重性

排球比赛中各项技术的运用很难进行严格的攻防区分，而是攻中有防、防中有攻，所以要求各项技术必须十分准确熟练。

三、排球运动的价值

（一）强身健体

所有的运动项目都具有一定的健身作用，但又各具特点。根据排球运动的特点，经常参加这项运动能够提高力量、速度、灵敏、耐力、弹跳等身体素质和运动能力，能够改善身体各器官和神经系统的机能状况，促进青少年、儿童的生长发育，增进健康。

（二）培养良好的心理素质

排球比赛场上往往争夺激烈，每一次扣人心弦的争夺，无不包含着对人心理素质及技术动作的考验。参加排球运动能够培养人们机智、果断、沉着、冷静等心理品质，使人学会控制自己的情绪和调节心理。

（三）培养良好的品德和精神

排球比赛和训练能培养顽强拼搏的良好作风。有比赛就有输赢，谁也不能保证在赛场上是常胜将军。只有具备顽强拼搏，胜不骄、败不馁，勇敢顽强，坚持到底等良好品质，才能收获好的成绩。

（四）增强沟通、交流能力

作为一项需要队员之间配合默契的集体运动项目，排球运动可以拉近人与人之间的距离，提升人的沟通与交流能力

赛事时刻

（1）奥运会排球比赛：在1964年第18届奥运会上，排球第一次被列为奥运会正式比赛项目。

（2）世界排球锦标赛：男子从1949年开始第一届，女子从1952年开始第一届。它是除奥运会排球比赛外，水平最高、历史最长、参赛队伍最多的排球比赛，每4年举行一届。

（3）世界杯排球赛：由原来的欧、亚、美三大洲排球赛改变而来，男子第一届为1965年，女子第一届为1973年。从1981年起，夺得世界杯男子冠军的队伍可直

接参加下届奥运会。

（4）沙滩排球：它由20世纪30年代出现在海滩上进行的一种娱乐性活动演变而来，其比赛规则与六人制排球大体相同。

（5）国内甲级排球联赛：每年都会举行，分男、女甲A（8个队）和甲B（8个队）两大组。实行升降级制度，各组的后两名下一年度降级，各组的前两名下一年度升级。1996年开始实行比赛的主客场制。

思政小课堂

中国国家女子排球队始创于1921年，曾在1981年和1985年世界杯、1982年和1986年世锦赛、1984年洛杉矶奥运会上夺得冠军，成为世界上第一个“五连冠”，并在2003年世界杯、2004年奥运会、2015年世界杯、2016年奥运会、2019年世界杯五度夺冠，共十度成为世界冠军（包括世界杯、世锦赛和奥运会三大赛）。

中国国家男子排球队是20世纪70年代末80年代初的一支世界劲旅。进入21世纪，周建安教练带领中国男子排球队征战2008年北京奥运会，并最终获得第五名，取得历史性突破。

第二节 排球基本技术

在排球规则允许的前提下，排球运动员采用合理的击球与配合动作总称为排球基本技术。排球技术包括有球技术和无球技术：无球技术是指准备姿势、移动、各种掩护动作及起跳等；有球技术则包括发球、垫球、传球、扣球及拦网等。

一、准备姿势和移动

准备姿势是为了便于完成其余各种技术动作而采取的合理的身体姿势，它和移动一起对其余各项有球技术的运用起串联和纽带作用。移动是从起动到制动的过程，其目的主要是使人及时接近球，保持良好的人、球位置关系，以便击球。准备姿势和移动是相辅相成的，前者主要是为了移动，而要快速移动又必须先做好准备姿势。

（一）准备姿势

准备姿势可分为稍蹲、半蹲和低蹲准备姿势三种（图7-1），其差异主要在于身体重心的高低不同。

（a）稍蹲准备姿势 （b）半蹲准备姿势 （c）低蹲准备姿势

图7-1 准备姿势

（1）半蹲准备姿势：两脚左右自然开立同肩宽，一脚稍在前，另一脚脚跟略提起，两脚尖稍内收。膝关节保持一定弯曲度，使膝关节的投影超过脚尖，上体微微前倾，重心靠前。两臂放松保持自然弯曲，双手置于腹前。两眼注视来球方向，两腿始终保持微动，全身肌肉适当放松。

半蹲准备姿势要点：①脚跟略提起和膝关节保持一定弯曲度，便于向各个方向及时蹬地启动，也有利于及时下蹲、起跳和倒地。②上体前倾，便于向前和侧前方移动。③两臂置于胸腹之间，便于摆臂和伸臂做各种击球动作。④两脚保持微动，能使神经系统处于适当的兴奋状态，克服静止的惯性，从而移动更迅速。⑤场上防守位置所在半区不同，其准备姿势及双脚站立方法也不同。在左半区时应左脚在前，身体稍向右转；在右半区时则反之，右脚在前，身体稍向左转。

半蹲准备姿势多用于接发球、拦网和各种传球。

（2）稍蹲准备姿势：与半蹲准备姿势动作方法相同，但重心稍高，膝关节的弯曲程度减小。稍蹲准备姿势一般用于扣球助跑前、不需要快速反应启动的时候。

（3）低蹲准备姿势：比半蹲准备姿势重心更低、更靠前，膝部弯曲程度更大，两脚前、后、左、右间距也更宽，肩部投影要求过膝。

低蹲准备姿势主要用于防守及各种保护动作时。

（二）移动

迅速的移动能在赛场上占据有利位置，争取时间与空间。队员能否及时移动到位，则直接影响了技战术的开展与质量。移动基本步法的熟练运用是快速移动的前提与保障。

（1）并步与滑步：前脚向来球方向跨出一步，后脚迅速跟上的移动动作称为并步，连续的并步又称为滑步。使用并步容易保持平衡，便于做各冲击球动作。

（2）交叉步：以向右交叉步为例，上体微向右转，左脚从右脚前向右交叉迈出一步，随后右脚再向右跨出一大步并转身向来球方向。

（3）跨步和跨跳步：以向前跨步为例，后脚用力蹬地，前脚向前跨出一大步，膝部弯曲同时上体前倾，身体重心移至前腿上。跨步比交叉步移动距离近，因而便于接1～2米处低球。

（4）跑步：一般用于球距离身体较远时，跑步移动时要注意逐渐降低重心。

（5）综合步：以上各种步法的综合运用。在实际练习和比赛中，大家看到的多为综合步法。

（三）易犯错误及纠正方法

在初学准备姿势和移动的教学训练中，易犯错误及纠正方法见表7–1。

表7–1　排球准备姿势和移动中的易犯错误及纠正方法

	准备姿势	移动
易犯错误	全脚掌着地、直腿弯腰未屈膝、臀部后坐	移动时身体起伏大，重心高
纠正方法	提醒提脚跟，两脚前后站的距离大些，反复练习低姿势移动，提醒要重心靠前、双膝投影超过脚尖	多做穿越网下的往返练习

二、发球

发球是既不需要同伴配合也不受对方干扰的自我完成动作。发球是一场比赛的开始，攻击性发球可以破坏对方的进攻甚至直接得分，使对方情绪波动、阵脚混乱以致其处于被动局面，减轻本方拦网压力，从而为本方反攻得分创造有利条件。

从站位方式来区分，有正面发球和侧面发球；从性能区分，有旋转球和飘球；从击球挥臂来区分，有上手发球和下手发球。发球主要的常用技术是上手飘球、上手大力发球、跳发球及下手发球等。但无论采取哪种发球技术，其主要的动作过程都是相同的：站位和持球准备—抛球和引臂—发力和挥臂—击球的手形、点和部位—击球后的动作。

（一）正面下手发球

正面下手发球如图7–2所示。

图7–2　正面下手发球

（1）准备姿势：发球者面对球网，两脚前后开立，一脚在前，两膝微屈，上体微微前倾，重心放在后脚，一手持球于腹前。

（2）抛球：一手将球垂直抛于体前另一侧高约20厘米处。在抛球的同时，另一手臂伸直，以肩为轴向后摆动。

（3）击球：借后脚蹬地的力量，身体重心随着手臂向前摆动击球而移至前脚，在腹前以全手掌击打球的后下方。

（二）侧面下手发球

（1）准备姿势：发球者左肩对网，两脚左右自然开立同肩宽，两膝微屈，上体稍前倾，重心落在两脚间，左手持球于腹前。

（2）抛球：左手持球平稳、垂直抛至胸前距身体约一臂远处。

（3）击球：抛球的同时，右臂摆至右后方，接着利用右脚蹬地向右转体的力量带动右臂向前上方摆动，于腹前用全手掌击球的右下方。

小贴士

在实际运用中，考虑到大多数女生的力量问题，下手发球多用于女生排球发球的初级教学，且以侧面下手发球为主。而男生的发球教学主要以正面上手发球为主。

（三）正面上手发球

正面上手发球如图7-3所示。

图7-3　正面上手发球

（1）准备姿势：面对球网，两脚自然开立站立，左脚在前，左手持球于体前。

（2）抛球：左手将球平稳地、垂直地抛于右肩前上方，高度适宜。抛球的同时右臂抬起，屈肘后引，肘与肩平行，手掌自然张开，上体稍向右侧转动，抬头、挺胸、展腹，身体的重心移至右脚。

（3）击球：击球时，利用蹬地力量上体向左转动，迅速收腹带动手臂向前上方挥动，伸直手臂在右肩前上方的最高点，用全手掌击球的后中部。

（四）正面上手飘球

（1）准备姿势：同正面上手发球。

（2）抛球：同正面上手发球，但抛球的高度稍低并靠前。

（3）击球：右脚蹬地，上体向左转动发力带动手臂挥动。挥动时手臂要伸直，在右肩的左上方用掌根击打球的中下部，身体重心随之从右脚过渡到左脚。击球前要突然加速挥臂，手的挥动轨迹保持一段直线运动。击球瞬间，五指并拢，手腕后仰，并保持紧张，用掌根平面击球的后中下部。击球结束，手臂挥动有突停动作。

（五）跳发球

（1）准备姿势：队员面对球网，距离端线3～4米处站立。

（2）抛球：以右手或双手持球于体前做准备。

（3）助跑起跳：抛球的同时向前助跑（二步或三步）起跳。同时，两臂要协调摆动，摆幅要大。

（4）挥臂击球：挥臂动作似正面上手发球。击球时，利用收腹转体动作带动手臂挥动，在身体升至最高点时，以全手掌击球的中下部。击球时，手腕要有推压的动作。

（5）落地：击球后双脚落地，两膝顺势弯曲缓冲。

（六）高吊球

（1）准备姿势：右肩对网，两脚开立与肩同宽，左脚稍站前，两膝微屈，上体稍前倾，重心落于右脚上。

（2）抛球：左手将球抛在右肩前方，离身约一臂之距，垂直起落为宜。

（3）击球：在抛球的同时，右臂向后下方摆动，然后借助蹬地展腹动作，右臂猛烈向上挥动。击球前瞬间，突然屈肘，使小臂加带向上提起，在腹前高展用虎口击球的下部偏左的部位，使球带有上旋地向右侧上方飞起。击球后，迅速转身入场。

（七）侧旋球

（1）准备姿势：同正面上手发球。

（2）挥臂动作：同正面上手发球。

（3）击球：击球时，以全手掌击球的右（左）部，从右（左）向左（右）带腕，做旋内（外）的动作，使球向左（右）侧旋飞行。

（八）侧面勾手飘球

侧面勾手飘球如图7–4所示。

图7–4　侧面勾手飘球

（1）准备姿势：体侧对网，两脚自然开立，左手持球于胸前。

（2）抛球与摆臂：在抛球的同时，右臂向右侧下方摆动，上体顺势向右倾斜和转动，身体重心落在右脚上。左手采用托送动作，将球平稳地抛在左肩前上方约一臂的高度。

（3）击球：击球时，右脚蹬地上体向左转动发力，带动手臂挥动。挥动时，手臂伸直，手腕保持紧张，以掌根的坚硬平面或以半握拳、拇指根等部分击球的中下部。触球后，手臂挥动有突停动作。

（九）易犯错误及纠正方法

发球技术的种类繁多，各自动作的难易程度大相径庭，所以在实际教学时要结合教学对象的性别、实际水平来选择教学内容及确定教学的顺序。在此列举两个常用于排球发球基础教学的发球技术，总结其易犯错误及纠正方法（表7-2）。

表7-2 排球发球易犯错误及纠正方法

	正面上手发球	侧面下手发球
易犯错误	抛球不稳、全身用力不协调、没有推压带腕动作、找不准击球点	抛球过高、无转体摆臂动作
纠正方法	多练习抛球直至抛出的球稳定且高度适宜；练习上手抛实心球，注意抛和挥的配合；对墙近距离发球练习；学会用手包住球，先练习抛球，球抛稳定后再练习发球	牢记腹前低抛球；多加练习，先徒手练习转体摆臂动作，熟练后再拿球练习

（十）发球技术的练习方法

（1）原地练习发球的抛球动作，直至能将球平稳、垂直地抛到适宜的高度。

（2）徒手原地练习发球的挥臂动作。

（3）固定吊球，练习摆臂击球动作。

（4）对墙发球练习，体会发球用力及身体协调动作。

（5）在场地内练习发球过网。

（6）在发球区内练习发球过网。

三、垫球

垫球主要用于接发球、接扣球及接网前的拦回球，是排球技术中最基础、最易学的技术。通过手臂或身体其他部位的迎击动作，使球从垫击面反弹出去的击球动作称为垫球。垫球的基本分类见表7-3。

表7-3 垫球的基本分类（按力量大小区分）

垫轻球	垫一般球（中等力度）	垫重球
采用半蹲准备姿势，当球飞来时，双手成垫球手型，手腕下压，两臂外翻形成一个平面，当球飞到腹前一臂距离时，两臂夹紧前伸，插到球下，向前上方蹬地抬臂，迎击来球，利用腕关节以上10厘米左右处的桡骨内侧平面击球的后下部，身体重心随击球动作前移，击球点保持在腹前一臂距离	动作方法与垫轻球相同，由于来球有一定力量。因此，击球动作要小，速度要慢，手臂适当放松	要根据来球的高低和角度，采用半蹲或低蹲准备姿势，击球时采用含胸、收腹的动作，帮助手臂随球屈肘后撤，适当放松，以缓冲来球力量。在撤臂缓冲的同时，用微小的小臂和手腕动作控制垫球的方向和角度

垫球的动作结构简单，并臂后抬臂迎击就算完成，但要做到垫球稳、准且控制好落点就不是易事了。除此之外，垫球是一项消退快、提高慢的技术，短期的突击并不能有效地提高垫球水平，经常保持一定时间和量的训练才能保证垫球技术水平的不退步或提升。在此，我们主要讲解正面双手垫球、背垫、单手垫球、挡球及鱼跃垫球。

（一）正面双手垫球

（1）垫球手形：正面双手垫球的基本手形有抱拳式、互靠式和叠掌式，如图7-5所示。但无论采用哪种手形都应该注意手腕下压，两臂外翻。①抱拳式：两手掌根相靠，手指重叠，合掌互握，两拇指平行前伸，手腕下压。②互靠式：两手腕部紧靠，两手自然放松。③叠掌式：两手掌根紧靠，两手手指重叠，合掌互握，手腕稍向下压，两臂外翻形成一个平面。

（2）击球部位：正确的击球部位在从前臂腕关节开始到上方约10厘米处的这段部位，如图7-6所示。

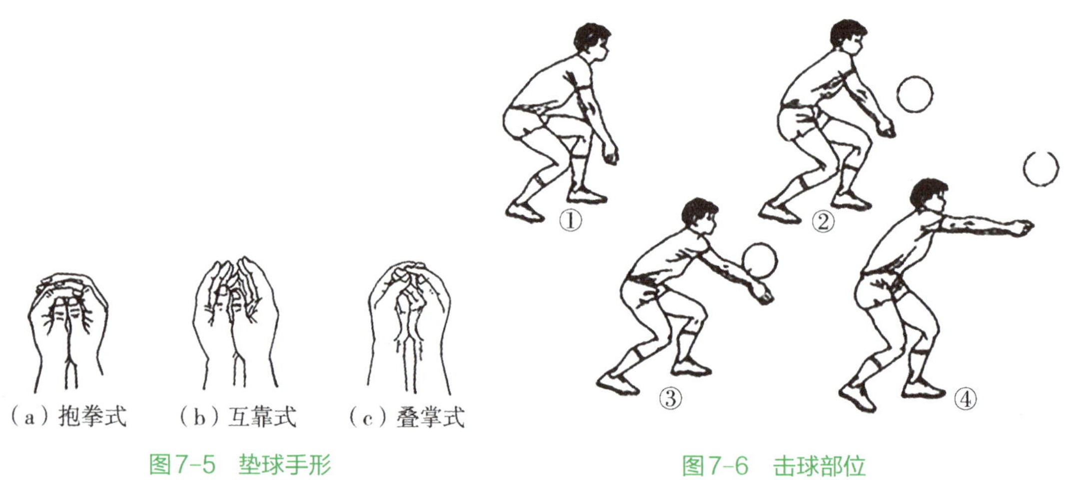

图7-5　垫球手形

图7-6　击球部位

（3）手臂角度：垫球手臂与地面所成的夹角对控制球的方向、弧度、落点有很大影响。来球弧度高时，手臂与地面的角度应小些；来球弧度较平时，手臂与地面的角度应大些。

（二）背垫

背对出球方向的垫球方法叫背垫。背垫大多用于接应同伴垫飞的球或将球处理过网。由于是背对着出球方向，击出去的球的方向和落点就很不好控制。所以，要完成好一次背垫，先要判断来球的速度、方向和离网的距离，再迅速移动到球的落点处，背对出球方向两臂夹紧直插到球下击球。击球时蹬地、抬头挺胸、展腹，直臂向后上方摆动击球。

（三）单手垫球

在比赛中，有时来不及移动到位用双手垫球就可采用单手垫球的方法。单手垫球技术的优点是可以起到扩大防守和保护范围的作用，缺点是由于手臂击球面积小，便不容易控制球。单手垫球的击球手形很多，根据情况，可用前臂内侧、掌跟、虎口、手背、拳头等部位击球。

（四）挡球

当来球较高不便于用手臂垫击时，就可用双手或单手在胸部以上挡击来球。挡球分为单手挡球、双手挡球两种。双手挡球多用于挡击胸部以上、力量大、速度快的来球；单手挡球多用于来球较高、力量较轻、在头部上方或侧上方的来球。挡球也可以起到扩大防守和保护范围的作用。

（1）双手挡球。①手形：抱拳式，两肘弯曲，一手半握拳，另一手外包；并掌式，两肘弯曲，两虎口交叉，两臂外侧朝前，合并成钩形。②方法：手臂屈肘上举，肘部向前，手腕后仰，用双手平掌外侧和掌根所组成的平面挡击球的后下部，击球瞬间手腕要紧张，用力适度。

（2）单手挡球：挡球时，手臂屈肘上举，肘部向前；手腕后仰，用掌根或拳心平面击球的后下部；击球瞬间手腕要紧张，如球较高还可跳起挡球。

（五）鱼跃垫球

当来球低而远时，可采用防守中难度较大的鱼跃垫球技术。其特点是跃得远，控制范围大，但动作难度也大。采用半蹲准备姿势，上体前倾，重心前移，向前做一两步助跑或原地用力蹬地，使身体向来球方向腾空跃出，手臂向前伸展，插到球下，用单手或双手击球的后下部。击球后，双手在体前身体重心运动的方向线上着地支撑，两肘缓慢弯曲，同时抬头、挺胸、展腹，两腿自然弯曲，使身体呈反弓形，手、胸、腹、大腿依次着地。如前冲力大时，可在两手着地支撑后立即向后做推撑动作，使胸、腹着地后贴着地面顺势向前滑行。

为了防止受伤，鱼跃在空中击球后要有一个潜入式动作。手的支撑点要在身体重心运动的方向线上。支撑点靠后，容易造成身体前翻折腰；支撑点太靠前，容易造成身体平落使腹部或膝部碰地。

垫球技术的练习方法包括以下几点。

（1）徒手模仿垫球动作练习，体会身体的协调用力。

（2）2人一球，1人双手持球，1人做固定垫球练习，垫球者体会击球部位和动作。

（3）2人一球，1人抛球，1人垫球。

（4）原地自垫练习。

（5）对墙连续垫球练习。

（6）2人相距3～4米对垫球练习。

四、传球

传球是排球比赛中防守和反攻的衔接技术，传球的好坏直接影响着战术配合质量，关系到扣球效果。良好的传球技术是比赛取得胜利的保证。

传球的技术动作细腻，对手指手腕的力量、手指手腕的控制能力和协调性要求较高。传球大多是将同伴送来的球传出，并改变来球的方向、弧度和速度。传球质量的好坏，既取决于传球者的手上功夫，也受同伴传球质量的影响。

传球一直以来都是运用广泛的一项重要技术，从传球技术出现至今，其技术动作方法基本未变。传球技术基本可分为正传、背传、侧传、跳传四种，后面三种传球方式都是在正面传球的基础上变化而来的。

（一）传球技术

1. 正传

正传技术如图7-7所示。

图7-7 正 传

（1）准备姿势：两脚左右自然开立同肩宽，一脚在前，两脚尖适当内收，脚跟稍提起，膝关节稍弯曲。上体伸直重心靠前，身体要稳定，抬头看球，双手自然抬起置于脸前。

（2）迎球：当球下降近额前时，蹬地伸膝，伸展，两手向前上方迎击来球。

（3）击球：击球点在额前上方约一个球的距离处，这样便于看清传球的目标，有利于对准球和控制传球方向。同时，手在触球时肘关节尚未伸直，也便于继续伸臂发力。

（4）手形：当手触球时，两手自然张开成半球形，手指与球吻合，手腕稍后仰，以拇指、食指、中指托住球的后下部，手指手腕保持适当的紧张，以承担球的压力。两拇指相对，接近“一”字形，两手间的距离可因手的大小而定。用拇指的内侧，食指的全部，中指的2、3关节触球，无名指和小指在两侧辅助控制传球方向。两肘适当分开，两前臂之间要有一定距离。

（5）用力：传球动作是全身协调用力。传球用力的顺序是：蹬地、伸膝、伸腰、伸肘、伸臂、手指手腕屈伸。传球最重要的是利用伸臂和手腕手指的紧张用力和球压在手指上产生的反弹力将球传出。要根据来球的速度、弧度、力量适当地控制伸臂和手腕手指的紧张程度，以加强或缓冲出球速度，控制好传球的弧度和距离，提高准确性。瞬间控制球速和力量主要是靠手臂、手腕、手指对球本体感觉的敏锐程度。

（6）正传的常见错误及纠正方法见表7-4。

表7-4 正传的常见错误及纠正方法

常见错误	纠正方法
手型不正确，形不成半球状	一抛一接轻实心球：自抛自接，接住后自我检查手型；距墙40厘米左右连续传球，并不断检查和纠正手型

续表

常见错误	纠正方法
击球点过前或过高	击球点过前，多做自传；击球点过后多做平传或平传转自传
传球时臀部后坐，使不上蹬地力量	讲解协调用力的重要性；一人手压球，另一人做传球的模仿练习
传球时上体后仰	两人对传中，一传出球，立即用双手触及地面
传球时有推压或拍手动作	多做原地自传或对墙传球，增加指腕力量，体会触球感觉

2. 背传

向后上方传球，称为背传。背传是传球的基本方法之一。比赛中采用背传可以变化传球路线，迷惑对方，组成多变的战术配合。

（1）准备姿势：上体比正面传球时稍直立，身体重心稳定在两脚之间，双手自然抬起，放松置于脸前。

（2）迎球：双手上举，挺胸，掌心稍向上，手腕稍后仰。

（3）击球点：保持在额上方。

（4）手形：与正面传球相同，拇指托球的后下部。

（5）用力：利用蹬地、上体后仰、挺胸、展腹、抬臂及手腕手指的弹力将球向身体后下方传出。

3. 侧传

身体侧对传球目标，并将球向体侧方向传出的传球动作叫侧传。侧传有一定的隐蔽性。

（1）准备姿势：与正面传球相同。

（2）迎球：与正面传球相同。

（3）击球点：保持在脸前或稍偏于出球方向的一侧。

（4）手形：与正面传球相同，但倾向出球一侧的手臂要低一些，另一侧要高一些。

（5）用力：蹬地后上体要向出球方向倾斜，双臂向传出一侧用力伸展，异侧手臂动作幅度较大，伸展较快。

4. 跳传

跳起在空中做传球的动作叫跳传。跳传有原地跳、助跑跳、双足跳、单足跳等动作。起跳最好是向上垂直起跳，不宜向前或向侧冲跳。起跳的关键是掌握好起跳时机，起跳过早或过晚都会影响传球质量。起跳在空中后，双臂上摆至脸前，身体在空中保持平衡。当身体上升到最高点时，靠伸臂动作和手腕手指的弹力将球传出。

（二）传球技术的练习方法

首先应学习正面传球，先正确掌握最基本的正面传球技术，再学习其他的传球方法。

（1）正面传球的练习方法：①每人一球，向自己头顶上方抛球，然后用传球手形接住，自我检查手形正确与否。②连续自传，传球高度不低于40厘米，传球时尽量固定在一个区域内。③距墙50厘米，对墙连续传球，以建立正确的手形，体会手指手腕的发力。

（2）顺网传球的练习方法：①二人一球，一人自抛后做背传球给另一人，另一人做正面传球将球传回。②三人一组练习：各相距3米左右，中间一人做背传，另外两人做正面传球，传一会儿后大家变换位置，轮流练习。③四人一组练习：中间两人做背传。④后排来球，然后在网边进行背传，将球传至4号或2、3号位，也可由后排移动到网前进行背传。

（3）二传的练习方法：①两人顺网传球：两人在网前做近距离、中距离、远距离对传。②两人顺网传球加一次自传：在上面练习基础上加一次自传。自传后还可做正传、侧传、背传及跳传动作，加大难度和次数。

五、扣球

（一）技术分析

扣球技术动作图解如图7-8所示。

图7-8　扣球技术动作图解

1. 准备姿势

一般站在距离球网3米左右的位置，两臂自然下垂，稍蹲，脚步不要站死，眼睛观察来球，做好助跑起跳的准备。

2. 助跑

助跑的目的是接近球、选择适宜的起跳地点，同时起到增加弹跳高度的作用。助跑的方向、速度和步数根据二传来球的方向、速度和弧度决定。根据二传球情况和个人特点，可采用一步、两步、三步或多步助跑。

（1）一步助跑适合扣球队员距球较近时采用。以右手扣球为例，助跑前，两脚前后开立，左脚在前；助跑时，右脚向前跨出一步，左脚迅速并上，立即起跳。

（2）两步助跑时，先左脚放松而自然地向起跳方向迈出第一步，紧接着跨出右脚，支撑点落在身体重心之前，并以脚跟先着地，两臂由体前经体侧摆至体后下方，上体前倾，重心前移，着地的右脚迅速由脚跟过渡到脚掌，同时左脚随即在右脚的前方着地，身体重心下降，两膝弯曲，上体稍向右转，准备起跳。

（3）三步助跑则在两步助跑之前，右脚迈出一步，步幅要比第二步小些。

（4）多步助跑的最后一步通常应大些，以便于接近来球，同时使身体后仰，便于制动。

3. 助跑要求

助跑总的要求是连贯、轻松、自然，由慢到快、由小到大，只要脚一动就要有相应的手臂协同动作。助跑过程的身体重心应平稳下降，减少起伏，以提高助跑的速度和减少能量的损耗。

小贴士

助跑四要素包括助跑节奏、助跑时机、助跑路线和助跑制动。

4. 起跳

助跑最后一步脚的落地就是起跳的开始。起跳的目的不仅是获得高度，还为了选择适当的扣球时机和击球位置。跳起的高度与起跳前膝、踝和髋关节的弯曲程度有关，在一定范围内，弯曲程度越大，越有利于提高跳起高度。但下肢各关节的弯曲程度与个人的腿部力量和腰腹力量有关，腿部和腰部力量大的运动员，下蹲可深些；腿部和腰部力量小的运动员，下蹲可浅些。常用的起跳方法主要有两种：一是并步法；二是跨步法。不论用哪种方法起跳，当踏跳脚着地的瞬间，手臂摆至身体侧后方并开始向前摆动。当两腿弯曲至最深时，手臂摆至体侧，而后随蹬直两腿向上划弧上摆，两脚迅速趴地，双膝猛伸，向上跳起。

5. 空中击球

起跳后，挺胸展腹，上体稍向右转，右臂向上方抬起，身体呈反弓形。挥臂时，以迅速转体、收腹动作发力，依次带动肩、肘、腕各关节成鞭甩动作向前上方弧形挥动，在右肩前上方最高点击球。击球时，提肩、伸臂，五指微张呈钩形，以全掌包满球，击中球的后中部，力量通过球中心，手腕有推压动作，使球向前下方旋转飞行。

6. 落地

空中完成击球动作后，身体自然下落，尽量用双脚的前脚掌先着地，以缓冲身体与地面的撞击力。落下时保持平衡，以便落地后能及时完成下一个动作。

（二）易犯错误与纠正方法

扣球的易犯错误和纠正方法见表7-5。

表7-5 扣球的易犯错误和纠正方法

易犯错误	纠正方法
助跑起跳时间不准	开始时轻拍扣球者的背，或给予语言信号
起跳前冲，击球点偏后	练习助跑，最后一步跨大，在网前起跳接抛球或扣固定球
击球时手臂下压	徒手甩臂，体会手臂放松动作或手握轻物（棒球、石子）甩臂。距墙2米用中等力量连续反弹球
屈时击球，击球点偏低	降低球网，原地隔网甩小网球；连续甩臂击高度适中的树叶

续表

易犯错误	纠正方法
手包不住球	把球固定在击球高度上反复挥臂击球，练习击球手法；原地对墙自抛自扣

（三）练习方法

（1）徒手模仿扣球练习：学生随教师的示范与口令做徒手扣球练习，并注意节奏和手臂放松有鞭甩动作。

（2）扣固定球练习：扣吊球或同伴单手扣球于高处（以扣球者击球臂伸直的最高点为宜），进行练习。

（3）自抛自扣练习：距墙5～6米扣长线或连续对墙扣球练习。

（4）一抛一扣练习：1人站在扣球者右侧来左右抛接近垂直的高球，另1人对墙或低网扣球。

（5）4号位扣球练习：先练习扣抛出的高球，后扣二传传出的高球。

（6）4、2、3号位扣球练习：正面扣球掌握后再练扣各种快球。

六、拦网

拦网是防反的第一道防线和得分的重要手段。拦网不仅能拦死、拦回、拦起对方的扣球，还可以削弱对方进攻的锐气，动摇扣手信心。随着排球运动的发展及比赛规则的变化，拦网技术也在不断发展和变化。目前，为了能跟上进攻速度的变化，要求拦网人移动快、起跳快，能连续跳跃、空中拦击手形能根据扣球情况灵活变化。

拦网是一项比较复杂的技术，拦网队员往往要在瞬间从防守转为进攻、从被动转为主动。而完成这些都要在空中进行，所以难度较大。优秀拦网运动员拦网时积极主动、判断准、起动快、跳得高、下手狠。根据参与拦网的人数，拦网分为单人拦网和多人拦网。

（一）技术分析

拦网的技术动作包括准备姿势和取位、移动、起跳、空中击球、落地五个互相衔接的部分，如图7-9所示。

图7-9　拦网技术动作

1. 准备姿势和取位

面对球网，两脚平行开立同肩宽，距网30～40厘米，两膝微屈，两手自然弯曲置于胸前，随时做好起跳准备和向两侧迅速移动的准备。

2. 移动

根据不同情况可灵活运用并步、跨步、滑步、交叉步、跑步等各种移动步法，将身体重心移动到拦网位置，取好起跳点，准备起跳。

3. 起跳

移动后立即制动，使身体正对球网后起跳，或在起跳过程中在空中使身体转向球网。如是原地起跳，则从拦网准备姿势开始，两脚用力蹬地，两臂在体侧画小弧用力上摆，带动身体向上垂直起跳。高大队员由于不用太借助摆臂力量带动身体上跳，因而准备姿势时便双手上举，起跳时主要用下肢力量，这样便于上手迅速伸出球网拦击扣球。起跳时膝关节的弯曲深度可因人而异，可因来球不同而异，但腰、膝、踝关节的形成角度大体上各为90°、100°～110°、80°～90°为宜。

4. 空中击球

起跳后稍收腹，控制好身体的平衡。同时，两手从额前贴近并平行于网向网上沿前上方伸出，两手自然张开，屈指屈腕呈勾型，两臂伸直，两肩尽量上提。拦击时，两手尽量伸向对方上空接近球，当手触球时要抖腕用力捂盖球的前上方。根据对方扣球线路变化，两手在空中向球变线方向伸出，对侧手掌心在拦击球时内转包球，以防止被打手出界。

5. 落地

拦网后自然落回地面，落地时屈膝缓冲，落地后准备做下一动作。

小贴士

空中移臂拦截

手臂空中移动拦截是为了提高拦网成功率，有以下3种情况。

（1）随球转移拦截：两手臂由直臂改为侧倒斜向拦网。如向左拦截，左臂伸直斜向横放在网口上方，右臂屈肘，前臂在额部上方与网口平行，两手间距离不大于球体直径，增大拦网的宽度，以手掌、手指堵截路线。

（2）声东击西拦截：拦网者有意对准球站位，准备让出一条扣球路线空当。但当对方向这条空当路线扣球时，两臂突然伸向空当，阻拦对方扣球。

（3）两臂夹击拦截：拦网前，两臂分开上举，扣球队员可从两臂中间空当扣球。但当对方扣球队员击球时，拦网队员两手突然由外向内会合，使两臂夹击阻拦对方扣球。

（二）易犯错误及纠正方法

拦网的易犯错误及纠正方法见表7-6。

表7-6 拦网的易犯错误及纠正方法

易犯错误	纠正方法
起跳过早	按照拦网节奏给予起跳信号；起跳前深蹲慢跳
手下压触网	一对一原地扣拦练习；结合矮网，提肩屈腕把球拦下
拦网时低头闭眼睛	隔网拦对方抛来的球，逐步过渡到拦轻扣球
身体前扑触网	多练顺网移动起跳

（三）练习方法

（1）徒手原地体会手型。

（2）网前做徒手并步、交叉步移动起跳拦网练习。

（3）跳起拦对方固定路线的扣球。

（4）在扣球路线固定的情况下移动后拦网。

（5）双人原地起跳配合拦网。

（6）根据第二传的各种战术变化，练习移动后的2、3或3、4号位队员的集体拦网配合。

绝活儿

排球的绝活儿包括大力跳发球、短平快、背飞进攻和鱼跃救球等。

第三节 排球基本战术

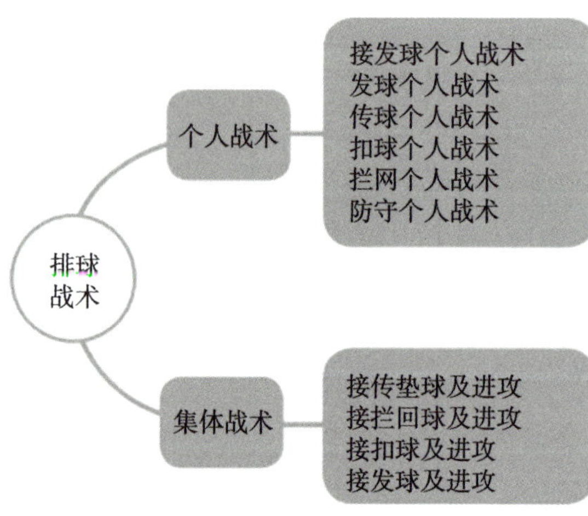

图7-10 排球的战术分类

一、战术分类

战术是进行战斗的原则和方法。排球战术是指队员在比赛中，根据排球规则要求、排球运动规律和比赛双方情况，合理运用技术所采用的有意识、有目的、有组织的个人和集体配合行动。全面、准确、熟练和实用的技术是组织战术的基础，而合理地运用战术又能更加充分地发挥技术的威力。排球的战术分类如图7-10所示。

二、阵容配备

阵容配备是指比赛时场上人员的搭配布置。阵容配备的目的是合理地把全队的力量搭配好，以便有效地发挥每一个队员的特长和作用。为此，在组织阵容时要充分考虑队员的身体素质、技术水平，以合理安排其在阵容中的位置。进攻力量强和防守技术好的队员要搭配开，以保证每一轮次都有较强的进攻和防守能力；主攻手、副攻手和二传手分别安插在对称的位置上，以便在轮转时保持比较均匀的攻防力量；平时配合较好的进攻队员和二传队员安排在相邻的位置上；扣球好的主攻手一开始站在4号位，防守好的队员则首先站在后排；本方发球时，发球好的队员站在1号位；对方发球时，发球好的队员则站在2号位；一传较差的队员尽可能不要安排在相邻的位置上，避免形成薄弱地区。

根据各队不同的技术水平和战术特点，一般有三种阵容配备："五一"配备、"四二"配备和"三三"配备。

（一）"五一"配备

"五一"配备，即场上一个二传队员和五个进攻队员。为了弥补有时主要二传队员来不及传球所出现的被动局面，通常在二传队员的对角位置上配备一名有进攻能力的接应二传队员。二传队员在前排时采用两点、进攻，二传队员在后排时采用插上传球的三点进攻。由于前排三个都是攻手，可以加强进攻和拦网的力量。在"五一"配备中，全队进攻队员只需适应一名二传队员传球的习惯、特点，容易建立配合间的默契。但防反时，一传队员如果在后排，要插上传球，难度较大。

（二）"四二"配备

"四二"配备，即场上两个二传手、四个攻手（其中两个主攻手、两个副攻手），安排在对称的位置上。每一轮次前排都有一个二传队员和两个进攻队员，便于组织前排二传传球的两点进攻和后排二传插上传球的三点进攻。但每个进攻队员必须熟悉两个二传队员的传球特点，配合比较困难。

（三）"三三"配备

"三三"配备，即三名能攻的队员与三名能传的队员间隔站位，使每次都有传有扣，是初学者常用的一种阵容配备。

三、场上位置交换

根据排球规则，发球以后，队员在场上可任意交换位置。根据这一规则，出现了专位进攻、专位防守的方法。如在前排时，主攻手一直换在4号位；在后排时，主攻队员换到5号位，副攻队员换到6号位，二传队员换到1号位。图7-11这种位置交换使队员专位化，便于发挥每个队员的特长，有利于让队员集中学习、训练、掌握某项实用技术。

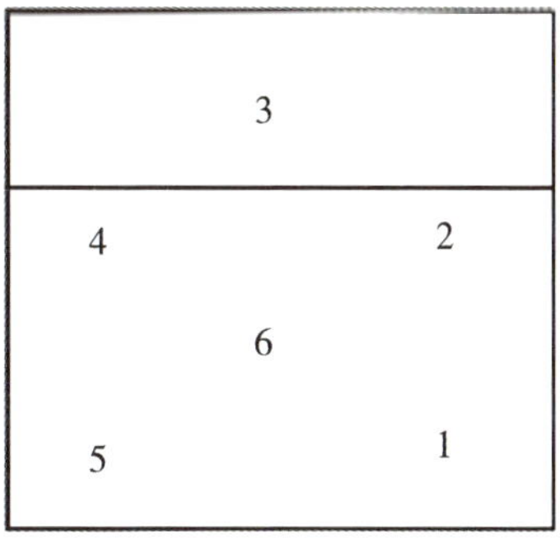

图7-11 排球场上位置示意图

在换位时要特别注意，换位前，应按规则的要求站位，防止出现“位置错误”违例。队员应在发球队员击球后，再迅速换到预定位置。

四、进攻战术

（一）阵形

（1）“中一二”进攻战术阵形（图7-12）：是指3号位队员做二传，将球传给4号、2号位队员进攻的组织形式。其优点是一传向网中3号位垫球比较容易，因而有利于组成进攻，适合初学者采用；二传队员在网前接应一传的移动距离近，向2号、4号位传球的距离较短，容易传准。缺点是战术变化小，对方容易识破进攻意图。

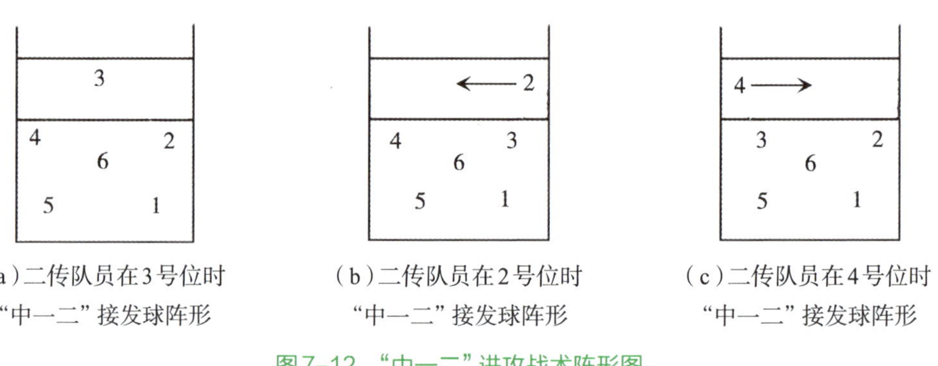

图7-12 “中一二”进攻战术阵形图

（2）“边一二”进攻战术阵形（图7-13）：是指2号位队员做二传，将球传给3号、4号位队员进攻的组织形式。其优点是右手扣球者在3号、4号位扣球比较顺手，战术变化较多。缺点是5号位接一传时，向2号位垫球距离较远；一传垫到4号位时，二传传球较为困难。

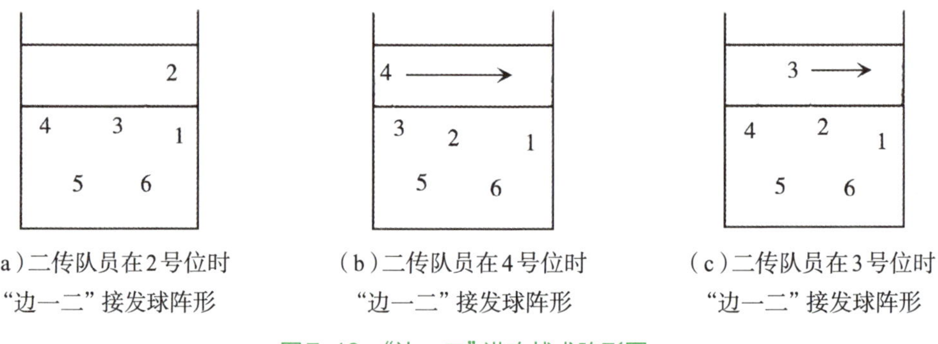

图7-13 “边一二”进攻战术阵形图

（3）“插上”进攻战术阵形（图7-14）：是指二传队员由后排插上到前排做二传，把球传给前排4号、3号、2号位队员进攻的组织形式。其优点是能保持前排三点进攻，战术配合变化多，并能利用网的全长组织进攻。缺点是对插上二传队员的要求较高。

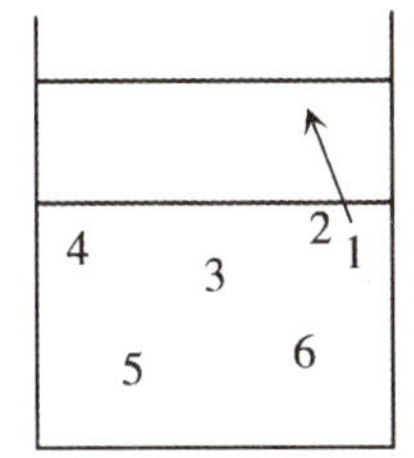

(a)二传队员在1号位时“插上”接发球阵形

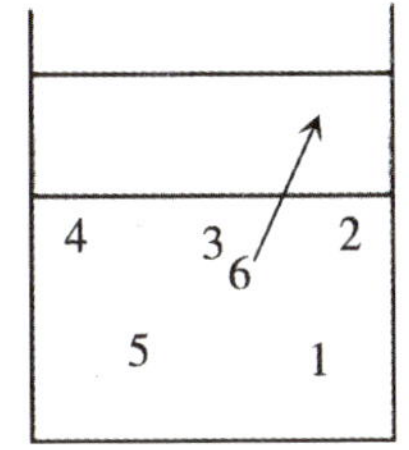

(b)二传队员在6号位时“插上”接发球阵形

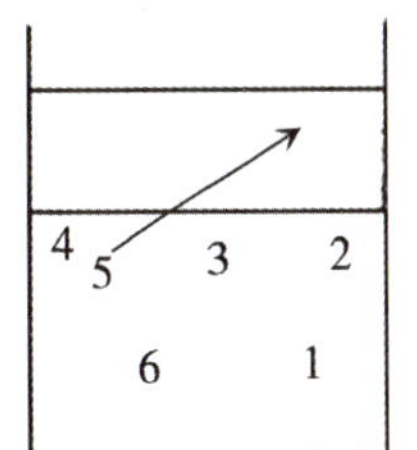

(c)二传队员在5号位时“插上”接发球阵形

图7-14 “插上”进攻战术阵形图

(二)打法

进攻战术打法是指二传队员与扣球队员之间组织的各种进攻配合，包括强攻、快攻和两次球进攻三种基本打法。

(1)强攻：是指在没有同伴掩护且对方有准备的拦防情况下，强行突破的进攻。强攻的二传球较高，后排队员的高球进攻也属于强攻的打法。

(2)快攻：是指扣二传传出的各种平快球及用这些平快球做掩护所组成的各种战术配合。快攻可以分为平快球进攻、自我掩护进攻、快球掩护进攻三类。平快球进攻常用的方式有前快、背快、短平快、平拉开、背溜、调整快、远网快、后排快、单脚起跳快等；自我掩护进攻包括时间差、位置差、空间差的进攻；快球掩护进攻包括各种交叉进攻、夹塞进攻、梯次进攻、前排快攻掩护后排进攻的本位进攻等。

(3)两次球进攻：是指一传来球较高，又在网前适合扣球的位置上，前排队员跳起来直接进行扣球，如遇拦网，就在空中改做二传，把球转移给其他前排队员进攻。

五、防守战术

(一)接发球防守站位

(1)五人接发球站位阵形：除二传队员站在网前或从后排插上准备二传不接发球外，其余5名队员都担负一传任务的接发球站位阵形。其优点是队员均衡分布，每人接发球的范围相对减小；接发球时，已站成了基本的进攻阵型，组织进攻比较方便，适合接发球水平不太高的球队。

(2)四人接发球站位阵形：后排插上二传队员与同列的前排队员均站在网前不接发球，其余4人站成弧形接发球的站位阵形。其优点是便于后排插上和不接发球的前排队员及时换位。

(二)接扣球的防守站位

(1)无拦网的防守阵形。对方无进攻或进攻较弱时，可以采用不拦网的防守阵形。这种阵形与5人接发球站位阵形相似：二传队员留在网前，准备接吊到网前的球和组织进攻；

前排进攻队员要撤到进攻线后，准备防守和防守后的反攻；后排队员后退，准备防后场球。

（2）单人拦网的防守阵形：当对方进攻威胁不大时，可以采用单人拦网的防守阵形。拦网队员拦其主要进攻路线，不拦网队员及时后撤到防守前区或进行拦网保护，后排队员后撤加强后场防守。

（3）双人拦网的防守阵形（图7-15）：对方进攻威胁较大时，多采用这种防守阵形，即双人拦网4人防守接球。它通常分为“边跟进”和“心跟进”两种：①“边跟进”多在对方进攻较强、吊球较少时采用。当对方4号位队员进攻时，我方2号、3号位队员拦网，其他4名队员组成半圆弧形防守。如遇对方吊前区，由边上1号位队员跟进防守。②“心跟进”在本方拦网能力强，对方采取打吊结合时采用。当对方4号位队员进攻时，我方2号、3号位队员拦网，后排中心的6号位队员在本方拦网时跟在拦网队员之后进行保护，其余3名队员组成后排弧形防守。

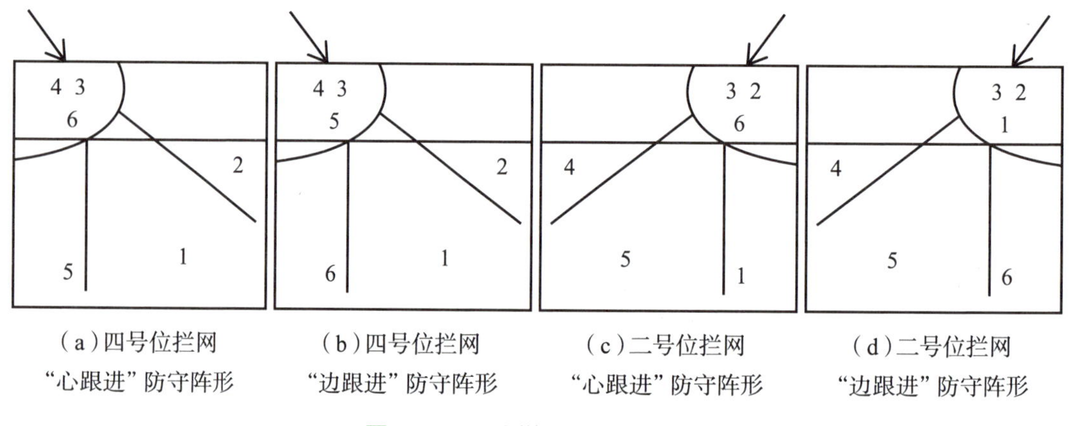

（a）四号位拦网“心跟进”防守阵形
（b）四号位拦网“边跟进”防守阵形
（c）二号位拦网“心跟进”防守阵形
（d）二号位拦网“边跟进”防守阵形

图7-15 双人拦网的防守阵形图

（4）三人拦网时的防守阵形：对方主要扣球手进攻实力很强，不善吊球的情况下可采用3人拦网、3人后排接球的防守阵形。

（三）接拦回球防守战术

以本方4号位队员进攻，其他5人保护为例：5号位队员向前移动和向左后方移动的3号位队员形成第一道防线，6号位队员向前移动和内撤的2号位队员形成第二道防线，1号位队员保护后场，为第三道防线。

（四）接传、垫球防守战术

当对方无法组织进攻，被迫用传、垫球将球击入本方时，我方的防守便称之为接传、垫球的防守。由于来球的攻击性小，我方的防守阵形与不拦网情况下的防守阵形相同。

第四节 排球比赛规则

一、场地和器械

比赛场区长18米，宽9米。中间为中线，将球场分成两个半场，两半场离中线3米处各有一条限制线，如图7-16所示。场上所有的线宽5厘米，线的宽度均包括在场区内。球网为黑色，长9.5米，宽1米。标志杆长1.8米，分别设置在标志带的外沿，并高出球网80厘米。球网高度男子为2.43米，女子为2.24米。排球由皮革制成外壳，内装有橡皮或类似物质制成的球胆，重260～280克，直径65～67厘米，如图7-17所示。

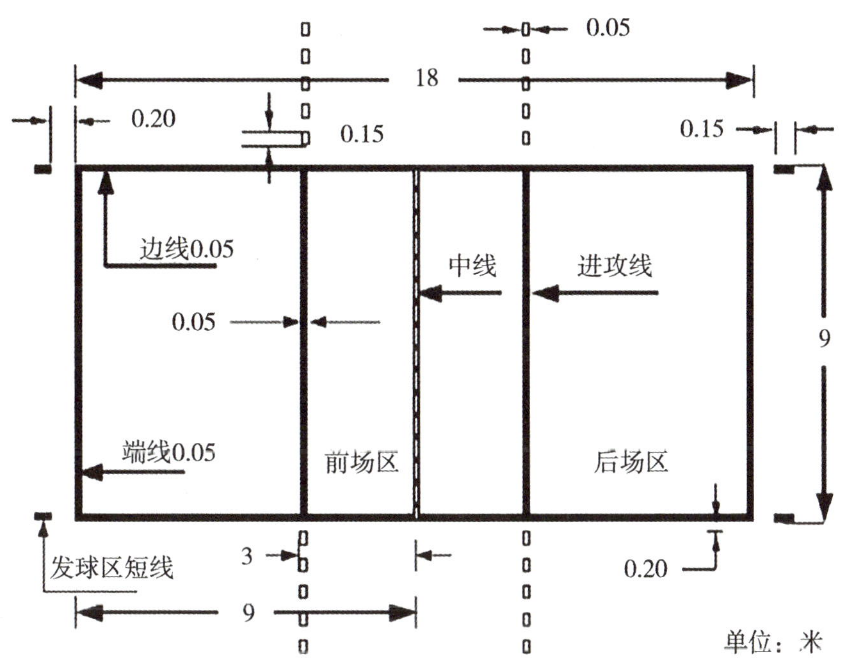

图7-16 排球场

二、胜一分、胜一局、胜一场

（1）胜一分。比赛采用每球得分制，胜一球即得一分。如果是发球队获胜，则得一分并继续发球；如果是接球队获胜，则得一分，同时获得发球权。如果双方队员同时犯规，则判“双方犯规”，不得分，由原发球队重新发球。

图7-17 排 球

（2）胜一局。比赛的前4局以先得25分并同时超出对方2分为胜一局。当比分为24∶24时，比赛继续进行至某队领先2分为胜一局（例如26∶24、27∶25）。决胜局以先得15分并同时超出对方2分的队获胜。当比分为14∶14时，比赛继续进行至某队领先2分为止（例如16∶14、17∶15）。

（3）胜一场。正式比赛采用5局3胜制，最多比赛5局，先胜3局的队伍为胜一场。

三、界内球、界外球

球触及比赛场区地面包括界线为界内球。

球完全触及场外地面，触及场外物体、天花板或非比赛成员，触及标志杆网绳、网柱或球网标志杆以外部分，球的整体或部分从非过网区完全越过球网的垂直面等为界外球。

四、主要犯规行为

（一）发球犯规

（1）发球犯规。未按照位置表所登记的发球次序发球；裁判员鸣哨后5秒之内未将球击出；球未抛起或没明显离手时击球；击球时，脚踏及端线或踏过发球区短线。

（2）重新发球。裁判员鸣哨前的发球；因特殊情况，裁判员认为有必要停止比赛时；球被抛起或持球撤离后，未触及发球队员而落地，被认为发球失误，允许再次发球，发球队员必须在再次鸣哨后的3秒之内将球发出。

（3）发球击球后犯规。球触网后落入本方场内或场外；球触及发球队队员；没有通过球网的垂直平面；发球队的队员利用掩护阻挡对方观察发球队员和球的飞行路线；球落在界外。

（二）位置错误犯规

当发球队员击球的瞬间，双方任何一名队员不在其规则规定的位置上，则构成位置错误犯规。上述规定，均以队员脚的着地部位来确定。当发球队员击球犯规与对方位置错误同时发生时，则认为发球犯规在先而判。如果是发球队员击球后的犯规，则位置错误在先，判定位置错误犯规。

（三）击球时的犯规

一个队连续触球4次（拦网除外）；队员在场内借助同伴或任何物体的支持进行击球；击球时必须清晰，如一名队员击球时，接触时间长，使球停滞，为“持球”犯规；在第一次击球时（拦网、腰部以上触球除外），允许身体不同部位在同一击球动作连续触球。在其他情况下，一名队员两次触球有先后，则判“连击”。判断后排队员进攻性击球犯规必须同时具备3个条件：后排队员在前场区、踏及限制线及延长线、击球时整个球体高于球网上沿。

（四）在球网附近的犯规

只有击球活动在进攻区时，队员触网为犯规。队员无意识、轻微、不影响比赛的触网和由于球被击入球网而造成球网触及队员则不判犯规；拦网时，允许越过球网触球，但在对方进行进攻性击球前或击球时，在对方空间触及球则判过网击球；队员的一只脚或双脚越过中线触及对方场区的同时，脚的一部分还接触中线或置于中线上空是允许的。除脚外，队员身体的任何部分都不允许接触对方场区。队员在不妨碍对方比赛的情况下，允许在网下穿越进入对方空间，但妨碍对方比赛则判犯规。

（五）拦网犯规

队员在对方进攻性击球前或击球时，在对方空间拦网触球为过网拦网犯规；后排队员靠近球网处参加集体拦网，并将手伸向高于球网处阻挡对方来球，即使本人未触球，只要集体拦网成员的任何队员触球，则判后排队员拦网犯规。拦对方发过来的球为拦发球犯规。

（六）后排队员进攻性击球犯规

后排队员在前场区或踏及进攻线，击整体高于球网上沿水平面的球，并使球的整体由过网区通过球网垂直面或触及对方拦网队员，则为后排队员进攻性击球犯规。

本章小结

兴趣是学习最好的老师，文化课的学习如此，排球技能的练习与训练亦是如此。希望在本章节理论学习的基础上，学习者及广大排球爱好者能习得排球的基本技术，学会并应用排球的基本战术，遵守排球竞赛规则，尽快投入到排球运动中来。

在线学习

1. 中国排球协会。
2. 排球在线。
3. 中国排球队。
4. 国际排联。

第八章 乒乓球运动

本章概述

乒乓球运动的特点是球小、速度快、变化多、落点准、趣味性强，具有较强的观赏价值。它使用的设备比较简单，不受参加者年龄、性别和身体条件的限制。经常参加乒乓球运动，可以发展人的灵活性、协调性和快速反应能力，改善人体心血管系统机能和大脑神经系统机能，有利于培养人的机智、果断、沉着、冷静、进取等优秀品质。

本章主要介绍乒乓球运动的相关知识，通过学习，学习者应该能够掌握乒乓球的基本技术和战术，并了解乒乓球的竞赛规则。

章结构图

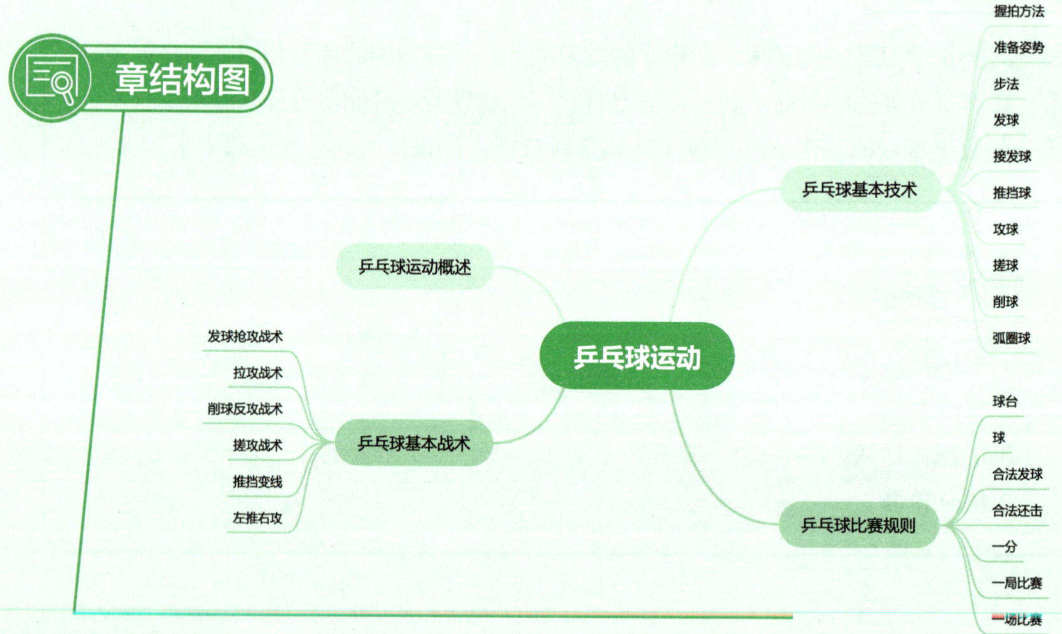

学习目标

1. 熟悉乒乓球运动的基本技术和战术。
2. 了解乒乓球比赛的基本竞赛规则。

乒乓球是由两名选手或两对选手用球拍在中间隔一网的球台两端轮流击球的一项室内运动。因为球击在木拍和桌面上发出乒乓声响，故称“乒乓球”。乒乓球起源于英国，由“桌上网球”游戏派生而来。

现在主要的乒乓球赛有世界乒乓球锦标赛（简称“世乒赛”）、世界杯乒乓球赛和奥运会乒乓球赛三大赛事，其中“世乒赛”的影响力最大。

中国在乒乓球项目上获得了一次次骄人的辉煌战绩，在世界上处于绝对领先的地位，“世界打中国”会成为未来乒坛的新格局。虽然乒乓球发源于英国，但是成了中国的“国球”。

思政小课堂

中国国家乒乓球队成立于1952年。中国乒乓球队队训是“你不要这一分，祖国还要这一分”。在全国人民的热情支持下，中国乒乓球队拼搏不息，攀登不止，经历了由弱到强、持久昌盛的发展历程。自1959年赢得第一个世界冠军，中国乒乓球队四十多年来共为祖国夺取124.5个世界冠军。先后出现容国团、徐寅生等世界冠军。在10位乒乓球大满贯运动员中，刘国梁、邓亚萍、孔令辉、王楠、丁宁等占据了9个席位。

一、握拍方法

乒乓球的握拍方法有直拍握法和横拍握法两种。

（一）直拍握法

直拍握法是指用食指第二指节和拇指中段扣拍的正面，虎口贴柄，其他三指屈曲贴于拍的1/3上端，如图8-1所示。这种握拍方法也称中钳式。

（二）横拍握法

横拍握法是指虎口贴拍肩，拇指紧捏拍面，食指斜伸在拍的另一面，如图8-2所示。此握拍方法也称八字式。正手攻球时，食指向上移动；反手攻球时，拇指向上移动。

不管是直拍还是横拍，在准备击球或击球后，手指不要过分用力握拍，这样有利于挥拍动作的迅速还原。同时，应使手臂肌肉及时放松，减少疲劳。

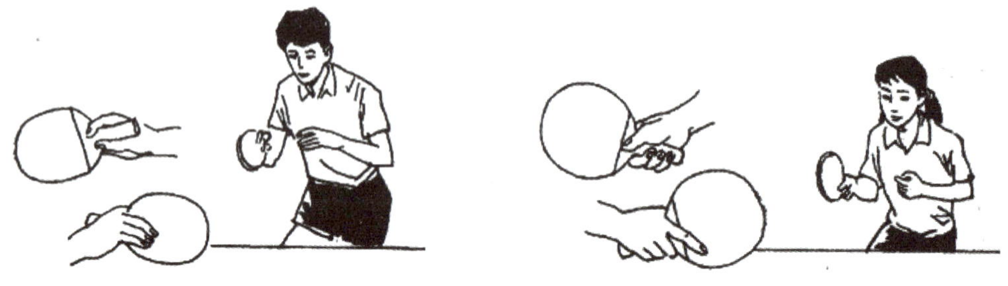

图8-1　直拍握法　　图8-2　横拍握法

二、准备姿势

运动员在回击任何来球时所保持的合理姿势，都是准备姿势。在每一个球来前，应使身体迅速移动，选择合适的击球位置，然后再及时、准确地把球回击过去。

正确的准备姿势：两脚平行开立，约比肩宽，两膝微屈稍内扣，站在近台中间偏弱手方，持拍手自然弯曲，置于腹前。总之，要做到“两眼平视，上体放松，重心居中，屈膝提踵，脚有弹力”。

三、步法

乒乓球的步法有很多种，常用的基本步法有以下四种。

（一）单步

单步是指击球时以一脚为轴心，另一脚向左右移动。常在打定点球时采用。

（二）换步（跟步）

换步（跟步）是指击球时以一脚向来球的方向跨一步，另一脚紧跟上去；或一脚前后、左右跳动，另一脚迅速跟上。应付小角度的来球常用这种步法，左推右攻时也使用这种步法。

（三）跨步

跨步是指来球距原来位置很远时，一脚先向来球方向跨一步，另一脚再向同一方向跨一步。跨步要灵活，在扑救险球时或正手打回头球时常用此种步法。

（四）侧身步

侧身步是运动员的常用步法。如果来球离身较远，侧身位置不需很大，击球时可以以左脚为轴，右脚向左后方移动，微收腹，腾出空隙来击球。来球追身时，侧身较大，右脚蹬地发力，左脚向球台外跨一步，然后右脚靠腰部扭动后撤跟上。

可以通过图8-3的练习方法，熟悉握拍方式和基本步法。

（a）对墙击球

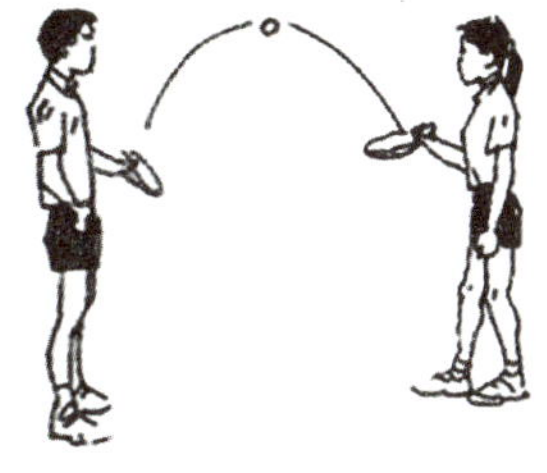

（b）双人对击球

图8-3　练习方法

四、发球

发球是乒乓球的基本技术之一，在比赛中占有很重要的地位。每局比赛，双方各有15～20次发球机会。发球多变且质量好，不仅能使对方回接失误，直接得分，而且能为进攻创造更多的机会。发球是比赛开局的第一板球，不受对方的干扰，可以任意在各种方位（双打除外）按自己的战术意图，将球发到对方任何位置，先发制人，争取主动。

发球种类较多，基本方法有正反手发平击球，正反手发左右侧上（下）旋球。正手平击发球的技术动作为：左脚在前，身体稍右转，左手掌心托球，抛球后，待下落时前臂向后向前挥动，拍面稍前倾，击球中部。其他三种发球方法如图8-4所示。

（a）反手平击发球　　（b）正手发左侧上（下）旋球

（c）反手发右侧上（下）旋球

图8-4　发球方法

五、接发球

在一局比赛中，接发球的机会和发球相同。如果接发球能力较差，不仅会给对方较多的得分机会，而且在处理关键球时，会延误战机，影响全局。

接发球常用推、搓、削、拉、攻等方法来回击。推、搓、削是用旋转和变化落点去抑制对方攻势的，并带有一定的防御性质。拉球和抢攻时，可以直接破坏对方的攻势，打法上较积极主动。所以，在接发球时，应根据不同的情况做到时搓时拉，忽攻忽守，充分掌握比赛的主动权。一般情况下，接上旋球，用搓或攻的方法；接下旋球，用搓、拉、削的方法；接下旋转球，用推或攻的方法。回接球的旋转和回球方法如图8-5所示。

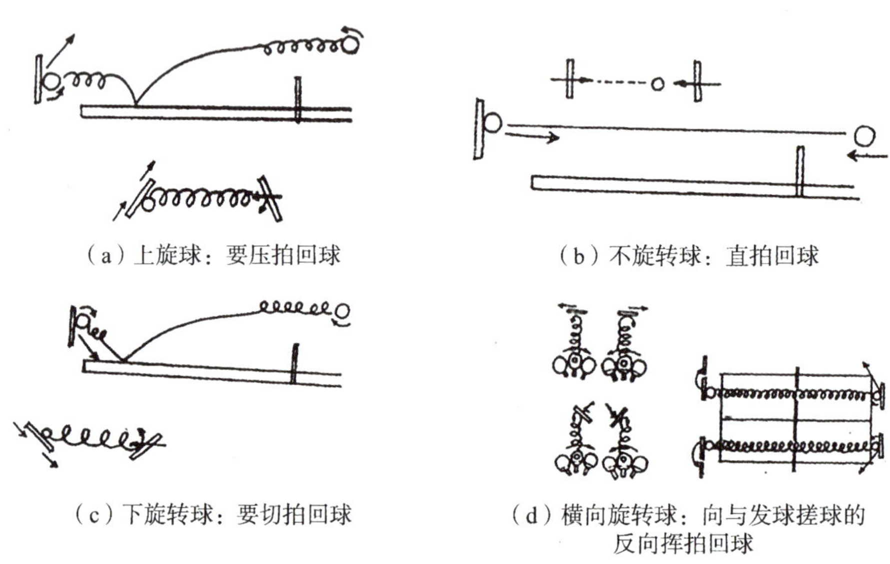

（a）上旋球：要压拍回球

（b）不旋转球：直拍回球

（c）下旋转球：要切拍回球

（d）横向旋转球：向与发球搓球的反向挥拍回球

图8-5 接发球

接发球时，站位应根据对方发球时的位置来决定。如对方在左后面正手发球，接发球者的站位应在中间靠右；对方在左面反手发球，接发球者的站位则应在中间靠左。同时，接发球时，还要密切注意对方发球的挥拍动作、球拍移动方向及触球瞬间用力的大小，来正确地判断对方发球的性质和落点，并及时用相应的、正确的方法回击。例如，在接上旋球时，用快速推挡或加力快抽，击球的中上部；接下旋球时，球拍后仰，搓击或拉抽球的中下部。而接左、右侧旋球时，则必须将球回击到对方球拍移动的相反方向。如对左侧上旋球，应将球拍向左前下方击球；对左侧下旋球，应用提拉向左前上方挥动击球。

六、推挡球

推挡球以反手推挡球为主，其中又分为平挡球、快推、下旋推挡球和上旋推挡球等。下面主要介绍平挡球和快推。

（一）平挡球

拍形呈半横状，小臂前伸主动迎球，在球上升起击球的中部，借来球反弹力击回。

（二）快推

两脚离台约30～40厘米平行站立，屈臂持拍于腹前，击球时前臂向前伸出，手腕外旋并使球拍前倾，在球上升期击球中上部，击球后，手臂继续前送，如图8-6所示。

图8-6 快 推

七、攻球

攻球也是一项重要的基本技术，是最具有威慑力的得分手段。攻球一般可分为正手攻球和反手攻球。按站位，可分为近台、中台和远台攻球；按击球点和击球的时间，可分为拉、抽、拨、带、扣、杀等。下面主要介绍正手攻球。

（一）正手快抽

左脚在前，持拍呈半横状并向前倾。当球弹起上升时，手臂和手腕向前上方挥动，同时内旋转腕击球中上部，击球后挥拍至头部，如图8-7（a）所示。

（二）正手拉抽

左脚在前，身体离台稍远，击球前，向右后引拍，使拍稍后仰。当球下落时，上臂由后向前加速挥动提拉，同时配合手腕动作向上摩擦击球中下部，击球后挥拍至前额，如图8-7（b）所示。

（a）正手快抽

（b）正手拉抽

图8-7 正手攻球

八、搓球

搓球是近台和台内回击下旋球的一种比较稳定的技术。它与削球的主要区别是站位近、动作小。由于其具有旋转、速度、落点变化的优点，常用于接发球或搓球过渡，为进攻创造机会。搓球常用技术有快搓、慢搓、搓侧旋、扣加转球。下面主要介绍慢搓、快搓球技术。

（一）反手慢搓

左脚在前，持拍臂向左上方引拍，击球时，向前下方转腕用力，拍开后仰，在球下降期击球中下部，如图8-8所示。

图8-8 反手慢搓

（二）正手慢搓

左脚在前，身体稍向右转，手臂向右上方引拍，待球下降期，向左前方用力击球中下部。

（三）快搓

身体靠近球台，来球在身体左侧时，用反手在球上升期击球中下部。来球在身体右侧时，用正手搓球，手臂向右前上方横拍，球在上升期中，手臂手腕向前下方用力击球中下部。

九、削球

削球是削攻型打法的一项主要技术。它通过旋转变化和落点的变化来控制对方，使对方直接失误或为自己创造进攻机会。旋转的差别是削攻型打法是争取主动的关键，削扣杀球、追身球和弧圈球是削球手应该掌握的重要技术。

和攻球一样，削球也有正手削球和反手削球两种。按照距离球台远近，可以分为近削、远削。从基本打法上区分，分为有削追身球、扑救网前短球、接突击球、削逼球、削转球与不转球等。

削球的关键、基本方法是用球拍摩擦来球的中下部或下部。练习者可以以最普遍的正手削球、反手削球两种方法为基础，结合球的旋转原理，在实践中不断琢磨，提高削球技术。

十、弧圈球

（一）加转弧圈球

击球前，左脚在前，右脚稍后，两膝微屈，球拍贴近臀部。当来球从桌面弹起时，前臂先向前迎球，然后上臂和前臂同时由下向上垂直挥动摩擦球的中部，腰部由右后方急剧向上扭转。在触球的一刹那，加速用力，使球沿较高弧线飞出，如图8-9所示。

图8-9　加转弧圈球

（二）前冲弧圈球

躯体与桌面成75°角，球拍拉至身后，约与桌面齐高，手指握拍向前。当来球着台后，手臂向前上方迅速挥出，手腕使球拍前倾，与桌面呈50°角，摩擦球的上部。腰部向前上方扭转，协助球拍加速摆动，使球沿低弧线落于对方台面，如图8-10所示。

图8-10　前冲弧圈球

第三节　乒乓球基本战术

所谓乒乓球运动的战术，即乒乓球运动员在比赛中为战胜对手所采取的计谋和行动。技术是战术的基础，只有掌握了全面和实用的技术，才有可能运用多变的战术。同样，在比赛中，只有合理地运用战术，才能使技术得以充分发挥。在训练中，只有带着战术意识去练技术，才能练就真正实用的技术。

名人语录

学战术以前，你必须先学会控球。——孔令辉

一、发球抢攻战术

发球抢攻是我国乒乓球运动员的重要战术之一。近年来，世界各种类型打法的运动员都越来越重视这一战术，使之有了很大发展。

发球抢攻主要注意发球与抢攻的配合。发球应与自己的技术特点紧密结合。擅长侧身抢攻的选手，可以侧身发高、低抛左侧旋球为主；擅长反手攻球的选手，可以反手发右侧旋球为主。发球时，应明确对方有可能怎样回接、接到什么位置、自己怎样抢攻等。

例如，用反手发右侧上（下）旋球至对方中路或靠右近网区，伺机攻对方左区，如图8-11（a）、（b）所示；发近身急球，侧身抢攻对方中路或两角，如图8-11（c）、（d）所示；发急下旋球至对方两角，侧身抢攻，如图8-11（e）所示。

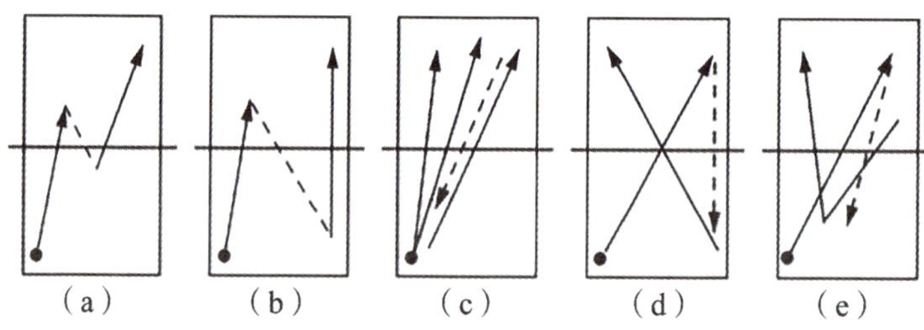

图8-11 发球抢攻

还要注意发球抢攻与其他战术的配合。现在接发球水平越来越高，接过来的球很难抢攻。此时，可先轻打一板，争取下板球再发力抢攻；亦可先控制一板，争取下一板抢攻。战术意识强的选手，往往还需考虑到对方第四板球抢拉或抢攻过来，我方如何防中转攻的问题。不能一心只想发球后就抢攻，一旦无机会或盲目抢攻，或显得无计可施，都会形成相持球的被动。

二、拉攻战术

拉攻是进攻型打法对付削球的主要战术，即用拉球找机会，然后伺机突击。战胜削球，必须用重板。攻球力量不足者，在与削球选手比赛时，往往难占上风。两名进攻型选手相遇，应力争抢攻在先，抢先发力。理由很简单，你不打他，他就会打你。而对付削球则不必如此，削球打法尽管有时也会抢攻，但从战略上讲，它最基本的打法是防守。所以，进攻型打法的选手对付削球打法的选手时，正确的战术指导思想应是：能突击时就突击；能扣球时就扣球；不能突击或扣球时，则找机会后再突击，切忌急躁。

三、削球反攻战术

削球选手用尽量相似的动作削出强烈下旋和近似不转的球，迫使进攻型选手直接失误

或为削球者提供反攻机会。实战中，一般是先削加转球为主，以限制对方抢攻，然后再配合不转球。为增加旋转变化的战术效果，削球选手还常配以落点变化。

四、搓攻战术

随着弧圈球技术的发展，搓攻战术变得越来越简单，你多搓一板，对方就会抢攻在先。所以，搓攻的正确战术指导思想应是尽量少搓，力争抢攻在前。

五、推挡变线

用推挡压向对方左角时，变推直线袭击空当或两角。

六、左推右攻

推挡稍占主动或侧身抢攻时，如对方变线到正手，应用正手回击攻球。在推挡中主动变线，当对方回斜线时，用正手反击对方空当。

一、球台

（1）球台的上层表面叫作比赛台面，应为与水平面平行的长方形，长2.74米，宽1.525米，离地面高76厘米。

（2）比赛台面不包括与球台台面垂直的侧面。

（3）比赛台面由一个与端线平行的垂直的球网划分为两个相等的台区，各台区的整个面应是一个整体。球网的顶端距离比赛台面15.25厘米。

（4）双打时，各台区应由一条3毫米宽的白色中线划分为两个相等的“半区”。中线与边线平行，并应视为右半区的一部分。

二、球

（1）球应为圆球体，直径为40毫米（原来是直径为38毫米的小球，从2000年10月1日起乒乓球开始走进“大球”时代）。

（2）球重2.7克。

（3）球应采用赛璐珞或类似的材料制成，白色或橙色，且无光泽。

三、合法发球

（1）发球时，球应放在不执拍手的手掌上，手掌张开并平展。球应是静止的，在发球方的端线之后，比赛台面的水平面之上。

（2）发球员须用手把球几乎垂直地向上抛起，不得使球旋转，并使球在离开不执拍手的手掌之后上升不少于16厘米，球下降到被击出前不能碰到任何物体。

（3）当球从抛起的最高点下降时，发球员方可击球，使球首先触及本方台区，然后越过或绕过球网装置，再触及接发球员的台区。在双打中，球还应先后触及发球员和接发球员的右半区。

（4）从抛球前球静止的最后一瞬间到击球时，球和球拍应在比赛台面的水平面之上。

（5）击球时，球应在发球方的端线之后，但不能超过发球员身体（手臂、头或腿除外）离端线最远的部分。

四、合法还击

对方发球或还击后，本方运动员必须击球，使球直接越过或绕过球网装置，或触及球网装置后，再触及对方台区。

五、一分

除被判重发球的回合外，下列情况运动员得一分：

（1）对方运动员未能合法发球。

（2）对方运动员未能合法还击。

（3）运动员在发球或还击后，对方运动员在击球前，球触及了球网装置以外的任何东西。

（4）对方运动员或其穿戴的任何东西触及球网装置。

（5）对方运动员不执拍手触及比赛台面。

（6）双打时，对方运动员击球次序错误。

（7）连续两次击球，或者球连续两次触及本方球台区。

六、一局比赛

在一局比赛中，先得11分的一方为胜方（2001年9月1日前，21分制），每过2分互换发球。10平后，每方互换发球，先多得2分的一方为胜方。

七、一场比赛

一场比赛由单数局组成，例如采用三局二胜或五局三胜制。

本章小结

本章主要介绍了乒乓球的基本技术、战术及竞赛规则。为了让初学者能尽快参与到乒乓球运动中来，本章精心选择了多种技术和战术，所列内容注重解决常见问题，易于学习和掌握。

在线学习

1. 唐建军乒乓球教学。
2. 全民乒乓网。
3. 中国乒乓球协会。

第九章

羽毛球运动

本章概述

本章主要介绍大众参与度较高的羽毛球运动，通过学习，学习者应该能够基本掌握羽毛球运动的基本技术和比赛中的一些基本战术，了解羽毛球运动简单的自我训练方法及运动中常见损伤的预防与处理方法。

章结构图

羽毛球运动
- 羽毛球运动概述
- 羽毛球基本战术
  - 单打战术及运用
  - 双打战术及运用
- 羽毛球基本技术
  - 握拍法与持球法
  - 发球
  - 击球
  - 步法
- 羽毛球比赛规则
  - 场地
  - 局数和分数
  - 发球和接发球
  - 违例

学习目标

1. 掌握羽毛球的后场、前场、中场等基本技术及练习方法。
2. 了解羽毛球比赛的基本战术打法及基本的防护知识。
3. 知道如何欣赏羽毛球比赛，并积极参加比赛。

第一节 羽毛球运动概述

羽毛球是一项在室内外均可进行的小型球类运动。比赛时，一人或两人为一方，中隔一网，用球拍经网上往返击球，使球落到对方场地上，或使对方击球失误而得分。

现代羽毛球运动起源于印度，形成于英国伯明顿庄园，后来羽毛球运动被命名为“Badminton”。

1893年，在英国成立了世界上第一个羽毛球协会。1981年5月，国际羽毛球联合会和世界羽毛球联合会正式合并。目前，国际羽联已拥有100多个会员国。国际羽联管辖的世界性比赛有汤姆斯杯赛（男子团体）、尤伯杯赛（女子团体）、世界锦标赛（单项比赛）和全英锦标赛（非正式传统单项比赛）。

羽毛球是一项为广大群众喜爱的体育运动项目，具有球小、速度快、变化多等特点。羽毛球运动器材设备比较简单，且在室内外都可以进行。运动量可大可小，不同年龄、性别和身体条件的人都可以参加。在我国，由于喜爱并参与这项运动的人数极多，因此也有人称它是我国的“第一运动”。

羽毛球运动是在20世纪初传入我国的。1980年以后，中国选手在世界大赛中连续取得优异成绩。

思政小课堂

中国羽毛球队，从1982年首次参加汤姆斯杯就勇夺冠军，奠定了在世界羽坛上的霸主地位，再到数次包揽了世界级大赛的全部冠军，为世界羽毛球运动的发展作出了不可磨灭的贡献。

中国国家羽毛球队，迄今为止已赢得10次汤姆斯杯、15次尤伯杯和13次苏迪曼杯。2012年8月5日，伦敦奥运羽毛球男子双打决赛，中国“风云组合”夺冠，中国队包揽奥运会全部5枚羽毛球金牌。2017年5月16日晚，中国羽毛球队出征苏迪曼杯。2020年东京奥运会，中国羽毛球队5个单项全部进入决赛，混双实现冠亚军包揽，以2金4银收官。2021年10月，中国队3−1战胜日本队获得2021年苏迪曼杯世界羽毛球混合团体锦标赛冠军。2023年5月，中国队3:0完胜韩国队，获得2023年苏迪曼杯世界羽毛球混合团体锦标赛冠军，实现苏迪曼杯三连冠，并获得第13次苏杯冠军。

一、握拍法与持球法

(一)握拍法

羽毛球基本握拍法有两种，即正手握拍法和反手握拍法。

1. 正手握拍法

与握手动作相似，虎口对准拍框侧面拍柄的内棱角，小指、无名指和中指并握，食指稍分开，大拇指与食指相对，如图9-1所示。

2. 反手握拍法

在正握拍基础上，将拍框稍向外转，拇指上伸，用内侧顶住拍柄的宽面，食指向中指收拢，如图9-2所示。

图9-1　正手握拍法

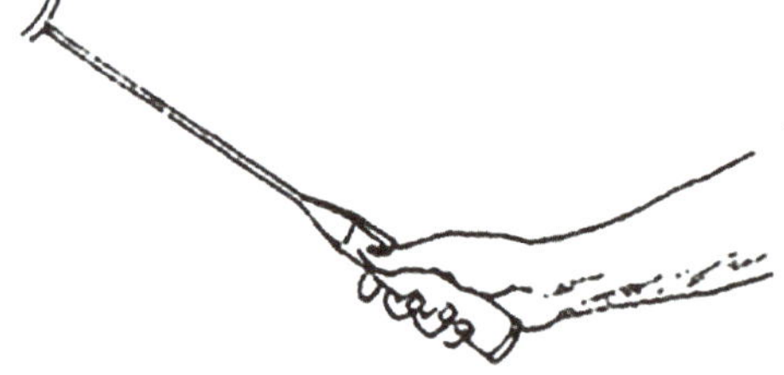

图9-2　反手握拍法

(二)持球法

羽毛球持球方式有三种，如图9-3所示。

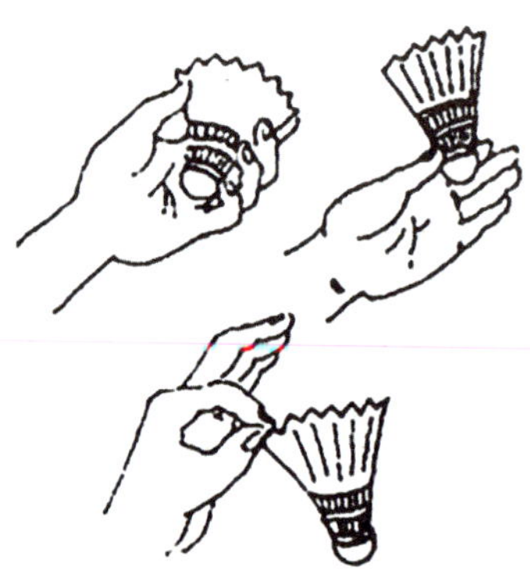

图9-3　持球法

二、发球

按球在空中飞行的弧线，发球可分为高远球、平地球、平快球和网前球等；按发球动作，发球可分为正手发球和反手发球。正手可发高远球、平快球和网前球，反手主要发网前球和平快球。

（一）正手发高远球

发球时，左手松开使球下落，同时右手握拍沿着自下而上的弧线，向前上方加速挥摆（仰角要大于45°）。

将触球时，前臂带动手腕向前上方“闪动”，使击球瞬间造成“爆发力”，击球点在右侧前腰下，如图9-4所示。

图9-4　正手发高远球

（二）正手发网前球

正手发网前球俗称发小球。挥拍的幅度要小，力量较轻，拍面稍后仰，主要利用手腕和手指的力量从右向左斜切推送，把球击出，如图9-5所示。

图9-5　正手发网前球

（三）反手发网前球

右脚在前，右肘稍高，引拍距离短，将球向前方推送出去，如图9-6所示。

图9-6　反手发网前球

三、击球

（一）正手击高远球

正手击高远球是指把球从自己的后场打向对方后场的击球方式，用于调动和牵制对方。击球时，在上臂带动下，向前上方迅速挥摆手腕“闪动”击球，如图9-7所示。

图9-7　正手击高远球

（二）反手击高远球

反手击高远球是指用反手把球从自己的后场打向对方后场的击球方式。击球时，右脚迈向左后方，背对球网，右腕拐向胸前，右肘边上引边以肘为轴用爆发力挥拍，如图9-8所示。

图9-8　反手击高远球

（三）正手抽球

正手抽球是指将落向自己正手一侧的低球快速击向对方中后场的击球方法。击球时，脚的步位要配合好，正手抽球时，右脚向侧稍后跨出，如图9-9所示。

图9-9　正手抽球

（四）反手抽球

反手抽球是指将落向自己反手一侧的低球快速击向对方中后场的击球方法。击球时，利用腰、臂、腕的旋转快速挥拍，如图9-10所示。

图9-10　反手抽球

（五）正手低手击高远球

正手低手击高远球是指将落向自己正手前方的低球快速击向对方中后场的击球方法。击球时，右脚向前跨出大步，臂上扬并像捞东西一样迅速向上振拍，如图9-11所示。

图9-11　正手低手击高远球

（六）反手低手击高远球

反手低手击高远球是指将落向自己反手前方的低球快速击向对方中后场的击球方法。击球时，右脚向左前跨出大步，使用手臂和手腕的力量像弹击一样挥拍，如图9–12所示。

图9–12　反手低手击高远球

（七）正反手扑球

正反手扑球是指迎击对方近网球的方法。击球时，要正确判断对方的动作，迅速移动步伐，准确击球。正手扑球和反手扑球如图9–13所示。

（a）正手扑球　　（a）反手扑球

图9–13　正反手扑球

（八）扣球

扣球也称杀球（图9–14），是羽毛球运动中的关键攻击手段。扣球从手法上可分为正手扣杀、头顶扣杀和反手扣杀；从力量上，又可分为重杀（杀球力量较大）、轻杀（杀球力量较小）和点杀（力量不大，但速度较快，落点近前场），以及长杀（近底线）和劈杀（切劈）等。其技术要点为：

（1）判断球的落点，迅速移动。

（2）重心移至右脚尖，向后挥拍。

（3）上体向后仰，持拍臂肘弯曲。

（4）转肩滞肘以画圆状击球，击球点比打高远球略前。

（5）击球瞬间迅速发力后，手和拍顺圆弧自然摆至左下方。

图9-14 扣 球

四、步法

与其他球类项目不太一样，羽毛球的步法很讲究规范。步伐一乱就会在比赛中处于不利的地位，俗话说“蹦蹦跳跳，后患无穷”。

（一）前进步法

可采用跨步、垫步、蹬步和交叉步法。不论是一步、两步和三步上网，最后一步都要求右脚在前，重心落在右脚上。

（二）后退步法

正手后退，一般采用侧步和交叉步后退，要求最后一步右脚在后，重心放在右脚上。反手后退可左脚先向左后退一小步，使身体左转，以左脚为轴，右脚交叉向左后迈一步，右脚落地的同时击球。

赛事时刻

汤姆斯杯，即世界男子团体羽毛球锦标赛，两年一届，比赛由三场单打两场双打组成。

尤伯杯，即世界女子团体羽毛球锦标赛，两年一届，比赛由三场单打两场双打组成。

世界羽毛球锦标赛，即世界羽毛球单项锦标赛，设有男女单打、双打和混合双打五个比赛项目。2005年改为每年一届，但奥运年不举办。

苏迪曼杯，即世界羽毛球混合团体比赛，两年一届，比赛由五个单项组成。

第三节 羽毛球基本战术

一、单打战术及运用

（一）压后场战术

压后场战术是通过采用高远球或平高球反复压制对方后场两角，造成对方被动，然后伺机采用杀球和吊球攻击对方空当。此战术对付初学者和后退步法慢或急于上网的对手较为有效。

（二）发球抢攻战术

发球抢攻战术主要是以发网前球和平快球为主，限制对方的进攻，迫使对方挑球，然后用杀球和吊球进攻对方的空当和弱点。发球抢攻战术主要用于对付防守能力较差的对手。在比赛的最后关键时刻运用此战术，往往会使临场经验不足的选手感到束手无策。

（三）控制网前战术

控制网前战术是通过各种手段主动抢先放网或故意让对方先放网，然后上网重复放网，并与搓、推、勾、扑球技术结合运用，造成对方网前直接失误或被动挑球，从而抓住有利时机大力扣杀和快速吊球。此战术主要用来对付后场技术较好而网前技术较差的对手。

（四）打对角线战术

无论进攻还是防守，前场或后场，打对角战术都是以打对角线球为主。它主要用于对付灵活性较差、转体较慢的对手。

二、双打战术及运用

（一）攻人

攻人是双打中常用的一种战术。对付两名技术水平高低不一的对手时，一般都采用这种战术。对付两名技术水平平均的对手时也可以使用。它集中攻击对方中的一名队员，在另一名队员前来协助时，又会暴露出空当，可进行突袭。

（二）攻中路

守方左右站位时把球打在两人中间，可以造成守方两人抢接这一球或同时让球，限制守方在接杀时挑大角度的高球调动攻方，有利于攻方的封网。守方前后站位时把球下压或轻推在边线半场处，多是在接发网前球和防守反攻抢网时运用。这种球守方前场队员通常拦截不到，后场队员只能以下手击球放网或挑高球，后场两角便会露出很大空当，因而有隙可乘。

（三）攻后场

攻后场战术常用来对付后场扣杀能力差的对手，把对方弱者调到后场后也可使用。此战术是用平高球、平推球、接杀挑底线，把对方一人紧逼在底线两角移动，在对方还击出半场和网前高球时即可大力扣杀。如在逼底线两角时对方同伴要后退支援，则可攻击网前空当或向后退者打追身球。

（四）后攻前封

后场队员积极大力扣杀，在对方接杀放网、挑高球或企图反击抽挡时，前场队员以扑、搓、推、勾等技术控制网前，或拦截吊封前半场，使整个进攻连贯而又凶狠、凌厉。

（五）防守

防守战术有调整站位和防守球路两种。

调整站位是为了摆脱被动，伺机转入反攻。如果是网前挑高球，那么击球者应直线后退，切忌对角后退。直线后退路线短，站位快，对角后退路线长，也容易被对方打追身球。因此，另一位队员应该补到空当位。

防守球路主要指攻方杀球者和封网队员在半边场前后一条直线上，接杀球应打到另半边前场或后场。攻方杀球者和封网队员在前后对角位，接杀球可还击到杀球者的网前或封网者的后场。攻方杀球者杀大对角后，另一名队员想要退到后场去助攻时，接杀球可还击到网前中路或直线网前。把攻方杀来的直线球挑对角，杀来的对角球挑直线，以调动杀球者。

绝活儿

腾空突击扣杀：是在对手击出弧度较低的平高球时，跳起后上体后仰成反弓形，高速向前下击球。

头项扣杀球：其准备姿势与头项击高球类似，不同之处在挥拍击球时要靠腰腹带动大臂，协调小臂、手腕的综合力量形成鞭击动作，全力往下方击球。

反手扣杀球：准备动作与反手击高球相同，不同之处是击球前的挥拍用力要大，可向对方的直线或对角线的下方用力，击球瞬间球拍与扣杀球方向的水平夹角应小于90°。

第四节 羽毛球比赛规则

一、场地

羽毛球场（图9-15）应是一个长方形，长13.4米，单打宽5.18米、双打宽6.1米，用宽20毫米的线画出。球网应由深色、优质的细绳织成，网上下宽760毫米，网高1.55米。

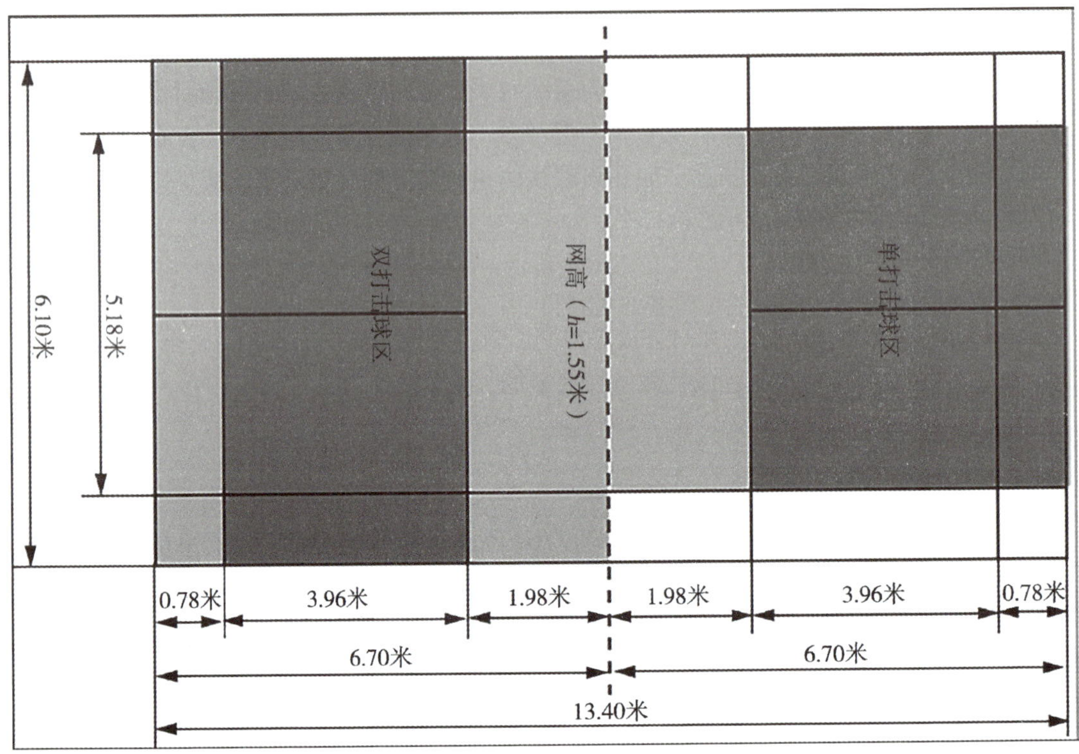

图9-15 羽毛球场

二、局数和分数

（1）每场正式比赛以三局两胜制决定胜负。

（2）羽毛球比赛旧制度。双打比赛和男子单打比赛先得15分为胜一局，当双方出现13平或14平时，先获得13分或14分的一方有权选择再赛（5分或3分）或按照规定打完。女子单打比赛先得11分为胜一局，当出现9平或10平时，先获得9分或10分的一方有权自动选择再赛（3分或2分）或按照规定打完。发球方胜才得分，输球只失掉发球权，不失分。

（3）最新的国际比赛规则实行21分制，任何一方只要将球打“死”在对方的有效位置，或者对方出现违例或失误，均可得分。每局双方打到20平后，一方领先2分即算该局获胜；若双方打成29平后，一方领先1分，即算该局取胜。

三、发球和接发球

名人语录

教育上的秘诀便是使身心两种锻炼可以互相调剂。——卢梭

有发球权的一方称为发球方，对方则称为接发球方。发球时要注意以下几点。

（1）脚不得踩发球区的任何界线。

（2）一旦双方选手站好位置，发球员的球拍开始挥动即为发球开始，发球员的球拍必须连续向前挥动直到将球发出。必须注意的是，发球员挥动球拍发球而未击中球，则应视为发球违例。

（3）在发球过程中，即从发球员的球拍开始挥动直至球拍的拍面将球击出为止，发球员的双脚不得离开地面或移动。

（4）发球时发球员的球拍必须首先击中球托。另外，发球员在击球的瞬间，球与球拍的接触点及整个球体均要低于发球员的腰部，整个拍框必须明显低于发球员握拍的手。

（5）发球员必须站在本主发球区向位于自己相对应的斜对角一端的发球区发球。球体须经球网的上方飞过，落入对方场地的发球区域内才有效。单打有效发球区域的范围是（以右区为例）：前发球线、中线、单打后发球线和单打边线之间，左区反之。

接发球要注意以下动作。

（1）接发球员必须等对方发球员按照相应的规定将球发出后，即球托触及球拍的拍面而飞离球拍后，才能移动双脚，并开始接发球，否则属于违例。

（2）接发球时，接球员的脚不能踏踩在接发球区域四周的任何线上或线外，否则属于违例。

（3）在双打和混合双打中，只有合法的接发球员才能去接发球，如果同伴去接球或被球触及，都属于违例，记发球方得一分。

四、违例

（1）比赛中，球拍未击中球。

（2）发球时，球过网后挂在网上或停在网顶。

（3）比赛中，球从网下或网孔中穿过或不过网。

（4）比赛中，球碰到房顶及场地四周以外的人或物体。

（5）比赛中，球碰到运动员的身体或衣物。

（6）比赛中，击球者的球拍与球的击球点不在自己球网一方，而是过网击球。

（7）比赛中，选手的球拍、身体或衣物碰网或网柱；选手的脚或球拍由网下侵入对方场区。

（8）击球时，球夹在或停滞在球拍上，紧接着又被拖带。

（9）一名球员两次挥拍，连续两次击中球，或同一方的两名选手连续各击中球一次。

（10）球触及球员的球拍后继续飞行并落在界外。

（11）阻碍对方紧靠球网的合法击球。

（12）比赛时选手有故意扰乱、影响对方进行正常比赛的任何举动。

运动价值

无论是进行比赛还是作为一般性的健身活动，羽毛球运动都要在场地上不停地进行脚步移动、跳跃、转体、挥拍，合理地运用各种击球技术和步法将球在场上往返对击，从而增大了上肢、下肢和腰部肌肉的力量，加快了锻炼者全身的血液循环，增强了心血管系统和呼吸系统的功能，对放松肩部、颈部效果好。同时，羽毛球运动也是一种减压的方式，有利于放松和调整心态。

本章小结

本章主要介绍了羽毛球的基本技术、战术及练习方法、羽毛球运动防护及比赛规则。为了让初学者能尽快参与到羽毛球运动中来，本章精心选择了多种学练方法，所列内容注重解决常见问题和练习，易于学习和掌握。

在线学习

1. 羽毛球单打打法的必胜绝技。
2. 如何掌握正确的发力和击球姿势。
3. 中羽在线。
4. 中国羽毛球协会。

第十章 田径

本章概述

田径运动是人类在长期社会实践中发展起来的，是增强人民体质和对广大青少年进行精神文明教育的重要手段之一，在各级学校体育课中占有比重。经常系统地、科学地参加田径运动，能够改善人体健康水平和提高个人工作能力。通过田径运动的教学和训练，能培养个人勇敢、果断、坚韧、顽强的意志品质。

本章主要介绍田径运动的相关知识，通过学习，学习者应该能够了解田径运动的分类及常见项目，掌握跑、跳跃、投掷等相关项目的运动要点，并了解田径的竞赛规则。

章结构图

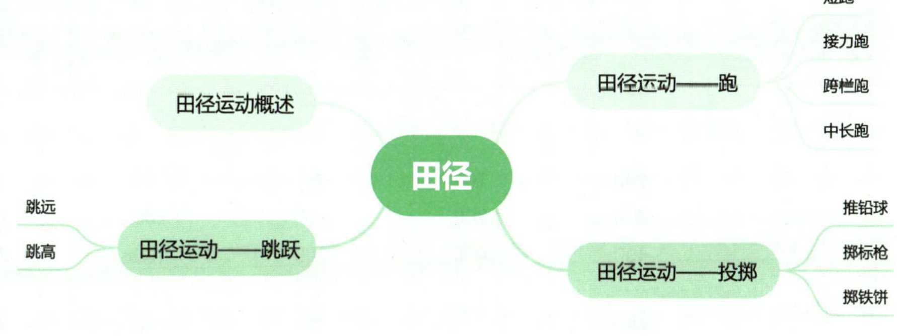

学习目标

1. 了解田径项目的分类及常见项目。
2. 掌握跑、跳跃、投掷等相关项目的运动要点。
3. 了解田径竞赛的基本规则。

第一节 田径运动概述

田径运动的运动强度大，竞争性强，项目多，锻炼形式多样，在空地、广场、道路上都可以练习。它不受人数、年龄、性别、季节、气候等条件限制，因此便于广泛开展。田径运动能全面地发展人体的各项身体素质，促进各项运动技能的形成，所以其他运动项目都把田径运动作为发展专项素质的手段与提高技术的基础。

世界各国都十分重视发展田径运动，它在国际体育运动中占有重要地位。田径运动经常被作为衡量一个国家体育运动水平的标志。从总体上看，我国的田径运动水平与欧美田径强国相比，还存在较大的差距，赶超世界先进水平，还需更加努力。

国际田联承认的田径项目有59项（男子36项、女子23项），包括竞走、跑、跳跃、投掷，以及由跑、跳跃、投掷部分项目组成的全能运动。

以时间计算成绩的竞走和跑的项目叫“径赛”。以高度和远度计算成绩的跳跃、投掷项目叫“田赛”。田径运动是径赛、田赛和全能比赛的合称。

田径运动的分类和项目见表10-1、表10-2、表10-3、表10-4。

表10-1 径赛运动的分类

项目	组别					
	成年		少年			
	男子组	女子组	男子甲组	男子乙组	女子甲组	女子乙组
竞走/千米	20 50	5 10	—	—	—	—
短距离跑/米	100 200 400	100 200 400	100 200 400	60 100 200	100 200 400	60 100 200
中距离跑/米	800 1 500 3 000	800 1 500	800 1 500 3 000	400 800	800 1 500	400 800
长距离跑/米	5 000 10 000	3 000 5 000 10 000	—	—	3 000	—
跨栏跑/米	110米栏 （1.067） 400米栏 （0.914）	110米栏 （0.84） 400米栏 （0.672）	110米栏 （0.914）	110米栏 （0.914）	100米栏 （0.762）	100米栏 （0.762）

表 10-2 跳跃运动

距离	男子组	女子组	备注
高度	跳高	跳高	少年男、女甲组与成年男、女组项目相同
	撑竿跳	撑竿跳	
远度	跳远	跳远	
	三级跳远	三级跳远	

表 10-3 投掷运动

项目	成年		少年			
	男子组	女子组	男子甲组	男子乙组	女子甲组	女子乙组
铅球/千克	7.26	4	6	5	4	3
标枪/克	800	600	700	600	600	500
铁饼/千克	2	1	1.75	1.50	1	1
链球/千克	7.26	4.0	6.0	5.0	4.0	3.0

表 10-4 全能运动

组别	项目	内容和比赛顺序
成年男子	十项全能	第一天：100米、跳远、铅球、跳高、400米 第二天：110米栏、铁饼、撑竿跳高、标枪、1 500米
成年女子	七项全能	第一天：100米栏、铅球、跳高、200米 第二天：跳远、标枪、1 500米
少年男甲	五项全能	跳远、标枪、200米、铁饼、1 500米
少年女甲	五项全能	第一天：100米栏、铅球、跳高 第二天：跳远、800米
少年男乙	三项全能	100米、铅球、跳高
少年女乙		

思政小课堂

中国国家田径队是中国运动员组成参加田径比赛（包括训练）的国家队，它主要参加下列比赛项目，可以分成四个大项：田赛、径赛、公路赛和混合赛。

1958年1月14日，国际业余田径联合会在伦敦宣布正式接受中国运动员郑凤荣以1.77米的成绩打破的女子跳高世界纪录。郑凤荣也成为我国第一位打破世界纪录的女运动员，也是1936年以来亚洲第一位打破田径世界纪录的运动员。随后又涌现出朱建华、王军霞等一批冠军。

2022年俄勒冈田径世锦赛，中国田径队共获得2金1银3铜，此外还有7人进入前八。2023年10月3日，在杭州第19届亚运会田径男子4×100米接力决赛中，中国队夺得冠军，第五次摘得该项目的亚运会金牌。

第二节 田径运动——跑

跑是由单脚支撑和腾空相交替，同时摆臂、摆腿、扒地缓冲与后蹬密切配合的周期性运动。跑的一个周期就是两个复步，在一个复步中，人体要经过两次单脚支撑和两次腾空。一个复步包括两个单步，在每一个复步的下肢动作中可分为两个时期：支撑时期即从脚着地到脚离地；腾空时期即从脚离地到另一脚着地。在一个周期中，运动员身体重心移动轨迹会产生上下波动，这是腾空与着地缓冲的必然结果。但在跑进时，应防止身体重心的左右晃动，注意跑的直线性。

奔跑的项目包括在跑道上进行的短距离赛跑、中距离赛跑、长距离赛跑、接力赛跑、跨栏跑、障碍跑和在公路上进行的马拉松。跑步可以更有效地发展各种身体素质和意志品质，是增强体质的有效手段。

一、短跑

短跑属于极限强度运动，短跑比赛项目包括60米、100米、200米、400米，是发展速度素质最有效的手段。短跑的整个过程是有机联系的统一体。短跑各部分不是孤立存在，也不能把它们截然分开。为了便于分析，可把短跑的全程分为起跑、起跑后的加速跑、途中跑和终点跑，如图10-1所示。

图10-1 短 跑

下面结合100米跑，简单介绍短跑的技术，其他短跑项目大体相同。

（一）起跑

田径规则规定，在短跑比赛中运动员必须采用蹲踞式起跑，并使用起跑器。运动员要按照发令员的口令完成起跑动作。起跑器的安装方法有普通式、接近式和拉长式三种，如图10-2所示。运动员采用哪种起跑器和安装方法应根据个人的身高、体型、身体素质和技术水平等情况来选择，其目的是使运动员能够充分发挥肌肉的最大力量，以获得最大初始速度，有助于加速跑的完成。

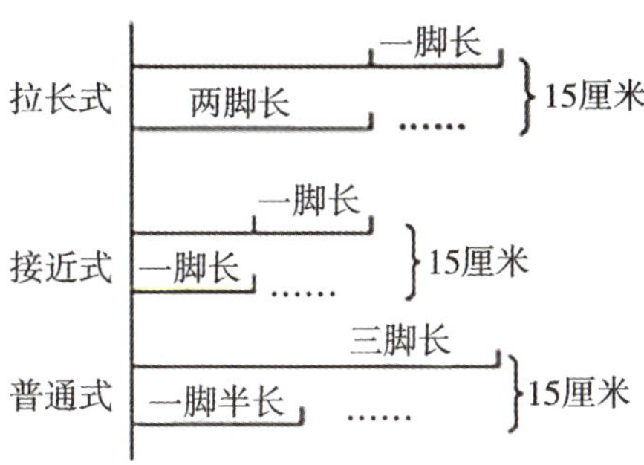

图10-2 起跑器的安装方法

起跑过程包括“各就位”“预备”和“鸣枪”三个阶段。

听到“各就位”口令后，运动员稳定一下自己的情绪，走到起跑器前，俯身，两手撑地，两脚依次踏在前后起跑器的抵足板上，将有力脚放在前面，后腿跪地，然后两手收回到起跑线后，两臂伸直，两手间距离与肩同宽或比肩稍宽，四指并拢或稍分开和拇指呈“人”字形，身体重心稍前倾，肩约与起跑线齐平，颈部自然放松，注意听“预备”口令。

听到“预备”口令后，逐渐抬起臀部，身体重心落在两臂和前腿上，两脚贴紧在前后起跑器抵足板上，集中注意力听枪声。

听到枪声后，两手迅速推离地面，屈肘做有力的前后摆，同时两腿快速用力蹬起跑器。后腿快速蹬离起跑器后，便迅速屈膝向前上方摆出。摆出时腿不应离地面过高，这有利于摆动腿迅速着地并过渡到下一步，如图10-3所示。

图10-3 起 跑

（二）起跑后的加速跑

起跑后的加速跑是指从蹬离起跑器到途中跑开始的一个跑段，一般为30米左右，其任务是尽快加速达到自己的最高速度。起跑后第一步约三脚半长，第二步约为四脚长至四脚半长，以后逐渐增大，直至途中跑的步长。

（三）途中跑

途中跑的任务是继续发挥和保持最高跑速。加速跑结束后即进入途中跑，一个单步由后蹬、腾空、着地和缓冲四个部分组成。

（四）终点跑

终点跑是全程跑的最后一段，要求运动员在离终点线15～20米处时，尽力加快两臂摆动的速度和力量，保持身体前倾角度。当运动员离终点线前一步距离时，上体急速前倾，双手后摆，用胸部或肩部撞终点线，跑过终点后，运动员要逐渐减速。

二、接力跑

接力跑是田径运动中以集体形式出现的竞赛项目，是田径场上最具吸引力的项目之一。接力跑设置的项目一般为男子、女子4×100米接力跑和男子、女子4×400米接力跑。规则要求必须在20米长的接力区内完成传接棒动作。

接力跑的途中跑技术基本上与短跑相同，只是要求各棒队员之间协调配合，保证在快速跑进中完成传棒、接棒。

（一）起跑

第一棒运动员采用蹲踞式起跑，一般用右手握棒；第二、第三、第四棒运动员多采用半蹲式或站立式起跑，并且头转向左后方。接棒运动员起跑姿势的选择，主要取决于能否快速起跑，并能清晰地看到传棒选手及设定的起动标志。

（二）传棒、接棒的方法

传棒在接力跑项目中非常重要，是影响成绩的关键点。传接棒方法一般分上挑式、下压式和混合式三种。

上挑式是接棒人手臂自然后伸，掌心向下，传棒人将棒由下向前上方“挑”送到接棒人手中；下压式是接棒人手臂后伸，但掌心向上，传棒人将棒的前端由上向下“压”送到接棒人手中；混合式是在一次接力跑中综合使用了前面两种方式。

接力跑是由四个人密切配合、奋力拼搏完成全程跑的，在安排各棒队员时，特别是4×100米比赛，必须考虑发挥每名队员的特长与优势。在4×100米项目中，第一棒安排起跑快、跑弯道技术好者；第二棒安排直线快速跑、速度耐力好、传接技术好者；第三棒必须善于跑弯道；第四棒是全队实力最强的主力。

三、跨栏跑

跨栏跑是技术较为复杂的田径项目，也是一种特殊的快速跨越障碍的方法。田径比赛的跨栏跑项目有：女子100米栏、男子110米栏和男子、女子400米栏。每个项目都设有十个栏架，但栏高和栏距不同。

跨栏跑比赛必须使用起跑器和蹲踞式起跑。跨越栏架这一步叫作“跨栏步”，包括起跨、过栏和下栏三个部分，如图10-4所示。

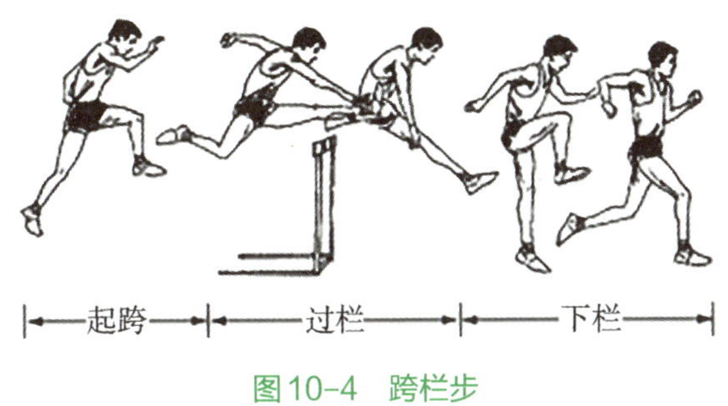

图10-4 跨栏步

起跨时躯干应保持适宜的前倾，摆动腿大腿迅速高抬，起跨腿充分蹬伸，摆动腿异侧臂前伸，眼看栏板，起跨角度为60°～70°。起跨完成后，摆动腿小腿向栏板上方前伸，前伸臂继续前伸，躯干前倾。

当摆动腿到达栏板上方时，标志着“过栏”动作开始，摆动腿下压，起跨腿外展前伸臂后摆，完成过栏动作。

下栏时用脚掌牢固地支撑在跑道上，起跨腿向前高抬，躯干保持前倾。栏间跑最好跑三步，这三步的大约长度比例是1.6∶2∶1.9。栏间跑主要有三点技术要领：前掌着地、保持较高的身体姿势、频率要快。

名人语录

中国有我，亚洲有我，没有对手就没有动力，我永远感谢对手。——刘翔

四、中长跑

中长跑包括中距离跑和长距离跑。中距离跑对速度和耐力要求较高，而长距离跑以耐力为主。现代中长跑技术的特征为：身体重心位移平稳，如图10-5所示，动作实效、经济、轻松、自然，并保持良好的节奏、高步频，积极有效地伸髋和快速有力地摆动。

图10-5 中长跑

中长跑时，应注意呼吸的节奏。呼吸的节奏取决于个人特点和跑的速度。一般是跑两步或三步一呼气，跑两步或三步一吸气，随着跑速的提高，呼吸频率也相应加大。在强度大、竞争激烈的情况下，应采用半张口与鼻同时呼吸来最大限度地满足机体对氧气的需要。中长跑时，由于内脏器官机能的惰性，氧气对身体重心平稳的供应暂时落后于肌肉活动的需要，跑一段距离后会不同程度地出现胸部发闷、呼吸困难、动作无力等现象，迫使跑速降低，甚至有难以坚持下去的感觉。这种生理现象叫“极点”，它与准备活动、训练水平

有关，训练水平高，内脏器官的适应能力强，极点出现就缓和、短暂。当极点出现时，可适当降低速度，注意加深呼吸，同时要以顽强的意志坚持下去。

流动的术语

跑休：一般而言是指彻底休息，不跑也不做其他任何运动，或者安排低强度的交叉训练，如瑜伽或游泳。如果之后是难度大的练习，跑休可以让身体得以适应和改善。

大米原则（RICE法）：指休息（Rest）、冰敷（Ice）、压迫（Compression）和抬高（Elevation）。这些措施可以缓解疼痛、消除肿胀、保护受损组织，从而加快康复。

跑步经济性：衡量在给定的最大配速下人体所需的氧气量，它是衡量身体用氧效率及跑步效率的标准。

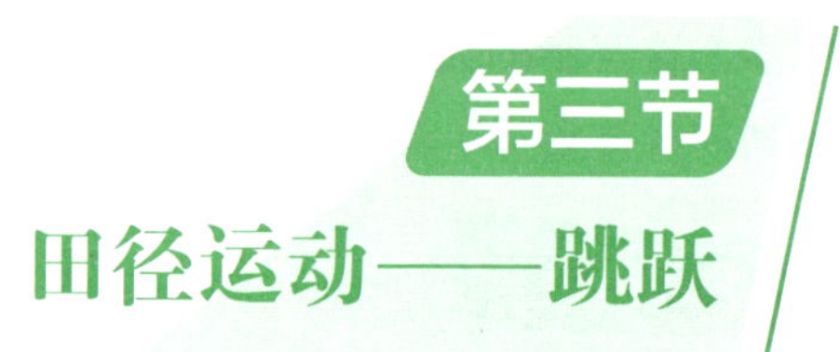

第三节 田径运动——跳跃

跳跃包括跳远和跳高。跳远项目包括急行跳远、三级跳远等；跳高项目包括剪式跳高、跨越式跳高、背越式跳高等。

一、跳远

（一）急行跳远

急行跳远是助跑跳跃的一种方法，也是人越过障碍物的实用技能。从事跳远运动可以有效地发展弹跳力、速度以及提高控制身体的能力。

跳远由助跑、起跳、空中姿势和落地四个部分组成，如图10-6所示。

图10-6 跳 远

助跑的任务是准备前冲力。助跑要提高重心、高抬腿、富有弹性、节奏明显，最后几步要有积极向踏板进攻的意识。快速、准确是助跑技术的要点，节奏是完成这一要点的关键。一般说来，助跑距离和步数男子为35～45米，大约跑18～24步；女子为30～40米，大约跑16～18步。在助跑时，一般采用两个标志：第一个标志是助跑的起跑线；第二个标志是在距起跳板6～8米的地方。

起跳是跳远的关键环节。起跳时用全脚掌踏板，躯干呈正直姿势，身体迅速前移，并迅速充分地伸展起跳腿，摆动腿大腿约与跑道平行，两臂用力上摆。

跳远的空中姿势有挺身式（图10-7）、走步式（图10-8）。这两种姿势起跳动作是基本相同的。在三种空中姿势中“蹲踞式”比较简单，它的技术要点是：起跳进入腾空步后，摆动大腿继续高抬，躯干正直，两臂向前上方摆动，随后起跳腿向摆动腿靠拢，呈蹲踞姿势。

图10-7 挺身式

图10-8 走步式

落地动作要点是：小腿前伸，两臂向体后摆动，脚接触沙面后屈膝，上体前倾。也可以采用落地侧倒的方法。

（二）三级跳远

三级跳远是一种连续跳远的项目，是助跑之后直线连续进行三次跳跃。它潇洒、飘逸，可以充分展示运动者的矫健，可以有效地发展人的协调性。三级跳远技术由助跑起跳、单足跳、跨步跳和第三跳四部分组成。其中，第一跳（单足跳）须用起跳腿落地，第二跳（跨步跳）须用摆动腿落地，第三跳（跳跃）用双脚落入沙坑，如图10-9所示。

图 10-9　三级跳远

三级跳的助跑与急行跳远的助跑基本相同，一般跑16～24步。与急行跳远助跑的不同是，助跑倒数第二步重心几乎不下降，最后几步长度没有明显变化。

第一跳（单足跳）是有力腿起跳，在空中做交换腿动作，有力腿落地。要点是尽量保持水平速度，起跳蹬地角约为60°，身体重心轨迹长而平。

第二跳（跨步跳）仍是有力腿起跳，在空中呈腾空步姿势落地之前有一个顺势高抬大腿，做扒地式落地动作。

第三跳（跳跃）是无力腿起跳，应尽量利用所余的水平速度，并增加垂直速度，争取远度。蹬地角一般为60°～70°，起跳时两臂积极上摆，空中动作多采用蹲踞式。

二、跳高

目前出现过的主要跳高动作有跨越式、剪式、俯卧式和背越式等。由于技术的合理性，现在俯卧式、剪式已很少见到，人们多采用跨越式、背越式跳高动作。

（一）跨越式跳高

跳高技术由助跑、起跳、过杆和落地四个部分组成。跨越式跳高的技术过程，如图10-10所示。

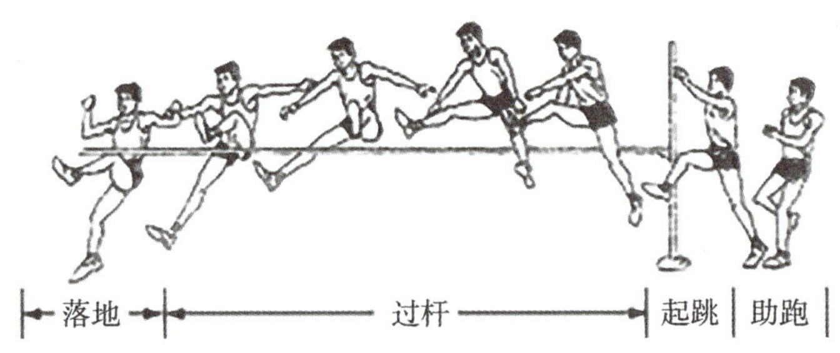

图 10-10　跨越式跳高

（1）助跑。在摆动腿一侧助跑，一般要跑6～8步。助跑路线与横杆的角度为30°～45°，助跑开始的三四步要轻松，富有弹性，随后逐渐加速，上体微前倾，助跑后几步重心稍低。

（2）起跳。起跳点与横杆投影线的距离为60～80厘米，起跳时脚跟着地并迅速过渡到全脚掌，起跳腿迅速有力地起跳，踝、膝、髋充分蹬直，高抬摆动腿并积极前送小腿，身体重心迅速前移。

（3）过杆。当摆动腿摆过横杆高度时，身体前倾，脚尖内转下压，起跳腿积极高抬，身体沿纵轴向起跳方向旋转，使上体和臀部迅速过杆。

（4）落地。起跳腿随摆动腿的下压而抬高，绕过横杆后，摆动腿缓冲落地。

（二）背越式跳高

背越式跳高的技术过程，如图10-11所示。

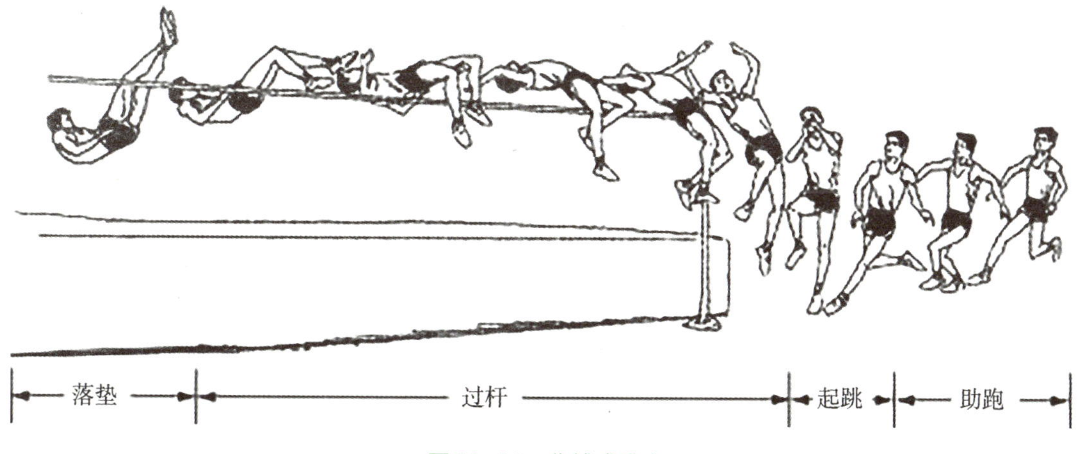

图10-11 背越式跳高

（1）助跑。背越式跳高助跑一般为8～12步，其中后4～6步助跑为弧线助跑。助跑前几步，步幅要开阔并有弹性，当转入弧线助跑时，整个身体向内倾斜；倒数第二步开始准备起跳，是助跑中最大的一步；最后一步时，起跳腿迅速踏向起跳点，髋部超前于上体，肩轴与髋轴呈交叉扭紧姿势。

（2）起跳。起跳脚由脚跟外侧先着地，柔和地过渡到全脚掌着地。此时，身体应向内倾斜。在起跳时，摆动腿屈膝上摆、起跳腿迅速伸展，两臂上摆，躯干向上伸展，当起跳结束时身体与地面呈垂直姿势。

（3）过杆。起跳完成后，身体呈伸展姿势向上腾起呈背对横杆的姿势，当头过杆后，仰头、侧肩、挺髋、屈膝，呈拱形依次过杆，髋部过杆后，含胸收腹，上甩小腿过杆。

（4）落垫。起屈髋姿势，用背部落在海绵垫上。

第四节 田径运动——投掷

投掷是人类生产和生活中的常用动作，可以发展人的爆发力和准确性。田径运动的投掷项目常见的有推铅球、投标枪、掷铁饼，这些项目都以投掷远度决定成绩。由于这些项目都比较远离人们的生活和运动实践，在此主要将其作为竞技运动的知识进行介绍，而一些相关练习则可以作为发展投掷能力和发展力量的练习来进行学习。

一、推铅球

推铅球是站在直径为2.5米的投掷圈内，将铅球推在40°角的扇形区之内。推铅球技术可分为握球和持球、滑步的预备姿势、滑步、最后用力、维持身体平衡五个部分，重点是滑步技术和最后用力技术。推铅球主要有侧向滑步推铅球（图10-12）、背向滑步推铅球（图10-13）和旋转推铅球三种方式。

图10-12　侧向滑步推铅球

图10-13　背向滑步推铅球

二、掷标枪

标枪原为古代的一种捕猎工具和武器，作为比赛项目最早出现在古希腊奥运会上，但当时的标枪，其形状、重量与投掷方法都不同于现在。在1908年第四届奥运会时，对标枪的规格与投掷技术做了统一的规定，逐渐形成了现代掷标枪技术。掷标枪是一项多轴形旋转的投掷项目。掷标枪技术比较复杂，主要技术分为握枪、持枪、助跑、最后用力和出手后的身体平衡等技术环节，如图10-14所示。

图10-14　掷标枪

掷标枪的技术要领是：握枪助跑，逐渐加速；投掷步第一、第二步完成引枪；第三步下肢积极向前，形成大幅度的超越器械动作；第四步积极落地支撑，控制好标枪的角度与指向，沿标枪纵轴快速有力地“鞭打式”投枪；第五步缓冲，维持身体平衡，避免犯规。

三、掷铁饼

掷铁饼比赛在直径2.5米的投掷圈内进行。掷铁饼技术可分为握饼、预备姿势和预摆、旋转、最后用力和维持平衡四部分。掷铁饼时，通过上述一系列动作将铁饼掷出并落于40°角的扇形投掷圈内。现代掷铁饼技术已发展到背向旋转式掷铁饼（图10-15）。

图10-15　背向旋转式掷铁饼

开始旋转时要低重心、大幅度，旋转过程中重心要平稳，不断加速，边旋转边向前。当右脚摆向圆心着地、右腿单腿支撑时，要不停顿地继续旋转，左膝外展靠近右膝沿小弧度迅速摆向中心线左侧落地支撑，形成大幅度的超越器械动作；在旋转至对侧投掷方向时，右脚应转变为以蹬伸为主，并边蹬伸边转向前；当重心移向左腿的同时，要抬头挺胸，左侧用力蹬撑，肩轴迅速超越髋轴，快速挥臂“鞭打”出饼。

本章小结

本章主要介绍了田径运动的分类及常见项目的基础知识，并进一步介绍了跑、跳跃、投掷等田径项目的训练要点。通过学习，学习者应能够掌握常见田径项目的运动方法，并亲自参与田径运动中去，学会以此强健体魄、养成终身体育的好习惯。

在线学习

1. 中国田径协会。
2. 中国大学生体育协会田径分会。

第十一章
游泳

本章概述

本章主要介绍游泳的起源与发展，选取游泳技术中的普遍、实用、易学的基本技术作为重点学习内容，以便更好地培养初学者对游泳的兴趣。

章结构图

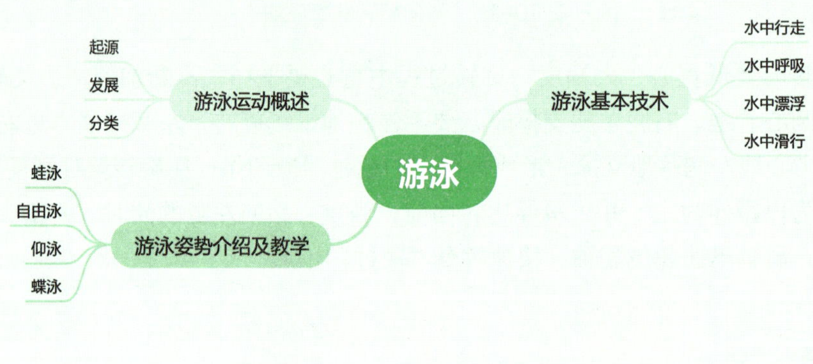

学习目标

1. 了解游泳的概念、游泳的基本项目内容及游泳的比赛规则。
2. 掌握游泳的基本技巧。
3. 学习游泳姿势的技巧。

第一节
游泳运动概述

游泳运动是人凭借自身肢体动作与水的相互作用，在水上漂浮前进或在水中潜泳的一种有意识的技能活动。

现代游泳运动起源于英国。1869年1月，大城市游泳俱乐部联合会（现英国业余游泳协会前身）在伦敦成立，由此游泳作为一个专门的运动项目正式固定下来，随后传入各英属殖民地，继而传遍全世界。

在1896年雅典举行的第一届奥运会上，游泳便被列入奥运会正式竞赛项目。1908年，第四届奥运会在伦敦举行，期间成立了国际业余游泳联合会，并正式确定了国际游泳比赛的规则。到了1921年，在斯德哥尔摩举行的第五届奥运会上，女子游泳比赛项目首次被设立。

随着游泳运动的发展，游泳被分为实用游泳、花样游泳和竞技游泳三类，而水球和跳水则从游泳中分离出去，成为独立的竞赛项目。竞技游泳则又分蛙泳、自由泳、仰泳和蝶泳四种泳姿项目，以及以这四种泳姿组合的混合泳项目，具体见表11-1。此外，还有蹼泳运动等。

表11-1　游泳项目

项目	距离
自由泳	50米、100米、200米、400米、800米（女）、1 500米（男）
蛙泳	50米、100米、200米
蝶泳	50米、100米、200米
仰泳	50米、100米、200米
个人混合泳	200米（4种泳姿各50米）、400米（4种泳姿各100米）
接力	200米（4人各50米）、400米（4人各100米）、800米（4人各200米）
混合泳接力	200米（4人各50米，每人一泳姿）、400米（4人各100米，每人一泳姿）

思政小课堂

中国游泳队曾多次称霸亚洲赛场，在世锦赛、奥运会等比赛中均有出色成绩。

2021年8月1日，2020东京奥运会游泳项目收官，中国游泳队共获得3金2银1铜6枚奖牌。2023年7月26日，中国队以3分38秒57的成绩获得2023年福冈游泳世锦赛男女4×100米混合泳接力冠军。2023年9月，中国游泳队在杭州亚运会上收获28金21银9铜，共58枚奖牌的成绩。2024年2月19日，2024年世界泳联多哈世锦赛落下帷幕，中国游泳队共获7金3银1铜。

第二节 游泳基本技术

一、水中行走

一般在齐腰深的水中进行，做各种方向的行走、跳跃练习。开始时动作不宜过大，速度不宜过快，要保持身体协调，维持身体平衡，最好按照练习方法依次进行，如图11-1所示。

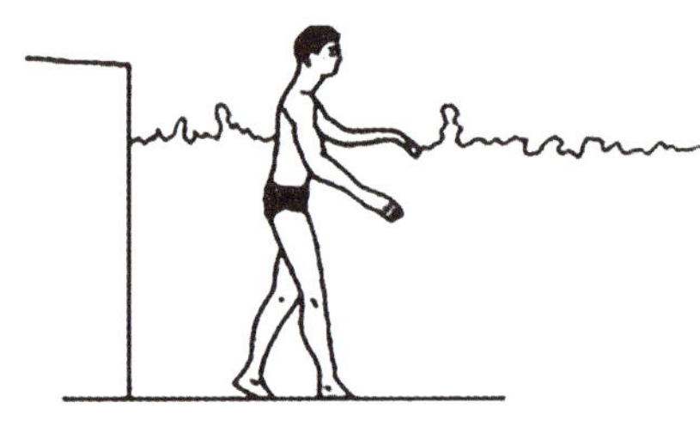

图11-1　水中行走

二、水中呼吸

呼吸练习是游泳教学的难点，也是熟悉水性阶段的关键内容，应贯穿于整个练习的始终。该练习可使初学者基本掌握游泳的呼吸方法、呼吸过程、呼吸节奏，以适应头部入水的刺激，消除怕水的心理。

练习前深吸一口气，然后憋气，低头慢慢下蹲，把头部没入水中。停留片刻后抬头起身，同时用嘴和鼻子呼气后再吸气，这样不易呛水，如图11-2所示。

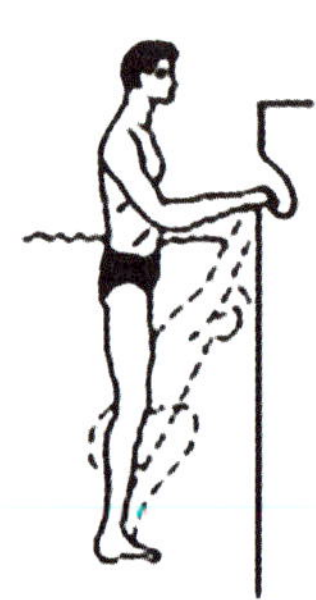

图11-2　水中呼吸

三、水中漂浮

练习水中漂浮时，要尽量深吸气，在水中闭气的时间应尽量长，并且身体放松。

（一）扶固定物团身漂浮练习

在水中两手扶住池边、水线或抓住同伴的手，先深吸一口气，然后把头没入水中憋气，同时团身，使身体尽量放松，自然地漂浮于水中；呼气后，站立用嘴吸气。在此基础上，两人或多人手拉手可同时做团身漂浮练习。

（二）扶固定物展体漂浮练习

在水中两手扶住池边、水线或同伴的手，吸气后把头没入水中憋气，同时团身，全身放松，使身体自然漂浮于水上，然后展开身体；呼气后，站立用嘴吸气。在此基础上，两人或多人手拉手可同时做团身再展开漂浮练习。

（三）抱膝漂浮练习

站立水中，深吸气后，下蹲憋气低头抱膝，大腿尽量靠近胸部，呈低头抱膝团身姿势，身体要尽量放松，自然地漂浮于水中；呼气后，两臂前伸向下按水并抬头，同时两腿伸直向下踩，呈站立姿势，如图11-3所示。

图11-3 抱膝漂浮

（四）展体漂浮练习

站立水中，深吸气后，下蹲憋气低头抱膝，放松，漂浮于水中后，展开身体；或两臂放松向前伸直，深吸气后身体前倒并低头，两脚轻轻蹬离水底，呈俯卧姿势漂浮于水面，臂、腿自然分开，全身放松，身体充分展开。呼气后，两臂前伸向下按水并抬头，同时两腿伸直向下踩，呈站立姿势，如图11-4所示。

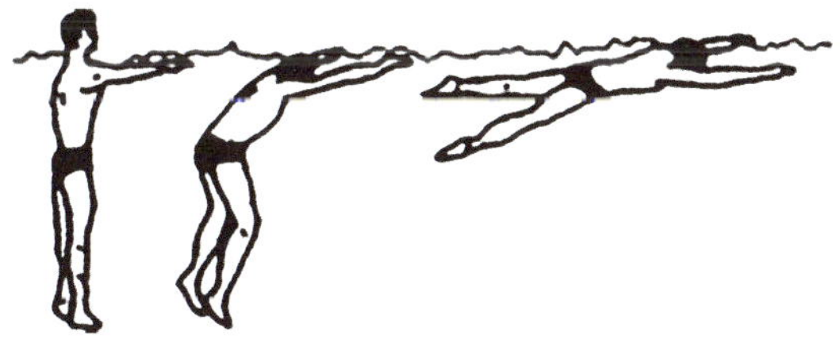

图11-4 展体漂浮

名人语录

活动有方，五脏自如。——范仲淹

四、水中滑行

在水中滑行时，臂和腿自然伸直，身体放松呈流线型，要尽量延长闭气时间和滑行距离。

（一）同伴扶手滑行练习

手臂放松扶住同伴的手，没入水中憋气，身体展开漂浮于水面，全身放松，同伴拉起练习者的手倒退走，使其体会滑行动作。在此练习基础上，可放开练习者的手，使其自主滑行漂浮，但要注意保护，如图11-5所示。

（二）蹬池壁滑行练习

背向池壁，双臂伸直并拢贴近双耳，或一手扶池边缘，一臂前伸，一脚站立，另一脚触抵池壁。深吸气后低头，上体前倾呈俯卧姿势，支撑腿迅速屈膝上提将脚贴在池壁上，臀部尽量提高并靠近池壁，双脚用力蹬壁，全身充分伸展、放松，呈流线型向前滑行。在此基础上可做蹬池底滑行练习，体会在滑行中如何保持身体平衡，如图11-6所示。

图11-5　同伴扶手滑行

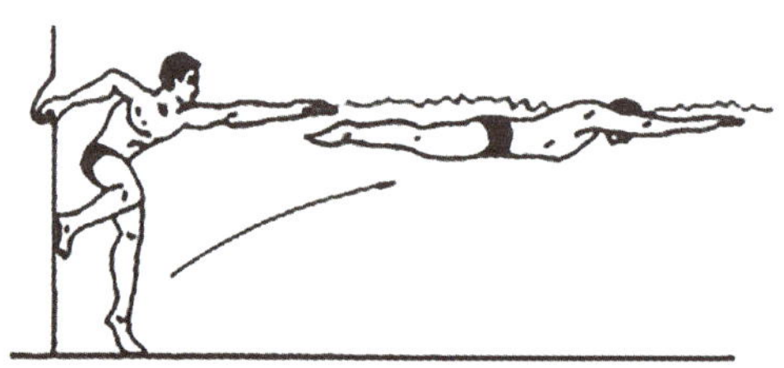

图11-6　蹬池壁滑行

第三节 游泳姿势介绍及教学

一、蛙泳

蛙泳是模仿青蛙游泳动作的一种泳姿。在游泳过程中，身体位置随手腿动作不断变化，两臂和两腿的动作在同一水平面上同时进行。蛙泳既实用又易于学会，但动作结构复杂，较难掌握好。

（一）身体姿势

蛙泳的身体姿势几乎呈水平状态俯卧水中，游进时，身体位置随着上体的上抬、前压以及两腿的后蹬动作而不断变化。

(二)腿部技术

蛙泳的腿部技术动作是推动身体前进的主要动力，所以腿部技术的好坏是掌握蛙泳技术的前提和基础。蛙泳的腿部技术由收腿、翻腿、蹬腿和滑行四个部分构成，它们是紧密相连的完整动作。

(1)收腿。收腿时屈膝、屈髋同时两膝慢慢分开，小腿和脚跟在大腿和臀部后面，当大腿和躯干成130°～140°角时，开始翻腿，如图11-7所示。

(2)翻腿。翻腿时，两脚外翻，使脚尖朝外，脚掌朝上，两膝关节靠拢、其距离应小于两腿间距离，如图11-8所示。

图11-7 蛙泳收腿动作

图11-8 蛙泳翻腿动作

(3)蹬腿。蹬腿时，两脚用力向侧、向后做快速弧形蹬夹水动作，如图11-9所示。

图11-9 蛙泳蹬腿动作

(4)滑行。蹬腿结束后，两脚并拢伸直，身体借助惯性向前滑行，如图11-10所示。

图11-10 蛙泳滑行动作

蛙泳腿部技术要领：收腿要慢，翻腿要充分，使脚掌、小腿和大腿内侧形成最好的对水面并向外、向内做弧形蹬夹水动作。

蛙泳腿部动作口诀：边收边分慢收腿，向外翻脚对准水。向外向后蹬夹水，并拢伸直漂一会。

(三)手臂技术

蛙泳划臂技术也可产生较大的推进力。现代蛙泳技术更强调臂的作用。蛙泳臂部技术可分成开始姿势、滑下、划水、收手和移臂五个部分。

(1)开始姿势。两臂前伸，拇指相靠，掌心向下，身体保持流线型姿势，如图11-11所示。

图 11-11　蛙泳开始姿势

（2）滑下。滑下也称抓水，滑下时，上臂内旋，两手向两侧分开，掌心向斜下方对准划水方向，如图 11-12 所示。

图 11-12　蛙泳抓水姿势

（3）划水。两手继续外分，并保持高肘，掌心、前臂和上臂内侧同时向外、向下、向后运动，如图 11-13 所示。

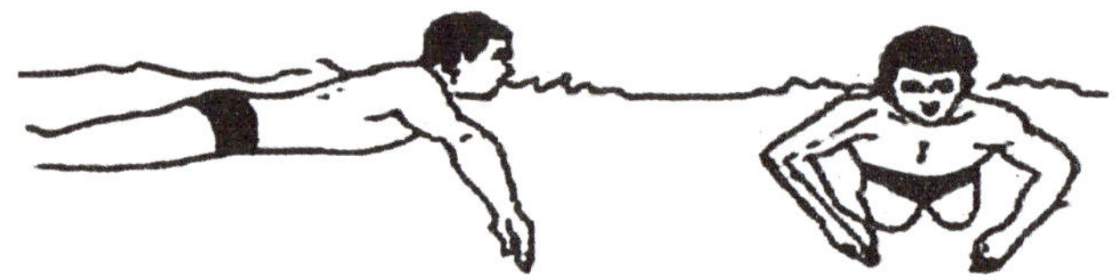

图 11-13　蛙泳划水姿势

（4）收手。当臂划至肩下方时，手臂向外旋转，两手同时向胸前、向内快速运动，如图 11-14 所示。

图 11-14　蛙泳收手姿势

（5）移臂。蛙泳移臂是四种泳姿中唯一一个在水下完成的。移臂时，两臂自然前伸，掌心由相对逐渐转为向下，如图 11-15 所示。

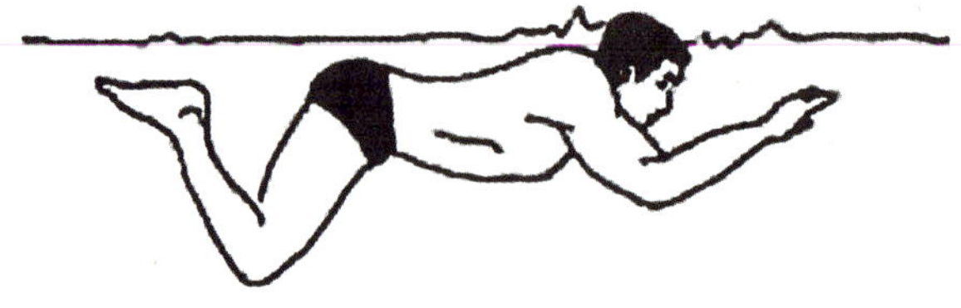

图 11-15　蛙泳移臂姿势

蛙泳臂部技术要领：划水时收手要快，移臂要慢，保持动作节奏，明确划水路线，整个臂部技术应同时对称进行。

蛙泳臂部动作口诀：分手比肩稍微宽，两臂侧下向后划。向内旋时伸前方，并拢伸直漂一会。

（四）完整配合技术

蛙泳的配合技术比较复杂，一般采用1次腿、1次臂、1次呼吸（1:1:1）的配合技术。游蛙泳时，两腿、臂自然伸直；手滑下时，开始抬头准备吸气但腿不动；收手时抬头吸气再顺势收腿、翻脚；两臂前移伸直后两脚再向外、向后蹬夹水。蛙泳完整的配合技术如图11-16所示。

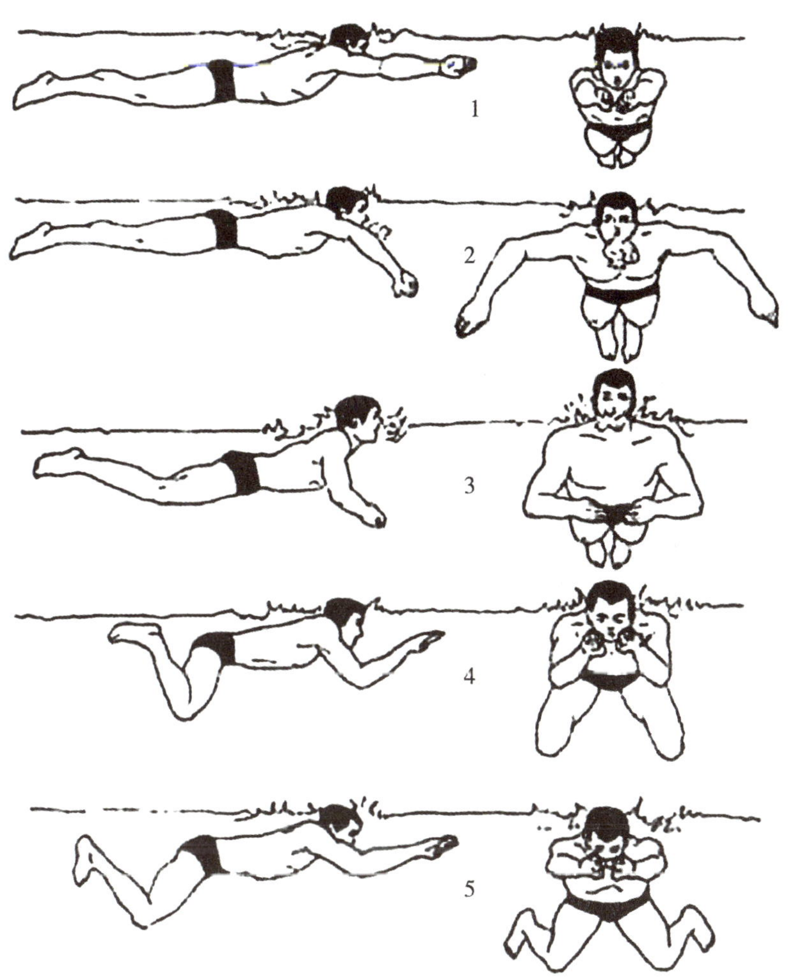

图11-16 蛙泳完整的配合技术

蛙泳完整配合技术要领：手臂的划水动作先于腿，即先臂后腿，收手时抬头吸气、伸臂时低头吐气，收腿要慢，蹬夹要快，保证动作节奏。

蛙泳完整配合动作口诀：划手腿不动，收手再收腿。先伸胳膊再蹬腿，并拢伸直漂一会。

二、自由泳

自由泳由于动作没有太多的限制，而且泳姿具有阻力小、速度快、耗力小的优点。很多游泳爱好者非常喜欢采用这种游泳方式。学习自由泳的步骤和方法如下。

（一）自由泳手臂动作

（1）入水。手臂在空中完成移臂之后，大臂内旋，使肘关节处于最高点，手指伸直并拢，掌心斜向外下方，指尖自然触水，接着是小臂，最后大臂自然插入水中，如图11-17所示。

（2）抱水。完成入水之后，手掌掌心开始由斜向外下转为斜向内后，逐渐弯曲手肘、手腕，手肘始终高于手臂，为下一步的划水做好准备，如图11-18所示。

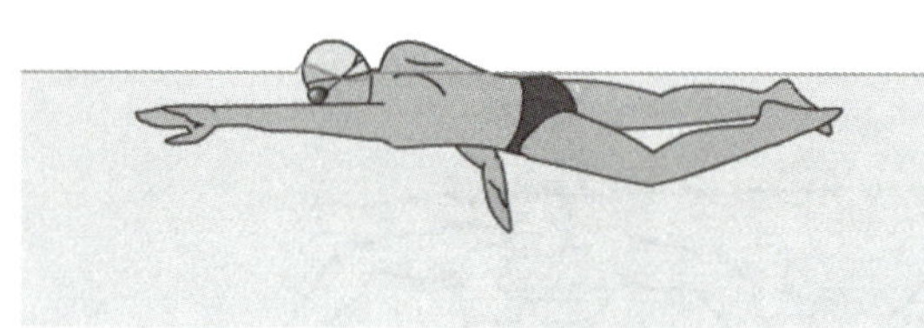

图11-17　自由泳入水

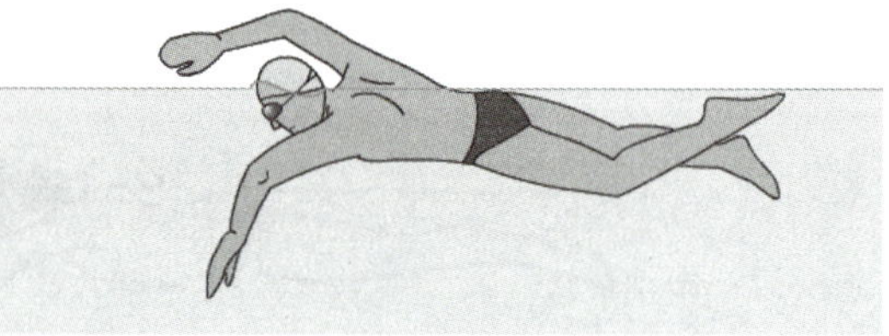

图11-18　自由泳抱水

（3）划水。抱水完成之后，手臂配合肩膀的旋转，大臂内旋，带动小臂，弯曲的手臂逐渐往大腿方向伸直划水，掌心由斜内下方转为斜内上方，从下往上划水至大腿，如图11-19所示。

注意：划水是提供向前滑行的最主要、也是最关键的动力，不仅要划水有力，而且更要充分发挥推进作用。

（4）出水。划水至大腿之后，掌心转向大腿，手指向上先划出水面，稍微弯曲手肘，手臂放松，大臂带动小臂，上提手肘部位，掌心转为后上方，整个出水过程必须连贯不停顿，并且快速，如图11-20所示。

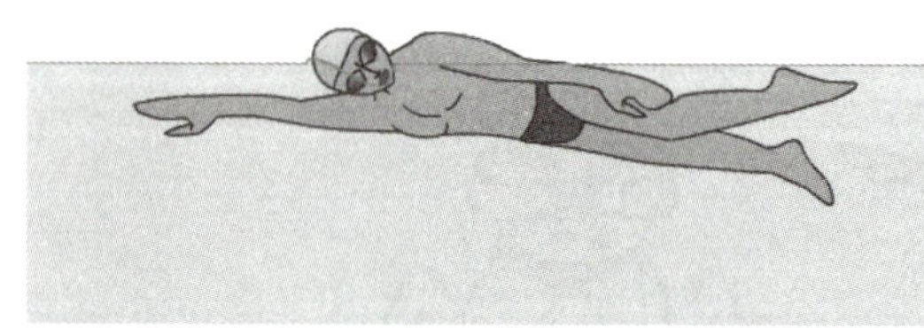

图11-19　自由泳划水

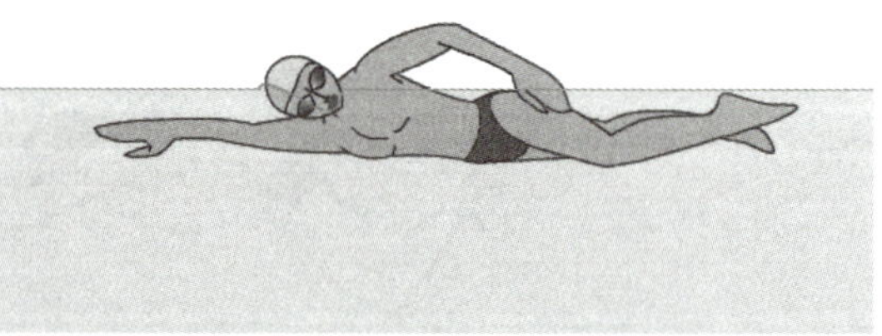

图11-20　自由泳出水

（5）空中移臂。完成出水之后，手肘处于上提状态，此时手肘高于手臂，向身体前方移臂，给人一种手即将插入水中的感觉，进入下一个入水动作的准备。

（二）自由泳腿部动作

（1）自由泳腿部的打水动作，虽然也有一定的推进作用，但其主要作用是保持身体的平衡，如图11-21所示。

（2）膝盖自然弯曲，但不能弯曲太大，这样的话小腿打水就显得不够力，而且加大了前进的水阻力，看不到打水时的水花；如果绷紧，伸得太直，会让腿部肌肉过于紧张，太累，而且水花也大，最佳状态是弯曲160°，如图11-22所示。

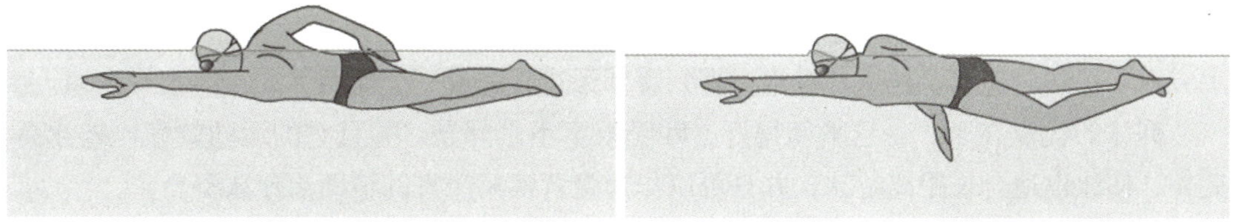

图11-21 自由泳腿部动作（一）　　图11-22 自由泳腿部动作（二）

（3）尽量放松脚踝，绷直脚尖，大腿带动小腿打水，腰部以下用力，上半身保持不动，这样打水才有力度，而且不会左右晃动，如图11-23所示。

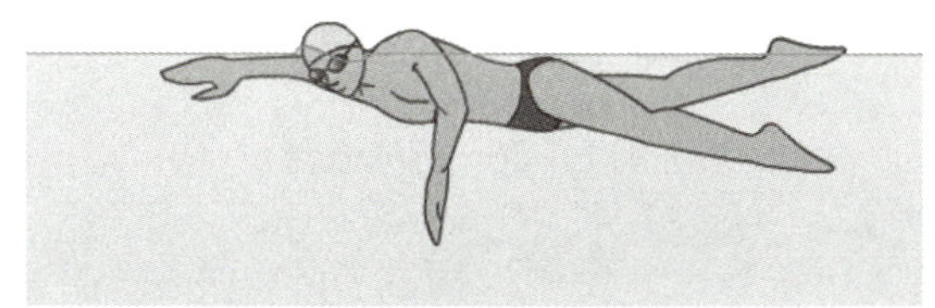

图11-23 自由泳腿部动作（三）

（三）自由泳的换气技巧

换气动作要领：一般是划臂两次（即左右臂各自划水一次），呼吸一次，腿部打水六次，如图11-24所示。

（1）呼气。右手入水之后，此时头部面向左下方，口鼻在水中慢慢呼气，随着右手臂划水到肩下的过程，头部慢慢转向右下方，同时口鼻加大呼气量，直到右手臂即将划出水面时，用力呼气，如图11-25所示。

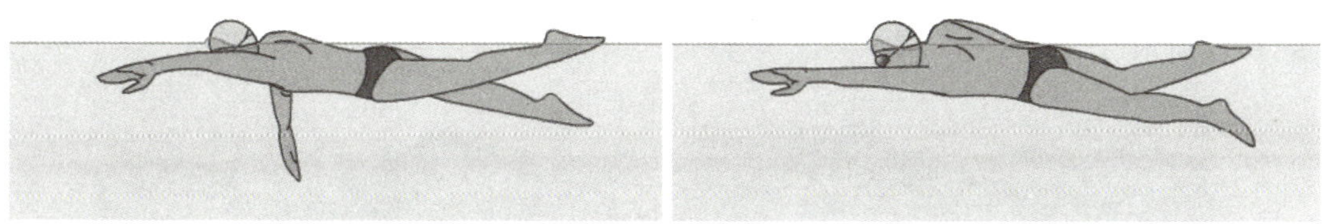

图11-24 自由泳换气　　图11-25 自由泳呼气

（2）吸气。右手臂一划出水面，头部刚好能摆上水面，大口吸气，随着右手臂在空中移臂的过程，将头再次埋进水里，直到右手臂入水结束。这期间有一个闭气的过程，直到头部完全摆向左下方；然后在左臂空中移臂至入水、划水的过程中，口鼻开始慢慢呼气，头部也慢慢摆向右侧，进行下一轮吸气的准备。

三、仰泳

仰泳是继蛙泳之后最容易学习的一种泳姿。仰泳，顾名思义，就是仰卧着游泳。仰泳的腿部动作也是鞭腿，并且要交叉上下鞭打。

仰泳的手部动作是双手轮流挥动，像风车一样。手从臀部旁边出水后，直臂移臂到头上方入水，然后抓水、拉水、推水，直到臀部旁边，完成一个周期。

仰泳的优点在于，一旦平衡得好，呼吸根本不是问题，并且它的运动效率比蛙泳高。此外，仰泳也适合长距离游泳，并且可以作为腰背疾病患者的辅助治疗泳姿。

仰泳也有一些缺点，比如它的速度不如自由泳和蝶泳快。对于初学者来说，掌握仰泳的平衡感并不容易，因此，鼻子经常会进水，容易呛水。此外，由于无法向前看，游泳时会感到不舒服。仰泳泳姿如图 11–26 所示。

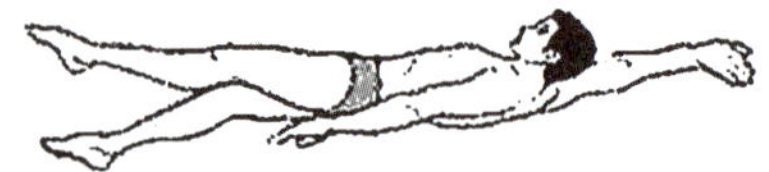

图 11–26 仰泳泳姿

四、蝶泳

蝶泳是四种主要泳姿中最优美、难度最大的一种泳姿。蝶泳要求身体像海豚一样做波浪起伏的动作，整个身体要像鞭子一样运动。手臂在水下的动作与自由泳的前部动作类似，只是双手要同步进行，在拉水到臀部下方后弹出水面前甩入水中。

蝶泳的优点在于速度快，仅次于自由泳，是速度较快的泳姿之一。它比蛙泳和仰泳都要快。蝶泳的另一个优点是其非常美观，因为它独特的海豚式身体波动，给人以视觉上的享受。

但是蝶泳也有一些缺点，比如消耗较大，不适合长距离游泳。此外，蝶泳学习难度较高，要求高难度的身体波浪式动作，并且手臂弹出的时机也难以掌握。蝶泳泳姿如图 11–27 所示。

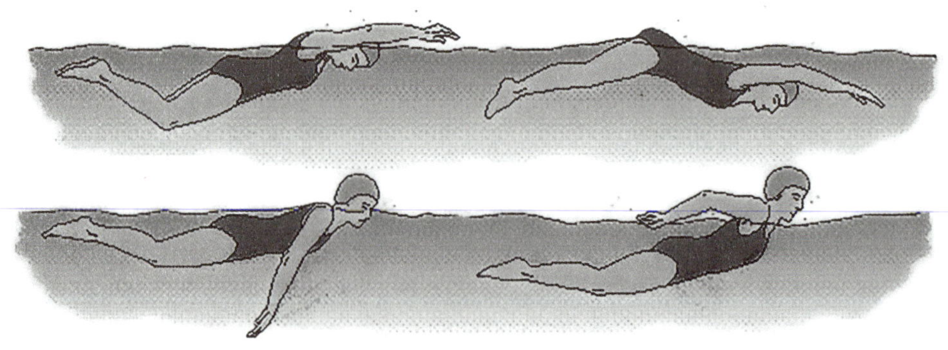

图 11–27 蝶泳泳姿

知识窗

一、防溺水六不准

1. 不准私自下水游泳。
2. 不准擅自与同学结伴游泳。
3. 不准在无家长或老师带领的情况下游泳。
4. 不准到无安全设施、无救护人员的水域游泳。
5. 不准到不熟悉的水域游泳。
6. 不准不懂水性的学生下水施救。

二、溺水时的自救方法

1. 不要慌张，发现周围有人时立即呼救。
2. 放松全身，吸足气让身体漂浮在水面上，将头部浮出。
3. 身体下沉时可将手掌向下压水。
4. 如果在水中突然抽筋又无法靠岸时，应立即求救，用手将抽筋的那条腿的脚趾往上扳，以解除抽筋。
5. 如果你不懂得水性，禁止下水救人。

本章小结

本章主要介绍了游泳运动的概念和游泳的基本技术。为了让初学者能尽快学会游泳技能，本章精心选择了多种学习案例，并配以图示，所列内容注重游泳锻炼的科学规律，易于学习和掌握。在学练中，学习者除要遵循游泳运动技能形成的规律外，还应根据自身的素质水平及年龄特征等因素，科学、合理、系统地安排学练内容及顺序，以便收到最佳的学习效果，养成良好的运动习惯。

在线学习

1. 中国游泳协会。
2. 国家体育总局游泳运动管理中心。

第三篇

体育休闲模块

轮滑

第十二章

武术运动

本章概述

本章主要介绍了武术运动的起源、发展与特点，选择了较为简单的三项武术运动（初级剑术、初级棍术和简化24式太极拳）作出了详细讲解，旨在让学生更容易在简单的武术运动中体验中华传统武术的魅力，为发扬中华传统文化作出贡献。

章结构图

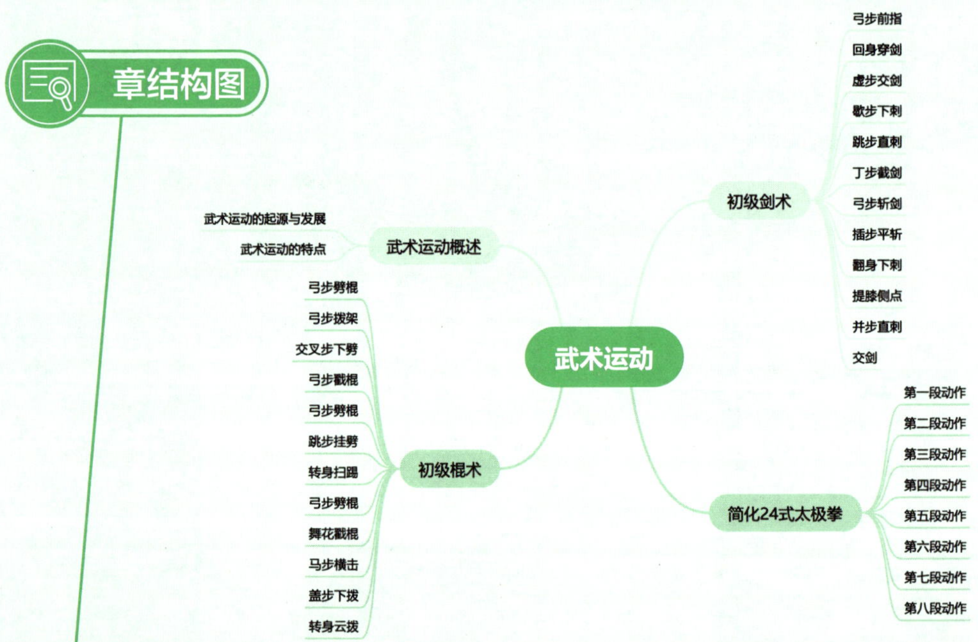

学习目标

1. 了解武术的概念。
2. 掌握初级剑术的基本要点和动作。
3. 掌握初级棍术的基本要点和动作。
4. 掌握简化24式太极拳的基本要点和动作。

第一节 武术运动概述

一、武术运动的起源与发展

武术起源于我国古代的生产劳动。在古代的狩猎和战争中，人类为了生活和自卫掌握了一些简单的攻防格斗技能，如拳打、脚踢、躲闪和摔跤等，为武术的发展奠定了基础。

武术发展于封建社会时期。秦汉以来，盛行角力、击剑。明清时期，流派林立，拳种纷现。拳术有长拳、猴拳、少林拳和内家拳等，同时形成了太极拳、形意拳和八卦拳等主要的拳种体系。

到了近代，为了适应时代的变化，武术逐步成为中国近代体育的有机组成部分。民国时期，民间出现了许多拳社和武士会等武术组织。1928年，中央国术馆在南京成立。1936年中国武术队赴柏林奥运会参加表演，从此武术运动在国际范围内传播开来。

中华人民共和国成立后，武术运动得到了蓬勃发展。1958年中国武术协会成立，武术成为表演项目，并于次年正式成为国家体育竞赛项目。1987年，第一届亚洲武术锦标赛在横滨举行。

1990年，武术首次被列入第十一届亚运会比赛项目，同年10月国际武术联合会在北京宣告成立，并于1991年在北京举办了第一届世界武术锦标赛，以后每隔两年举办一次。

1994年，国际武联被世界单项体育联合会正式接纳，从而进一步确立了武术比赛的国际体育地位。2008年，武术成为奥运会的表演项目，为武术运动的进一步发展奠定了基础。

作为一种优秀的民族文化和良好的运动项目，武术必将为丰富国际奥林匹克运动的内容，促进东西方文化的交流作出贡献，更好地造福于全世界爱好和平的人民。

思政小课堂

中国武术是历经几千年文化沉淀得出的一种中华优秀民族传统文化，其内容蕴含十分丰富的文化知识。伴随社会对文化传承与文化教育重视程度的不断提高，许多高校开始注重对武术文化的教育，在文化传承视域下不断提高高校武术文化教育有效性成为高校武术文化教育的重要目标。

中国武术蕴含着较强的经济性、文化性与政治性特征，在文化传承视域下积极展开武术文化教育有利于推动民族发展，对强化学生民族精神，增强民族凝聚力具有关键性作用。

武术文化源远流长，随着中国传统文化的不断演变而变化，但无论任何时期的中国武术文化都蕴含着十分浓郁的宗教文化光彩，因此在高校展开武术文化教育还能实现中华民族文化的传承，推动中国武术真正向着国际化方向发展。

二、武术运动的特点

（一）广泛的适应性

武术运动的内容丰富，形式多样，不受年龄、性别、体质、季节和场地等的限制，人们可以根据自己的需要和条件，选择适合自己的项目进行锻炼。

（二）攻防技击性

武术运动的表现形式有两种：徒手和器械的攻防动作，如踢、打、摔、拿和扎等。人们通过武术锻炼，不仅能够增强体质，还能够掌握一些攻防技术。

（三）内外合一，形神兼备

所谓内是指心、神、意和气等内在的心志活动和气息运行；所谓外是指手、眼、身、法和步等外在的形体运动。武术运动对内能够理脏腑、理经脉和调精神；对外能够利关节、强筋骨和壮体魄，使人的身心得到全面的锻炼。

第二节 初级剑术

初级剑术全套共12个动作，内容包括：弓步、虚步、歇步、丁步等步型；跳步、插步、并步等步法；指、刺、截、斩、点等剑法。其内容丰富，结构合理，动作简单，易学易练，适合初学者练习。

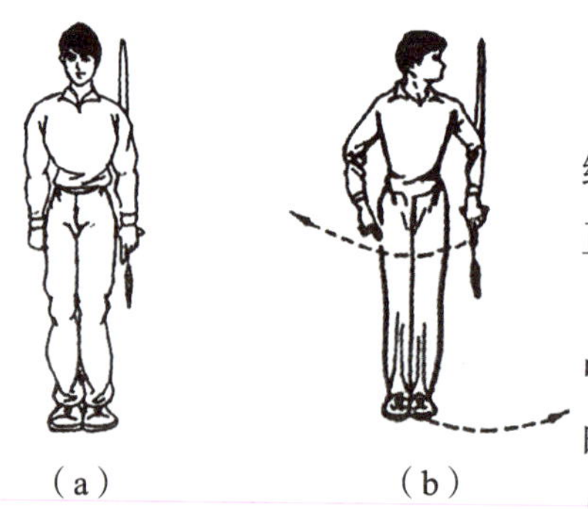

图12-1 直立提肘

预备势：直立提肘。

身体正直，并步站立，沉气敛神，集中注意力，准备练习，如图12-1（a）所示。注意在整套练习中都要保持正直的身形。

持剑直立，两肘上提，右手握成剑指（剑指：食指和中指伸直并拢，无名指和小指屈向手心，拇指压在无名指的指甲上），两肩松沉，上身微挺胸、收腹，两膝挺直，目向左平视，如图12-1（b）所示。

要求与要点：收腹、挺胸、沉肩、下颚微收。

一、弓步前指

（1）右脚向右上一步成右弓步，同时左手持剑经体前向右弧形上摆至与肩同高，右手剑指收于腰侧；目视前方，如图12-2（a）所示。

（2）身体向左转体180°成左弓步；同时左手持剑经上向右绕环至体侧，右剑指经右耳侧前伸指出，拇指一侧向上；目视前方，如图12-2（b）所示。

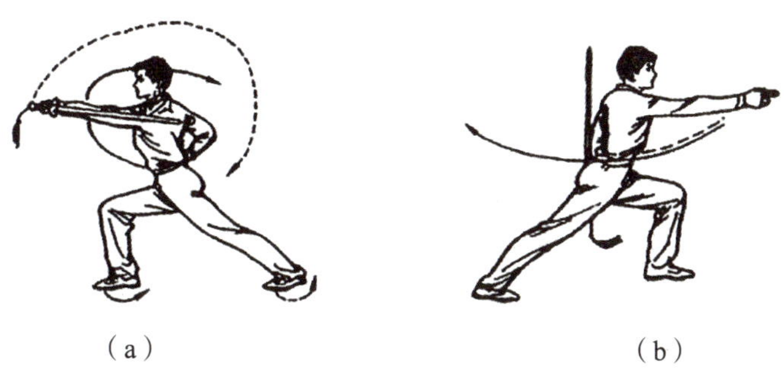

（a）　（b）

图12-2　弓步前指

要求与要点：左手的动作要连贯，运动路线要构成一个圆。

二、回身穿剑

左臂屈肘上提经右掌心向前穿出，拇指一侧向下，上体后转成右弓步；同时右剑指经胸前右指，目视右指，如图12-3所示。

要求与要点：两臂前后平举，剑脊紧贴左臂。

图12-3　回身穿剑

三、虚步交剑

左脚收半步成左虚步，同时两臂屈肘，右手接握剑柄于胸前，目视前方，如图12-4所示。

要求与要点：两手在胸前交接剑的动作与虚步要同时完成。

图12-4　虚步交剑

四、歇步下刺

向左转体90°，下蹲成歇步，同时右手握剑向前下刺，力达剑尖，左臂后伸成剑指，拇指一侧向上；目视剑尖，如图12-5所示。

要求与要点：歇步左脚尖应外展，歇步与下刺要同时完成。

图12-5　歇步下刺

五、跳步直刺

（1）右臂挑剑上举，左剑指随上体右转屈臂，下落于右肩前；目视左前方，如图12-6（a）所示。

（2）右脚向左前上一步，随即蹬地向前纵跳（单脚跳）；同时右手握剑，扣腕屈肘下落，剑尖向前，左剑指前伸；目视前方，如图12-6（b）所示。

（3）右脚落地，左脚随即上步成弓步，右手握剑向前直刺，拇指一侧向上，力达剑尖，左手剑指屈臂上举，掌心斜向上；目视前方，如图12-6（c）所示。

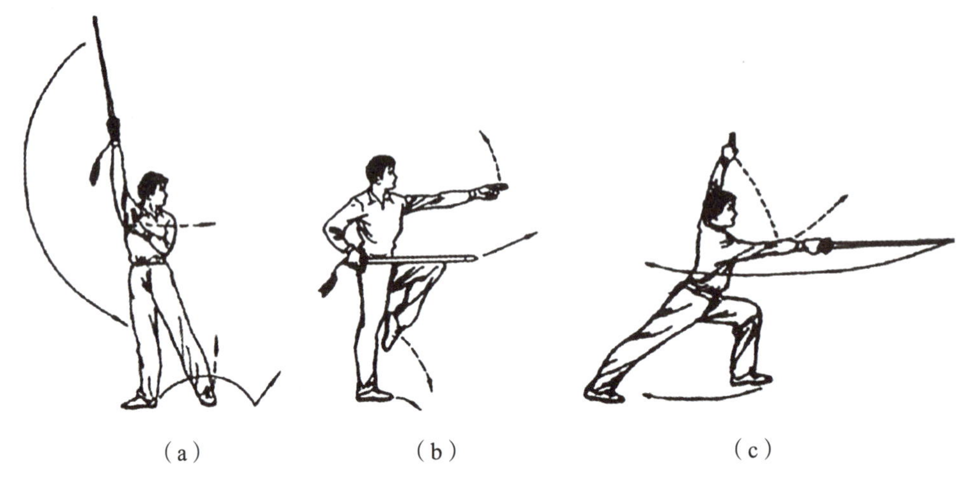

（a）（b）（c）

图12-6 跳步直刺

要求与要点：跳步与弓步、刺剑要协调一致。

六、丁步截剑

上体右转90°，左脚回收至右脚内侧成丁步，右手握剑屈肘收于胸前，左手剑指下落附于右腕上；随即右手握剑向右下截击，掌心向下，左剑指向左上方伸直；目视剑尖，如图12-7所示。

图12-7 丁步截剑

要求与要点：截剑与丁步动作要一致；成丁步时要挺胸、立腰，上体稍向右倾。

七、弓步斩剑

左脚跟落实，向左体转90°，右腿后退步成左弓步；同时右手握剑臂外旋向左平斩，左剑指屈臂下落附于右腕上；目视剑身前段，如图12-8所示。

要求与要点：转体退步、左臂下落、回摆斩剑要协调一致。

图 12-8　弓步斩剑

八、插步平斩

左脚向右脚后插步，上体右后转，同时右手握剑，臂内旋向右后平斩，力达剑身前段，左手剑指屈臂上举，掌心向上；目视剑身前段，如图 12-9 所示。

图 12-9　插步平斩

要求与要点：剑与右臂平直，挺胸、收腹、立腰。

九、翻身下刺

（1）右手握剑扣腕，使剑尖向下，身体左转 180°；同时经体侧挂剑至头上，剑尖向左上，如图 12-10（a）所示。

（2）身体左转 180° 下蹲成歇步，同时右手握剑臂外旋，平刺，力达剑尖，左剑指附于右腕上；目视剑尖，如图 12-10（b）所示。

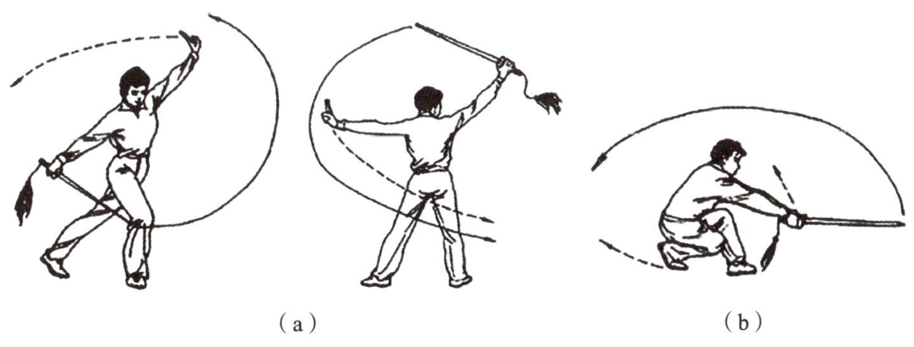

（a）　（b）

图 12-10　翻身下刺

要求与要点：挂剑动作要连续不停地成一个圆，翻身转体与挂剑下刺的动作要协调一致。

十、提膝侧点

起立，右脚向右跨一步，左腿屈膝上提，同时右手握剑上举后向右下方点击，力达剑峰，左手向左上方抖腕亮指停于头上方；目视剑尖，如图12-11所示。

图12-11 提膝侧点

要求与要点：提膝平衡动作要轻巧稳健，并与点剑、抖腕亮剑指协调一致。

十一、并步直刺

（1）以右脚掌为轴心向左转体90°，同时右臂内旋扣腕，使剑尖向前，左剑指下落前伸，如图12-12（a）所示。

（2）左脚向前落步，右腿随即并步半蹲；右手握剑向前平刺，拇指一侧向上，力达剑尖，左剑指附于右腕上；目视前方，如图12-12（b）所示。

（a）　（b）

图12-12 并步直刺

要求与要点：右腿并步要快，剑与右臂成一直线。

十二、交剑

（1）右脚向后退步，上体右转90°成右弓步，同时右手向右平拉，两臂屈肘于胸前（右手在外，左手在里），把剑交于左手；目视两手，如图12-13（a）所示。

（2）左脚收回脚尖前点地面呈高虚步，上体稍左转，左手持剑经下屈肘背于后腰际，右剑指经后、向上、向下按于左腰侧，头向左转，目视左前方，如图12-13（b）所示。

（a） （b）

图12-13 交 剑

要求与要点：交接剑要准确，整个动作干净利落。

收势：还原势。

两臂收于两侧，自然下垂，右脚上步与左脚并拢直立，头向右转，摆正，目视前方，如图12-14所示。

图12-14 收 势

第三节 初级棍术

初级棍术全套共12个动作，内容包括：弓步和马步步型；交叉步、跳步、盖步等步法；劈、拨、戳、扫、舞花等棍法。棍法中，既有劈、戳、扫等进攻性棍法，又有拨、架、挂、云、舞花等防守性棍法。整个套路棍法朴实、攻防合理、短小精悍、简单易学。演练起来动作迅速勇猛、刚劲有力、虎虎生风。

预备势：直立持棍。

两脚并步站立，右手持棍，虎口向前，使棍垂直地面并贴近体右侧，左手自然下垂；目视前方，如图12-15所示。

图12-15　直立持棍

一、弓步劈棍

（1）右手持棍上举，臂伸直，左手随即握住棍把，臂平屈胸前，身体正直，左肩不宜过分下沉，微挺胸，收小腹；向左甩头，目视左前方，如图12-16（a）所示。

（2）左脚向左跨一步并向左转体90°成左弓步，同时两手握棍向前下劈，棍梢略高于肩，左手握棍把紧贴左腰侧；目视棍梢，如图12-16（b）所示。

（a）　　（b）

图12-16　弓步劈棍

要求与要点：上步与转体要连贯，转体与劈棍须协调，劈棍时左手要用力后拉，右手要用力下压。

二、弓步拨架

左手前推，右手后拉，使棍横于腹前，随即右脚上步成右弓步，同时两手向前上举架棍；目视前方，如图12-17所示。

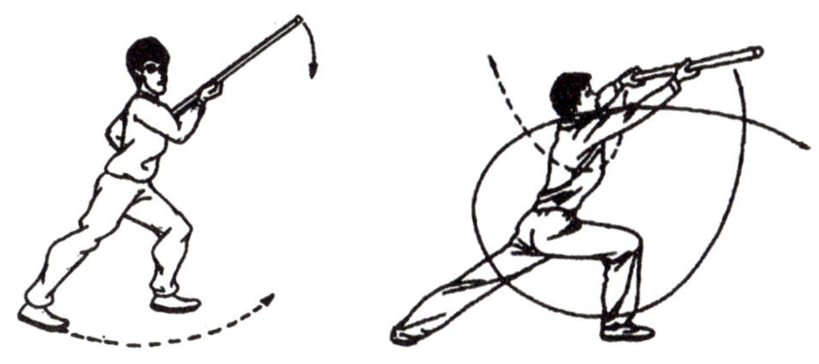

图12-17 弓步拨架

要求与要点：两手同时用力上架，棍身要平。

三、交叉步下劈

向右转体90°两腿成交叉步，右手屈臂后拉，使棍梢向下，经右膝外侧向后、向上、向前下劈，力达棍前段，同时左手向右，屈臂握棍把段置于右腋下；目视棍梢，如图12-18所示。

图12-18 交叉步下劈

要求与要点：棍在体右侧画立圆后下劈。

四、弓步戳棍

右手回拉，左手前推，使棍梢向上、向后绕环，棍把向下、向前绕环，左脚向前上步成左弓步，同时双手用力使棍把向前上方戳出，右手屈臂抱棍于腰侧；目视棍把，如图12-19所示。

图12-19 弓步戳棍

要求与要点：戳把动作要与左弓步动作同时完成。

五、弓步劈棍

上体左转90°，同时左手握棍回拉于左膝侧，右手握棍上提前劈，力达棍前段；目视棍梢，如图12-20所示。

图12-20 弓步劈棍

要求与要点：回拉、上提、前劈要协调一致。

六、跳步挂劈

（1）重心前移，右脚蹬地跳起，并向前跨一步，两手使棍梢向右上挂；目视前方，如图12-21（a）所示。

（2）上动不停，左脚向前落步成左弓步，同时两手向前下劈，力达棍前段；目视棍梢，如图12-21（b）所示。

图12-21 跳步挂劈

要求与要点：前跳动作要轻巧，挂劈动作要连贯。

七、转身扫踢

（1）左腿伸直，左脚尖里扣，右脚尖外展向右后转体180°，同时两手握棍向右后扫棍一周；目视棍梢，如图 12-22（a）所示。

（2）棍梢顶端在体后触地，左腿向前弹踢同髋高，目视前方，如图 12-22（b）所示。

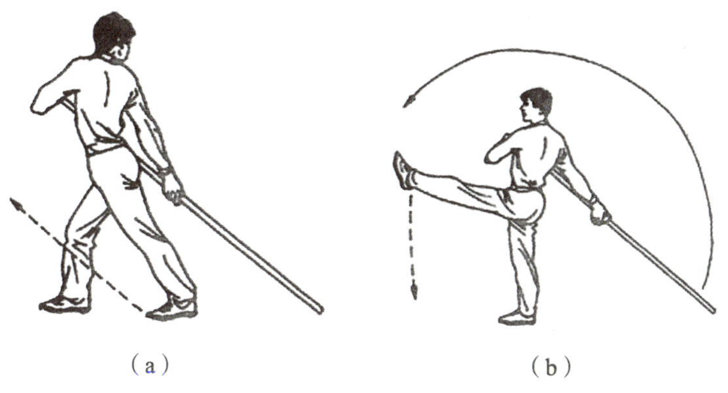

（a）（b）

图 12-22 转身扫踢

要求与要点：转身扫棍动作要自然连贯，转身角度要准确。

八、弓步劈棍

左脚向前落步成左弓步，两手握棍向前下劈，棍梢略高于肩，力达棍前段；目视棍梢，如图 12-23 所示。

图 12-23 弓步劈棍

九、舞花戳棍

（1）向右转体约 90°，同时右手向下拉，左手向上推，使棍把向上，棍梢向下，直立于体前；目视左手，如图 12-24（a）所示。

（2）上动不停，左手下压，右手上扳，使棍把置于右腋下，棍梢画立圆绕环至体前；同时左膝上提，目视棍梢，如图 12-24（b）所示。

（3）上动不停，棍沿体左侧继续画立圆绕环至体前；同时左脚跺地劈脚，右腿屈膝上提；目视棍梢，如图 12-24（c）所示。

（4）上动不停，右脚向前落步成右弓步；同时两手使棍梢向前戳出；目视棍梢，如图 12-24（d）所示。

图 12-24 舞花戳棍

动作要点：舞花动作要连贯，不停地在身体两侧各画一立圆，舞花时上体要随棍梢左右转动。

十、马步横击

左手向后平拉棍把，右手活把滑握棍的梢段，左脚随即上前一步向右转体成马步，同时左手随转体，棍把向中段滑提并以把段横击；目视左方，如图 12-25 所示。

图 12-25 马步横击

要求与要点：左手滑把与转体横击的动作要同时进行。

十一、盖步下拨

右脚向左盖步，同时左手回拉，右手前推，使棍下拨后画立圆绕环至背后，左手脱棍左上举；目视棍梢，如图 12-26 所示。

图12-26 盖步下拨

要求与要点：拨棍动作要沿身体右侧进行。

十二、转身云拨

（1）右手握棍向前平摆，左手下落，在右腋前下方接握棍的把段；目视棍梢，如图12-27（a）所示。

（2）上动不停，两手握棍上举至头上方，由右向左运棍；目视前方，如图12-27（b）所示。

（3）上动不停，右脚尖里扣，左脚尖外展，上体向左后转180°成左弓步，两手随转体向左斜上方拨棍；目视棍梢，如图12-27（c）所示。

（a）（b）（c）

图12-27 转身云拨

要求与要点：运棍至拨棍动作要连贯不停，并与转体动作协调一致。转体角度要准确，动作要协调、平稳。

收势：还原势。

（1）向右转体90°，左脚向右脚并拢，两手握棍向右肩上方举，使棍直立于右肩上方；目视左前方，如图12-28（a）所示。

（2）两臂下落，使棍落于体右侧，左手松开下垂于体左侧，头向右转，摆正，目视前方，如图12-28（b）所示。

（a）（b）

图12-28 棍法收势

第四节 简化24式太极拳

一、第一段动作

（一）起势

（1）身体自然直立，两脚开立与肩同宽，脚尖向前，两臂自然下垂，两手放在大腿外侧，眼向前平看，如图12-29（a）所示。

要点：头颈正直，下颏微向后收，不要故意挺胸或收腹，精神要集中。起势由立正姿势开始，然后左脚向左分开，成开立步。

（2）两臂慢慢向前平举，两手高度与肩平，与肩同宽，手心向下，如图12-29（b）和图12-29（c）所示。

（3）上体保持正直，两腿屈膝下蹲；同时两掌轻轻下按，两肘下垂与两膝相对，平看前方，如图12-29（d）所示。

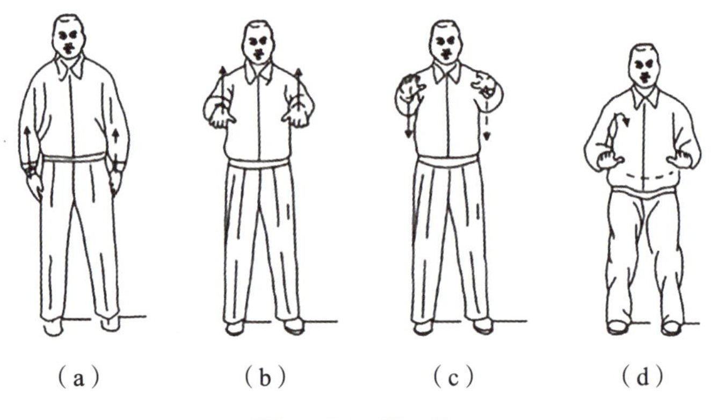

图12-29 起 势

要点：两肩下沉，两肘松垂，手指自然微屈。屈膝松腰，臀部不可凸出，身体重心落于两腿中间。两臂下落和身体下蹲的动作要协调一致。

（二）左右野马分鬃

（1）上体微向右转，身体重心移至右腿上，同时右臂收在胸前平屈，手心向下，左手经体前向右下画弧，放在右手下，手心向上，两手心相对成抱球状，左脚随即收到右脚内侧，脚尖点地，眼看右手，如图12-30所示。

图 12-30 左右野马分鬃 1

（2）上体微向左转，左脚向左前方迈出，右脚跟后蹬，右腿自然伸直，成左弓步，同时上体继续向左转，左、右手随转体慢慢分别向左上、右下分开，左手高度与眼平（手心斜向上），肘微屈，右手落在右胯旁，肘也微屈，手心向下，指尖向前，眼看左手，如图 12-31 所示。

图 12-31 左右野马分鬃 2

（3）上体慢慢后坐，身体重心移至右腿，左脚尖翘起，微向外撇（2°～60°），随后脚掌慢慢踏实，左腿慢慢前弓，身体左转，身体重心再移至左腿；同时左手翻转向下，左臂收在胸前平屈，右手向左上画弧放在左手下，两手心相对成抱球状；右脚随即收到左脚内侧，脚尖点地；眼看左手，如图 12-32 所示。

图 12-32 左右野马分鬃 3

（4）右腿向右前方迈出，左腿自然伸直，成右弓步；同时上体右转，左、右手随转体分别慢慢向左下、右上分开，右手高度与眼平（手心斜向上），肘微屈；左手落在左胯旁，肘也微屈，手心向下，指尖向前；眼看右手，如图12-33所示。

图12-33　左右野马分鬃4

（5）与“（3）”的步骤相同，只是左右相反，如图12-34所示。

图12-34　左右野马分鬃5

（6）与“（4）”的步骤相同，只是左右相反，如图12-35所示。

图12-35　左右野马分鬃6

要点：上体不可前俯后仰，胸部必须宽松舒展。两臂分开时要保持弧形。身体转动时要以腰为轴。弓步动作与分手的速度要均匀一致。做弓步时，迈出的脚先是脚跟着地，然后脚掌慢慢踏实，脚尖向前，膝盖不要超过脚尖；后腿自然伸直，前、后脚夹角成2°～60°（需要时后脚脚跟可以后蹬调整）。野马分鬃式的弓步，前、后脚的脚跟要分在中轴线两侧，它们之间的横向距离（以动作行进的中线为纵轴，其两侧的垂直距离）应保持在10～30厘米。

（三）白鹤亮翅

（1）上体微向左转，左手翻掌向下，左臂平屈胸前，右手向左上画弧，手心转向上，与左手成抱球状，眼看左手，如图12-36（a）所示。

（2）右脚跟进半步，上体后坐，身体重心移至右脚，上体先向右转，面向右前方，眼看右手，然后左脚稍向前移，脚尖点地，成左虚步，同时上体再微向左转，面向前方，两手随转体慢慢向右上、左下分开，右手上提停于右额前，手心向左后方，左手落于左胯前，手心向下，指尖向前；眼睛平视前方，如图12-36（b）、图12-36（3）所示。

（a）（b）（c）

图12-36 白鹤亮翅

要点：完成姿势胸部不要挺出，两臂上下都要保持半圆形，左膝要微屈。身体重心后移和右手上提、左手下按要协调一致。

二、第二段动作

（一）左右搂膝拗步

（1）右手从体前下落，由下向后上方画弧至右肩外侧，肘微屈，手与耳同高，手心斜向上；左手由左下向上、向右下方画弧至右胸前，手心斜向下，同时上体先微向左再向右转；左脚收至右脚内侧，脚尖点地，眼看右手，如图12-37所示。

图12-37 左右搂膝拗步1

（2）上体左转，左脚向前（偏左）迈出成左弓步，同时右手屈回由耳侧向前推出，与鼻尖同高，左手向下由左膝前搂过落于左胯旁，指尖向前；眼看右手手指，如图12-38所示。

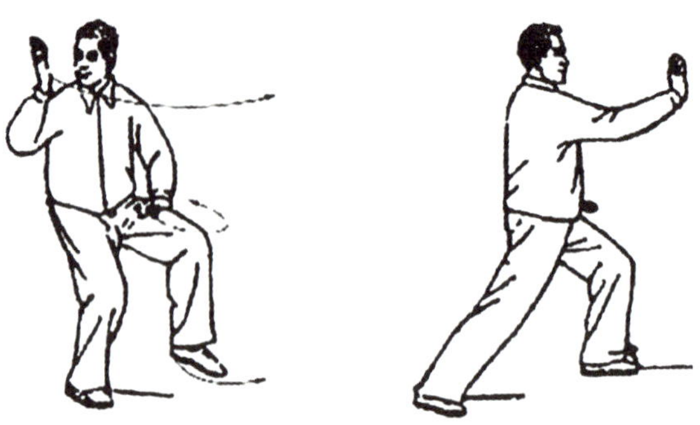

图12-38　左右搂膝拗步2

（3）右腿慢慢屈膝，上体后坐，身体重心移至右腿，左脚尖翘起微向外撇，随后脚掌慢慢踏实，左腿前弓，身体左转，身体重心移至左腿，右脚收到左脚内侧，脚尖点地；同时左手向外翻掌由左后向上画弧至左肩外侧，肘微屈，手与耳同高，手心斜向上；右手随转体向上、向左下画弧落于左胸前，手心斜向上；眼看左手，如图12-39所示。

图12-39　左右搂膝拗步3

（4）与“（2）”的步骤相同，只是左右相反，如图12-40所示。

图12-40　左右搂膝拗步4

（5）与“（3）”的步骤相同，只是左右相反，如图12-41所示。

图 12-41　左右搂膝拗步 5

（6）与“（2）”的步骤相同，如图 12-42 所示。

图 12-42　左右搂膝拗步 6

要点：前手推出时，身体不可前俯后仰，要松腰松胯。推掌时要沉肩垂肘、坐腕舒掌，同时须与松腰、弓腿上下协调一致。搂膝拗步成弓步时，两脚跟的横向距离保持 30 厘米左右。

（二）手挥琵琶

右脚跟进半步，上体后坐，身体重心转至右腿上，上体半面向右转，左脚略提起稍向前移变成左虚步，脚跟着地，脚尖翘起，膝部微屈，同时左手由左下向上挑举，高度与鼻尖平，掌心向右，臂微屈；右手收回放在左臂肘部里侧，掌心向左，眼看左手食指，如图 12-43 所示。

图 12-43　手挥琵琶

要点：身体要平稳自然，沉肩垂肘，胸部放松。左手上起时不要直向上挑，要由左向上、向前，微带弧形。右脚跟进时，脚掌先着地，再全脚踏实。身体重心后移，左手上起。

（三）左右倒卷肱

（1）上体右转，右手翻掌（手心向上）经腹前由下向后上方画弧平举，臂微屈，左手随即翻掌向上；眼的视线随着向右转体先向右看，再转向前方看左手，如图12-44所示。

图12-44　左右倒卷肱1

（2）右臂屈肘折向前，右手由耳侧向前推出，手心向前，左臂屈肘后撤，手心向上，撤至左肋外侧；同时左腿轻轻提起向后（偏左）退一步，脚掌先着地，然后全脚慢慢踏实，身体重心移到左腿上，成右虚步，右脚随转体以脚掌为轴扭正；眼看右手，如图12-45所示。

（3）上体微向左转，同时左手随转体向后上方画弧平举，手心向上，右手随即翻掌，掌心向上；眼随转体先向左看，再转向前方看右手，如图12-46所示。

图12-45　左右倒卷肱2

图12-46　左右倒卷肱3

（4）与“（2）”的步骤相同，只是左右相反，如图12-47所示。

（5）与“（3）”的步骤相同，只是左右相反，如图12-48所示。

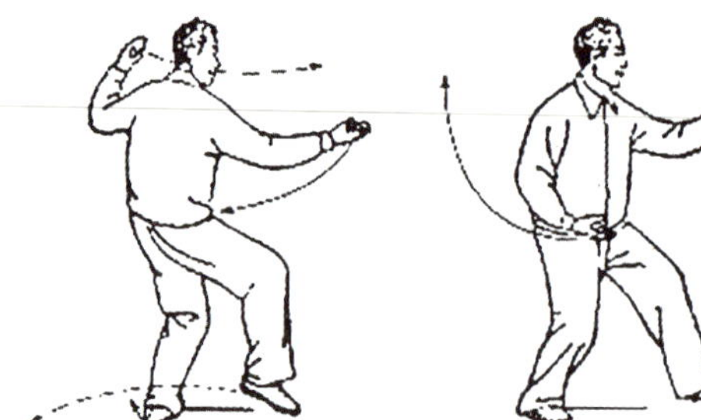

图12-47　左右倒卷肱4

图12-48　左右倒卷肱5

（6）与“（2）”的步骤相同，如图12-49所示。

图12-49 左右倒卷肱6

（7）与“（3）”的步骤相同，如图12-50所示。

（8）与“（2）”的步骤相同，只是左右相反，如图12-51所示。

图12-50 左右倒卷肱7

图12-51 左右倒卷肱8

要点：前推的手不要伸直，后撤手也不可直向回抽，随转体仍走弧线。前推时，要转腰松胯，两手的速度要一致，避免僵硬。退步时，脚掌先着地，再慢慢全脚踏实，同时，前脚随转体以脚掌为轴扭正。退左脚略向左后斜，退右脚略向右后斜，避免使两脚落在一条直线上。退时，眼神随转体动作先向左右看，然后再转看前手；最后，退右脚时，脚尖外撇的角度略大，便于接做“左揽雀尾”的动作。

三、第三段动作

（一）左揽雀尾

（1）上体微向右转，同时右手随转体向后上方画弧平举，手心向上，左手放松，手心向下；眼看左手，如图12-52所示。

（2）身体继续向右转，左手自然下落逐渐翻掌经腹前画弧至右肋前，手心向上；右臂屈肘，手心转向下，收至右胸前，两手相对成抱球状；同时身体重心落在右腿上，左脚收到右脚内侧，脚尖点地；眼看右手，如图12-53所示。

图12-52 左揽雀尾1

图12-53 左揽雀尾2

（3）上体微向左转，左脚向左前方迈出，上体继续向左转，右腿自然蹬直，左腿屈膝，成左弓步；同时左臂平屈成弓形，用前臂外侧和手背向左前方推出，高与肩平，手心向后；右手向右下落放于右胯旁，手心向下，指尖向前；眼看左前臂，如图12-54所示。

要点：左前臂推出时，两臂前后均保持弧形。分手、松腰、弓腿三者必须协调一致。揽雀尾弓步时，两脚跟横向距离不超过10厘米。

（4）身体微向左转，左手随即前伸翻掌向下，右手翻掌向上，经腹前向上、向前伸至左前臂下方；然后两手下捋，即上体向右转，两手经腹前向右后上方画弧，直至右手手心向上，高与肩齐，左臂平屈于胸前，手心向后，同时身体重心移至右腿；眼看右手，如图12-55所示。

图12-54 左揽雀尾3

图12-55 左揽雀尾4

要点：下捋肘，上体不可前倾，臀部不要凸出。两臂下捋须随腰旋转，仍走弧线。左脚全掌着地。

（5）上体微向左转，右臂屈肘折回，右手附于左手腕里侧（相距约5厘米），上体继续向左转，双手同时向前慢慢推出，左掌心向后，右掌心向前，左前臂要保持半圆，同时身体重心逐渐前移成左弓步，眼看左手腕部，如图12-56所示。

图12-56 左揽雀尾5

要点：向前推时，上体要正直，推的动作要与松腰、弓腿相一致。

（6）左手翻掌，手心向下，右手经左腕上方向前、向右伸出，高度与左手齐，手心向下，两手左右分开，与肩同宽，然后右腿屈膝，上体慢慢后坐，身体重心移至右腿上，左脚尖翘起，同时两手屈肘回收至腹前，手心均向前下方，眼向前平视，如图12-57所示。

（7）身体重心慢慢前移，同时两手向前、向上推出，掌心向前，左腿前弓成左弓步，眼平视前方，如图12-58所示。

图12-57 左揽雀尾6

图12-58 左揽雀尾7

要点：向前按肘，两手须走曲线，手腕部高度与肩平，两肘微屈。

（二）右揽雀尾

（1）上体后坐并向右转，身体重心移至右腿，左脚尖里扣；右手向右平行画弧至右侧，然后由右下经腹前向左上画弧至左肋前，手心向上；左臂平屈胸前，左手掌向下与右手成抱球状，同时身体重心再移至左腿上，右脚收至左脚内侧，脚尖点地；眼看左手，如图12-59所示。

图 12-59 右揽雀尾 1

（2）同“左揽雀尾（3）”，只是左右相反，如图 12-60 所示。

（3）同“左揽雀尾（4）”，只是左右相反，如图 12-61 所示。

（4）同“左揽雀尾（5）”，只是左右相反，如图 12-62 所示。

图 12-60 右揽雀尾 2

图 12-61 右揽雀尾 3

图 12-62 右揽雀尾 4

（5）同“左揽雀尾（6）”，只是左右相反，如图 12-63 所示。

（6）同“左揽雀尾（7）”，只是左右相反，如图 12-64 所示。

要点：均与“左揽雀尾”相同，只是左右相反。

图12-63 右揽雀尾5　　图12-64 右揽雀尾6

四、第四段动作

（一）单鞭

（1）上体后坐，身体重心逐渐移至左脚上，右脚尖里扣，同时上体左转，两手（左高右低）向左弧形运转，直至左臂平举，伸于身体左侧，手心向左，右手经腹前运至左肋前，手心向后上方；眼看左手，如图12-65所示。

（2）身体重心再渐渐移至右腿，上体右转，左脚向右脚靠拢，脚尖点地，同时右手向右上方画弧（手心由里转向外），至右侧方时变勾手，臂与肩平；左手向下经腹前向右上画弧停于右肩前，手心向里；眼看左手，如图12-66所示。

图12-65 单鞭1　　图12-66 单鞭2

（3）上体微向左转，左脚向左前侧方迈出，右脚跟后蹬，成左弓步；在身体重心移向左腿的同时，左掌随上体的继续左转慢慢翻转向前推出，手心向前，手指与眼齐平，臂微屈；眼看左手，如图12-67所示。

要点：上体保持正直，松腰。完成式时，右臂肘部稍下垂，左肘与左膝上下相对，两肩下沉。左手向外翻掌前推时，要随转体边翻边推出，不要翻掌太快或最后突然翻掌。全部过渡动作，上下要协调一致。如面向南起势，单鞭的方向（左脚尖）应向东偏北（约为15°）。

图12-67　单鞭3

（二）云手

（1）身体重心移至右腿上，身体渐向右转，左脚尖里扣；左手经腹前向右上画弧至右肩前，手心斜向后，同时右手变掌，手心向右前；眼看左手，如图12-68所示。

图12-68　云手1

（2）上体慢慢左转，身体重心随之逐渐左移；左手由脸前向左侧运转，手心渐渐向左方；右手由右下经腹前向左上画弧，至左肩前，手心斜向后；同时右脚靠近左脚，成小开立步（两脚距离10～20厘米）；眼看右手，如图12-69所示。

（3）上体再向右转，同时左手经腹前向右上画弧至右肩前，手心斜向后；右手向右侧运转，手心翻转向右；随之左腿向左横跨一步；眼看左手，如图12-70所示。

图12-69　云手2

图12-70　云手3

（4）与“（2）”的步骤相同，如图12-71所示。

（5）与“（3）”的步骤相同，如图12-72所示。

图 12-71　云手 4

图 12-72　云手 5

（6）与“（2）”的步骤相同，如图 12-73 所示。

图 12-73　云手 6

要点：身体转动要以腰脊为轴，松腰、松胯，不可忽高忽低。两臂随腰的转动而运转，要自然圆活，速度要缓慢均匀。下肢移动时，身体重心要稳定，两脚掌先着地再踏实，脚尖向前。眼的视线随左右手而移动。第三个“云手”，沿脚最后跟步时，脚尖微向里扣，便于接“单鞭”动作。

（三）单鞭

（1）上体向右转，右手随之向右运转，至右侧方时变成勾手；右手经腹前向右上画弧至右肩前，手心向内，身体重心落在右腿上，左脚尖点地，眼看左手，如图 12-74 所示。

图 12-74　单鞭 1

（2）上体微向左转，左脚向左前侧方迈出，右脚跟后蹬，成左弓步，在身体重心移向左腿的同时，上体继续左转，左掌慢慢翻转向前推出，呈“单鞭”势，如图 12-75 所示。

要点：与前面的“单鞭”要点相同。

图12-75 单鞭2

五、第五段动作

（一）高探马

（1）右脚跟进半步，身体重心逐渐后移至右腿上，右勾手变成掌，两手心翻转向上，两肘微屈，同时身体微向右转，左脚跟渐渐离地，眼看左前方，如图12-76所示。

（2）上体微向左转，面向前方，右掌经右耳旁向前推出，手心向前，手指与眼同高，左手收至左侧腰前，手心向上，同时左脚微向前移，脚尖点地，呈左虚步，眼看右手，如图12-77所示。

图12-76 高探马1

图12-77 高探马2

要点：上体自然正直，双肩下沉，右肘微下垂。跟步移换重心时，身体不要有起伏。

（二）右蹬脚

（1）左手手心向上，前伸至右手腕背面，两手相互交叉，随时向两侧分开并向下画弧，手心斜向下，同时左脚提起向左前侧方进步（脚尖略外撇），身体重心前移，右腿自然蹬直，成左弓步，眼看前方，如图12-78所示。

（2）两手由外圈向里圈画弧，两手交叉合抱于胸前，右手在外，手心均向后，同时右脚向左脚靠拢，脚尖点地；眼平视右前方，如图12-79所示。

（3）两臂左右画弧分开平举，肘部微屈，手心均向外，同时右腿屈膝提起，右腿向右前方慢慢蹬出，眼看右手，如图12-80所示。

图 12-78　右蹬脚 1

图 12-79　右蹬脚 2

图 12-80　右蹬脚 3

要点：身体要稳定，不可前俯后仰。两手分开时，腕部与肩齐平。蹬脚时，左腿微屈，右脚尖回勾，劲使在脚跟。分手和蹬脚须协调一致。右臂和右腿上下相对。如面向南起势，蹬脚方向应为正东偏南（约30°）。

（三）双峰贯耳

（1）右腿收回，屈膝平举，左手由后向上、向前下落至体前，两手心均翻转向上，两手同时向下画弧分落于右膝盖两侧，眼看前方，如图 12-81 所示。

（2）右脚向右前方落下，身体重心渐渐前移，呈右弓步，面向右前方；同时两手下落，慢慢变拳，分别从两侧向上、向前画弧至面部前方，成钳形，两拳相对，高与耳齐，拳眼都斜向内下（两拳间距离 10～20 厘米），眼看右拳，如图 12-82 所示。

图 12-81　双峰贯耳 1

图 12-82　双峰贯耳 2

要点：完成势时，头颈正直，松腰松胯，两拳松握，沉肩垂肘，两臂均保持弧形。“双峰贯耳”的弓步和身体方向与右蹬脚方向相同。弓步的两脚跟横向距离同“揽雀尾”。

（四）转身左蹬脚

（1）左腿屈膝后坐，身体重心移至左腿，上体左转，右脚尖里扣，同时两拳变掌，由上向左右画弧分开平举，手心向前，眼看左手，如图12-83所示。

图12-83 转身左蹬脚1

（2）身体重心再移至右腿，左脚收到右脚内侧，脚尖点地，同时两手由外圈向里圈画弧合抱于胸前，左手在外，两手心均向后；眼平视左方，如图12-84所示。

（3）两臂左右画弧，分开平举，肘部微屈，手心均向外，同时左腿屈膝提起，左脚向左前方慢慢蹬出；眼看左手，如图12-85所示。

要点：与“右蹬脚”相同，只是左右相反。左蹬脚方向与右蹬脚方向呈180°（正西偏北，约30°）。

图12-84 转身左蹬脚2

图12-85 转身左蹬脚3

六、第六段动作

（一）左下势独立

（1）左腿收回平屈，上体右转；右掌变成勾手，左掌向上向右画弧下落，立于右肩前，掌心斜向后，眼看右手，如图12-86所示。

图12-86 左下势独立1

（2）右腿慢慢屈膝下蹲，左腿由内向左侧（偏后）伸出，呈左仆步，左手下落（掌心向外）向左下顺左腿内侧向前伸出，眼看左手，如图12-87所示。

图12-87　左下势独立2

要点：右腿全蹲时，上体不可过于前倾。左腿伸直，左脚尖须向里扣，两脚掌全部着地。左脚尖与右脚跟踏在中轴线上。

（3）身体重心前移，左脚跟为轴，脚尖尽量向外撇，左腿前弓，右腿后蹬，右脚尖里扣，上体微向左转并向前起身；同时左臂继续向前伸出（立掌），掌心向右，右勾手下落，手尖向后；眼看左手，如图12-88所示。

（4）右腿慢慢提起平屈，成左独立式，同时右勾手变掌，并由后下方顺右腿外侧向前弧形摆出，屈臂立于右腿上方，肘与膝相对，手心向左，左手落于左胯旁，手心向下，指尖向前，眼看右手，如图12-89所示。

图12-88　左下势独立3

图12-89　左下势独立4

（二）右下势独立

（1）右脚下落于左脚前，脚掌着地，然后左脚前掌为轴脚跟转动，身体随之左转，同时左手向后平举变成勾手，右掌随着转体向左侧画弧，立于左肩前，掌心斜向后，眼看左手，如图12-90所示。

（2）同“左下势独立（2）”，只是左右相反，如图12-91所示。

图12-90　右下势独立1

图12-91　右下势独立2

（3）同“左下势独立（3）”，只是左右相反，如图12–92所示。

（4）同“左下势独立（4）”，只是左右相反，如图12–93所示。

要点：右脚尖触地后必须稍微提起，然后再向下仆腿。其他要点均与“左下势独立”相同，只是左右相反。

图12–92　右下势独立3

图12–93　右下势独立4

七、第七段动作

（一）左右穿梭

（1）身体微向左转，左脚向前落地，脚尖外撇，右脚跟离地，两腿屈膝成半盘坐势；同时两手在左胸前成抱球状（左上右下）；然后右脚收到左脚的内侧，脚尖点地，眼看左前臂，如图12–94所示。

（2）身体右转，右脚向前方迈出，屈膝弓腿，成右弓步，同时右手由脸前向上举并翻掌停在额前，手心斜向上，左手先向左下再经体前向前推出，高与鼻尖平，手心向前，眼看左手，如图12–95所示。

图12–94　左右穿梭1

图12–95　左右穿梭2

（3）身体重心略向后移，右脚尖稍向外撇，随即身体重心再移至右腿，左脚跟进，停于右脚内侧，脚尖点地，同时两手在右胸前成抱球状（右上左下），眼看右前臂，如图12–96所示。

（4）与“（2）”的步骤相同，只是左右相反，如图12–97所示。

要点：完成姿势面向斜前方（如面向南起势，左右穿梭方向分别为正西偏北和正西偏南，均约30°）。手推出后，上体可前俯。手向上举时，防止引肩上耸。一手上举一手前推要与弓腿松腰上下协调一致。做弓步时，两脚跟的横向距离同“左右搂膝拗步”，保持在30厘米左右。

图12-96　左右穿梭3　　　图12-97　左右穿梭4

（二）海底针

右脚向前跟进半步，身体重心移至右腿，左脚稍向前移，脚尖点地，成左虚步，同时身体稍向右转，右手下落经体前向后、向上提抽至肩上耳旁，再随身体左转，由右耳旁斜向前下方插出，掌心向左，指尖斜向下；与此同时，左手向前、向下画弧落于左胯旁，手心向下，指尖向前；眼看前下方，如图12-98所示。

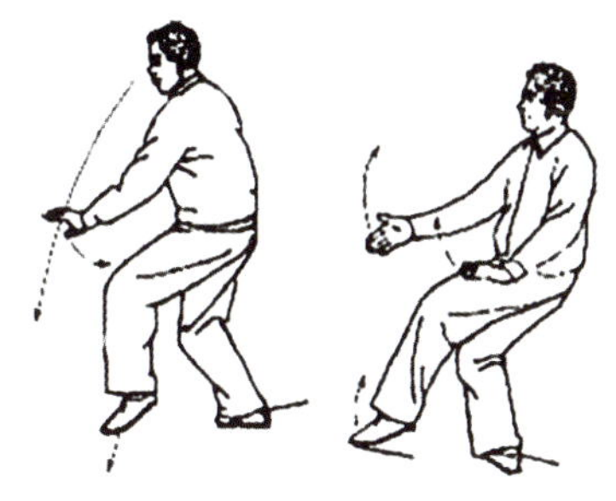

图12-98　海底针

要点：身体要先向右转，再向左转；完成姿势面向正西；上体不可太前倾；避免低头和臀部外凸；左腿要微屈。

（三）闪通臂

上体稍向右转，左脚向前迈出，屈膝弓腿成左弓步，同时右手由体前上提，屈臂上举，停于右额前上方，掌心翻转斜向上，拇指朝下，左手上起经胸前向前推出，高与鼻尖平，手心向前；眼看左手，如图12-99所示。

图12-99　闪通臂

要点：完成姿势上体自然正直，松腰、松胯；左臂不要完全伸直，背部肌肉要伸展开。推掌、举掌和弓腿动作要协调一致。弓步时，两脚跟横向距离同“揽雀尾”（不超过10厘米）。

八、第八段动作

（一）转身搬拦捶

（1）上体后坐，重心移至右腿上，左脚尖里扣，身体向右后转，然后身体重心再移至左腿上；与此同时，右手随着转体向右、向下（变拳）经腹前画弧至左肋旁，掌心向下；左掌上举于头前，掌心斜向上；眼看前方，如图12-100所示。

（2）向右转体，右拳经胸前向前翻转撇出，拳心向上；左手落于左胯旁，掌心向下，指尖向前；同时右脚收回后（不要停顿或脚尖点地）即向前迈出，脚头外撇；眼看右拳，如图12-101所示。

图12-100 转身搬拦捶1

图12-101 转身搬拦捶2

（3）身体重心移至右腿上，左脚向前迈一步；左手上起经左侧向前上画弧拦出，掌心向前下方；同时右拳向右画弧收到右腰旁，拳心向上；眼看左手，如图12-102所示。

（4）左腿前弓成左弓步，同时右拳向前打出，拳眼向上，高度与胸平，左手附于右前臂里侧；眼看右拳，如图12-103所示。

图12-102 转身搬拦捶3

图12-103 转身搬拦捶4

要点：右拳不要握得太紧。右拳回收时，前臂要慢慢内旋画弧，然后再外旋停于右腰旁，拳心向上。向前打拳时，右肩随拳略向前伸，沉肩垂肘，右臂要微屈。弓步时，两脚横向距离同“揽雀尾”。

（二）如封似闭

（1）左手由右腕下向前伸出，右拳变掌，两手手心逐渐翻转向上并慢慢分开回收，同时身体后坐，左脚尖翘起，身体重心移至右腿；眼看前方，如图12-104所示。

图12-104 如封似闭1

（2）两手在胸前翻掌，向下经腹前再向上、向前推出，腕部与肩平，手心向前，同时左腿前弓成左弓步；眼看前方，如图12-105所示。

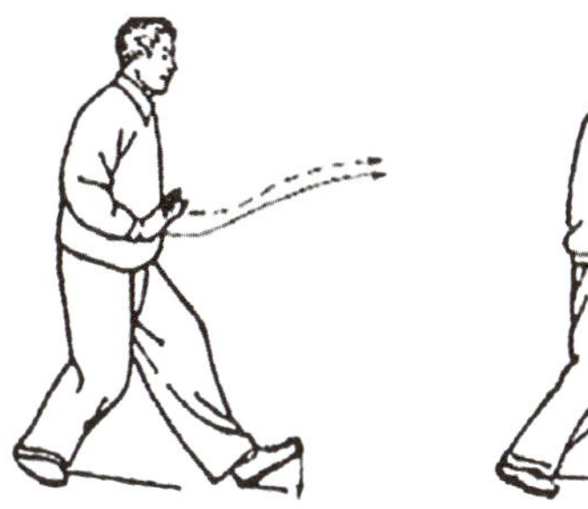

图12-105 如封似闭2

要点：身体后坐时，避免后仰，臀部不可凸出。两臂随身体回收时，肩、肘部略向外松开，不要直着抽回。两手推出的宽度不要超过两肩。

（三）十字手

（1）屈膝后坐，身体重心移向右腿，左脚尖里扣，向右转体；右手随着转体动作向右平摆画弧，与左手成两臂侧平举，掌心向前，肘部微屈，同时右脚尖随着转体稍向外撇，成右侧弓步；眼看右手，如图12-106所示。

图12-106 十字手1

（2）身体重心慢慢移至左腿，右脚尖里扣，随即向左收回，两脚距离与肩同宽，两腿逐渐蹬直，成开立步，同时两手向下经胸腹前向上画弧交叉合抱于胸前，两臂撑圆，腕高与肩平，右手在外，成十字手，手心均向后；眼看前方，如图12-107所示。

图12-107 十字手2

要点：两手分开和合抱时，上体不要前俯。站起后，身体自然正直，头要微向上顶，下颏稍向后收。两臂环抱时须圆满舒适，沉肩垂肘。

（四）收势

两手向外翻掌，手心向下，两臂慢慢下落，停于身体两侧；眼看前方，如图12-108所示。

图12-108 太极拳收势

要点：两手左右分开下落时，要注意全身放松，同时气也徐徐下沉（呼气略加长）。呼吸平稳后，把左脚收到右脚旁，再走动休息。

本章小结

通过本章的学习，学习者应当熟练掌握初级剑术、初级棍法和简化24式太极拳的基本步型、基本步法和基本技法，在日常生活中能够运用所学的初级剑术、初级棍法和简化24式太极拳进行养生健体。

在线学习

1. 全球功夫网。
2. 中国武术资源网。
3. 中国太极拳网。
4. 中国陈氏太极拳。

第十三章

气排球运动

本章概述

本章主要介绍气排球运动的发展历史、气排球基本技术、基本战术，以及气排球比赛规则。希望通过本章的学习，可以让学生对气排球运动有更深入的了解和更浓厚的学习兴趣。

章结构图

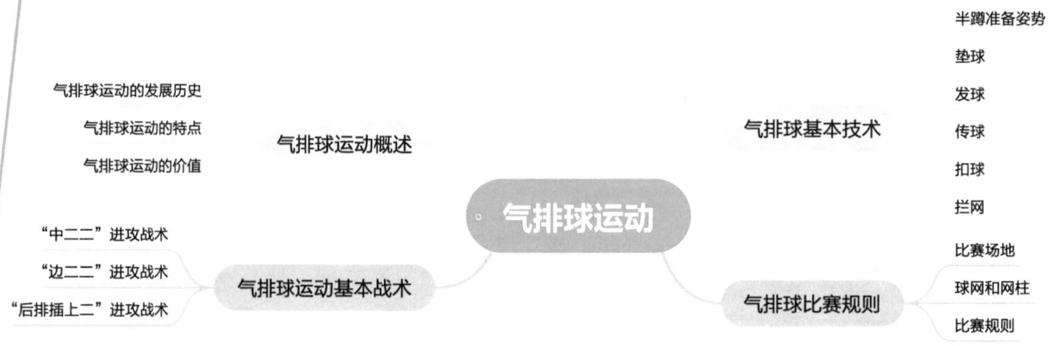

气排球运动
- 气排球运动概述
  - 气排球运动的发展历史
  - 气排球运动的特点
  - 气排球运动的价值
- 气排球运动基本战术
  - “中二二”进攻战术
  - “边二二”进攻战术
  - “后排插上二”进攻战术
- 气排球基本技术
  - 半蹲准备姿势
  - 垫球
  - 发球
  - 传球
  - 扣球
  - 拦网
- 气排球比赛规则
  - 比赛场地
  - 球网和网柱
  - 比赛规则

学习目标

1. 了解气排球运动，知晓其发展历史、特点和价值。
2. 学习并掌握气排球基本技术。
3. 了解气排球基本战术，熟悉气排球比赛规则。
4. 学习气排球的相关游戏并尝试组织开展。

第一节 气排球运动概述

一、气排球运动的发展历史

中国人对于排球运动并不陌生，但竞技排球终究对技术和参赛选手的各项素质要求非常高，推广普及方面有着一定的难度。

气排球是我国土生土长的一项群众性排球活动。1984年，呼和浩特铁路局集宁分局为了开展老年人体育活动，在没有规则限制的情况下，组织离退休职工用气球在排球场上打着玩儿。由于气球过轻且易爆，他们将两个气球套在一起打，随后又改用儿童软塑球。最后又参照6人排球规则制定了简单的比赛规则，并将这种活动形式取名为“气排球运动”。

2004年开始，气排球运动在全国范围内推广开来。在气排球运动发展的历程中，活动群体由最初的老年人发展到如今各年龄阶段，气排球运动教学同时也纳入学校体育教学工作中。2013年，由中国排球协会审定的《气排球竞赛规则》正式出版，标志着气排球运动向着普及化、正规化的方向发展。

思政小课堂

气排球活动举行规模最大、举办届数最多的是全国老年人气排球比赛（或“活动”），自2004年后都会举办一年一次的气排球比赛（全国性质），到2015年为止已举办了12届。另外，遍及范围也非常广，甘肃、湖南、海南、广西、福建等地都组织过气排球比赛，同时各省的体育局举办的气排球公开赛、夏令营也较多，如2005—2012年期间，昆明市共举办了8届大规模的气排球活动，浙江等地也多次举办过全国气排球夏令营等形式的气排球活动，参赛人数也从2010年的460人，发展到2014年的2000多人。

2011年后，参与人群的结构也发生了很大的改变，不仅老年人参与其中，而且越来越多的儿童、中青年人也加入进来。究其原因，2011年以前气排球运动主要由中国老年人协会来推广，而在2011年后中国老年体协成立了专门的组织（气排球委员会），这使得气排球的推广更有针对性，推广手段也更专业。有了创新和发展，使得许多的青少年人也关注于气排球运动，乐于参与其中。另外，老年人的活动也对他们起着潜移默化的影响。

二、气排球运动的特点

（一）安全性高

气排球的重量非常轻，一般在100～150克，比硬式排球轻得多，并且比软式排球也要轻100克左右；球体大，比软式排球的周长要长15厘米左右；材料是由聚氨乙烯薄膜特制的，其质感要比皮革制作的硬式排球更柔软。这些特点使得气排球的安全性得到了提高。

（二）经济适用性强

气排球运动具有很强的适应性，能够在简陋的场地上开展，可以借助其他（羽毛球、排球等）球类场所进行气排球活动。同时，网高、人数也可以灵活变通。并且气排球价格便宜，要比软式排球和硬式排球便宜得多，大众容易接受，且不易损坏，可以重复使用，能够减轻人们的消费负担。

（三）与硬式排球规则相似

由于气排球是硬式排球的衍生品，故其在规则上和硬式排球有许多相似之处，使得人们非常容易理解，如扣球的姿势、击球的手型等。但毕竟是两项运动，在规则上也有不同之处，例如，气排球比赛双方场上是各4名（老年组5名）队员，且进攻线内禁止扣球，每一分都要进行发球人员的轮换等，使其也具有自己的项目特色。

（四）趣味性强

气排球的球体美观、色彩鲜亮，另外其还属于田麦久项群训练理论的隔网对抗性项目，对身体的伤害性小，并且具有运动强度小、运动量适中、健康安全的特点，能够吸引更多人的参与，能够使人们在安全、快乐中达到健身的目的，故其趣味性较强。

（五）技术全面

尽管气排球属于大众健身项目，规划到了娱乐排球的领域，但不能认为气排球运动就没有技术。根据实验表明，气排球在空中飞行时会产生较大的阻力，一般会有左右摇摆或者路线改变的情况出现，这就要求队员要时刻注意球路的变化，才能采取正确的技术把球接好。并且由于气排球场上的队员都要进行换位，要适应各个位置上的变化，并且只要一方得分就要轮换发球，时刻处于攻防转化之间，要求各个位置的队员都要具备比较全面的技术。另外，由于球体大，飞行轨迹不易确定等因素，增加了比赛的不确定性，这从侧面也要求队员要掌握更为全面的气排球技术，只有这样才不会让对方找到本方的漏洞，从而达到战胜对手，取得比赛胜利的目的。

（六）集体性强

属于集体性项目的气排球活动无论是从发球开始还是到进攻结束，都需要场上队员的互相配合。场上任何一个环节出现“错误”（或“不到位”）就很难得分，尤其是该项运动来回拍球的次数多，不确定因素也多，这就更需要队员之间的通力合作。

三、气排球运动的价值

（一）在身体健康方面

气排球运动能够全面锻炼参与者的全身肌群，包括连续的传球、垫球和进攻防守时的身体移动，这些动作可以增强呼吸和心血管系统的功能，使心肌收缩更有力，增加脉搏输出量，降低血管壁的脆性，延迟血管老化。此外，气排球运动的跳跃和快速移动要求高强度的心肺功能，通过这种全面的有氧运动，可以提高心肺功能，增加肺活量。

（二）在心理状态方面

气排球运动不仅能增强脑细胞供氧能力，调整大脑神经活动的强度、均衡性和灵活性，还能改善神经系统的功能，使脑神经对运动神经的支配更加迅速和协调。此外，气排球比赛中的攻防转换和快速决策过程，可以锻炼参与者的反应能力和心理素质，如灵敏、断然、沉着和冷静。

（三）在社交能力方面

气排球是一项团队运动，需要队员之间的紧密协作和配合。这种团队协作的锤炼不仅提高了个体的协同能力，也培养了团队精神，成为工作和生活中的宝贵财富。同时，气排球比赛提供了一个社交平台，促进了人与人之间的交流。

第二节 气排球运动基本技术

一、半蹲准备姿势

两脚左右开立稍比肩宽，两脚尖稍内收，两膝弯曲成半蹲。脚跟稍提起，身体重心稍靠前，两臂放松，自然弯曲，双手置于腹前。两眼注视来球，两脚始终保持微动放松，如图13-1所示。

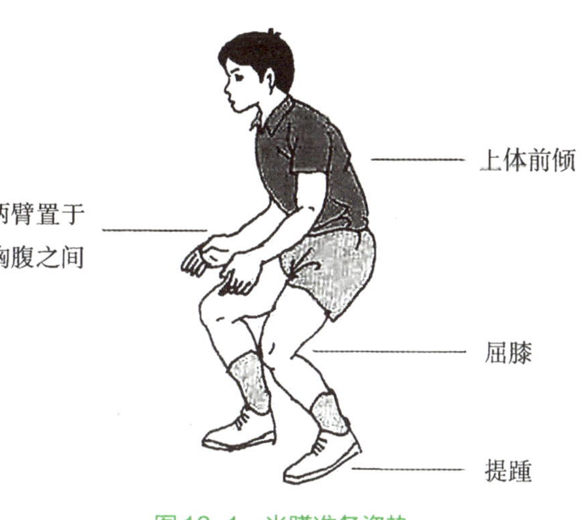

图13-1 半蹲准备姿势

二、垫球

垫球技术动作要点可用“插、夹、抬、压”四个字概括。

插——双手互握插入球下。

夹——两臂夹紧伸直。

抬——提肩抬臂。

压——手腕下压。

击球时，用手腕上10厘米的前臂击球的后中下部，如图13-2所示。

图13-2 垫 球

三、发球

（一）正面下手发球

准备姿势：面对球网，两脚前后开立，左脚在前，两膝微曲，上体前倾，重心偏后脚，左手持球于腹前，右臂自然下垂。

引臂：击球的同侧手臂直臂向后摆动。

抛球：左手将球平稳地向上托送竖直抛起，抛球高度为30厘米左右。

挥臂击球：右腿蹬地，身体重心随着右臂的直臂前摆而前移，在腹前用掌的坚硬部位击球的后下部。重心随击球动作前移，迅速进场比赛。

（二）正面上手大力发球

准备姿势：面对球网站立，两脚自然开立，左脚在前，左手持球于体前。

抛球：左手将球平稳的垂直抛于右肩的前上方，抛球高度为1.5米左右。

引臂：屈肘后引，上体稍向右转，手停于耳旁。

挥臂击球：收腹、振胸、挂肘，上臂带动前臂向前上方呈弧形挥摆，伸直手臂，在肩的上方用全掌击球的后中部。

击球手法：包满打转，边包裹边推压；全手掌击球，使球呈上旋飞行。

正面上手大力发球如图13-3所示。

图13-3 正面上手大力发球

四、传球

准备姿势：看清来球，迅速移动到球的落点，对正来球，两脚左右开立，约同肩宽，左脚稍前，右脚脚跟稍提起，两膝微屈，上体稍前倾，两臂弯曲置于胸前，两肘自然下垂，两手成传球手形，眼睛注视来球方向。

手型：当手触球时，手腕稍后仰，两手自然张开，手指微屈成半球状。两拇指相对成“一”字形或“八”字形，两拇指间的距离不能过大，以防漏球。

击球点：击球点在前额上方约一球。

球触手的部位：拇指外侧，食指全部，中指的二三指节，无名指第三指节和小指第三指节的半个指节。简称为“3、2、1、半和拇指外侧”。

击球部位：后中下部

用力顺序：蹬腿、展腹、伸臂最后用手指手腕的弹力将球向前上方传出。

传出球的基本要求：

高度——高于球网上沿2米左右。

远度——球的落点最远不超过边线，不近于离边线2米。

离球网距离——最近不小于一球，最远不超过1米。

正面传球如图13-4所示。

图13-4　正面传球

五、扣球

准备姿势：两脚自然开立，两膝微屈，上体稍前倾，观察二传来球。

助跑：左脚先向前迈出一步，接着右脚迅速跨出一大步，左脚及时并上落在右脚侧前方，两脚尖稍向右准备起跳。

起跳：两臂自后积极向前摆动，随着双腿蹬地向上起跳，两臂协调配合起跳动作用力上摆。

空中击球：起跳至接近最高点时用正面上手大力发球的挥臂动作在右肩前上方击球的

中上部。

落地：完成击球动作后，身体自然下落，应尽量用双脚的前脚掌先着地，同时顺势屈膝，缓冲身体下落的力量。

扣球如图13-5所示。

图13-5 扣 球

六、拦网

准备姿势：站在球网前，双脚平稳地站立开立在肩宽的位置上，距离球网大约20～30厘米，膝盖略微弯曲，双臂屈肘自然放置于胸前。

移动：常用的移动步法有一步、并步、交叉步和跑步等。

起跳：跳高运动员的起跳动作分为原地起跳和移动起跳两种。在起跳的瞬间，双腿需要屈膝、身体重心下沉，接着发力蹬地。同时，双臂向前上方划出小弧，用肩部发力助力身体向上垂直起跳。

空中拦截：当你身体腾空后，两手应自额前向头上方伸出。同时，两臂要向上伸直，两肩上提。保持手指张开成勺形，两个食指也要保持平行。需要注意的是，两臂之间的距离要小于球体。

落地：含胸落地，以保持身体平衡。

拦网如图13-6所示。

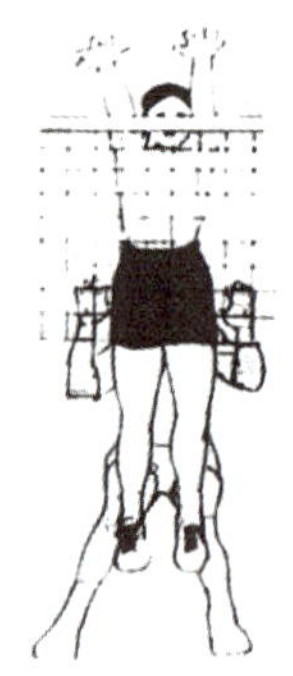

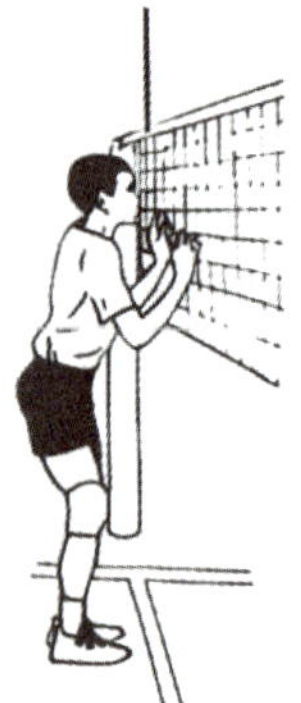

图13-6 拦 网

第三节 气排球运动基本战术

一、“中二二”进攻战术

“中二二”进攻战术是五人制比赛进攻战术中最基础、最简单的一种进攻形式。

“中二二”进攻战术的基本配合方法是由前排3号位队员担任二传，其他四名队员将球传（托或垫）给二传队员，再由二传队员将球传给场上前排两名或后排两名队员进攻。在运用“中二二”进攻战术中，当二传队员轮转到4号位或2号位时，可采用换位方法跑到3号位。“中二二”进攻战术由于二传队员的位置居中，距离场上各个位置的队员较近，一传的目标明确，二传队员也易于接应，战术配合也简单，便于组织进攻。但战术配合变化较少，进攻点较清楚，战术意图易被对方识破，对方容易组成集体拦网。因此，这种战术的突然性、隐蔽性不强，多适用于基层队或还未掌握其他复杂进攻战术的队采用。但在某些特定条件下，技术水平较高的队，为了稳定战术的需要，有时也主动运用这种战术。

二、“边二二”进攻战术

“边二二”进攻战术是一种常见的进攻战术。

“边二二”进攻战术的基本配合方法是由前排2号位队员担任二传，其他四名队员将球传（托或垫）给二传队员，再由二传队员将球传给场上队员进攻。在运用“边二二”进攻战术中，当二传队员轮转到4号位或3号位时，可采用换位方法跑动到2号位。“边二二”进攻战术由于二传队员站在2号位偏中，一传目标明确，同时4号位与5号位两名进攻队员位置相邻，也便于相互掩护配合，可以组织更多的快球战术，因此它的突然性、攻击性较“中二二”进攻战术强。但由于二传球传出的距离不等，要求二传队员掌握长、短、高、低、平快、拉开、集中等多变的二传技巧。

三、“后排插上二”进攻战术

“后排插上二”进攻战术是进攻战术中较为先进的一种进攻形式。

“后排插上二”进攻战术的基本配合方法是由后场区队员插到前场区担任二传，其他四名队员将球传（托或垫）给插上的二传队员，再由插上的二传队员将球传给场上队员进攻。在运用“后排插上二”进攻战术时，二传队员在后排可以分别从1号位或5号位。由于1号队员接球次数少插上移动距离短，因此，在比赛中采用1号队员插上的方式较多。“后排插上二”进攻战术由于有四个队员参加进攻，使进攻点增多，同时可充分利用网的全长组织多种多样的快速多变的进攻战术。因此，“后排插上二”进攻战术的威力及效果都比“中二二”、“边二二”进攻战术强，但对插上二传队员的要求也更高。

第四节
气排球比赛规则

一、比赛场地

（1）比赛场地长12米、宽6米，四周至少有2米的无障碍区，并且在比赛场地上空，从地面量起至少有5米的无障碍空间。

（2）场地地面应是平坦、水平的，地面上不得有任何可能伤害队员的隐患。不得在粗糙、湿滑的场地上进行比赛。

（3）场地所有的界线宽为5厘米。界线的颜色应是与地面不同的浅色。边线和端线的宽度包括在场地内。

（4）中线在网下连接两条边线的中点。中线的中心线将比赛分为长6米、宽6米的两个场区。

（5）每个场区有一条距离中心线2米并与边线连接的平行线叫限制线。中线与限制线以内的地区为前场区，限制线与端线间为后场区。限制线和前场区向边线以外是无限延长的。

（6）发球线与发球区。场地两端各画两条长20厘米，垂直并距离端线25厘米的短线叫发球线。发球线一条画在右侧边线的延长线上。另一条画在左侧边线的延长线上。发球线与端线间的区域为发球区，发球区向外是无限延长的。

二、球网与网柱

（1）球网长7米、宽1米，设在中线的中心线的垂直面上空。球网为深色，网孔为10平方厘米。球网上沿缝有5厘米宽的双层白帆布，用一根柔软的钢丝从中穿过，拉紧球网上沿，球网下沿用绳子穿起来并拉紧，固定在网柱上。

（2）标志杆是用结实材料制作的、带有韧性的两根杆子，长1.8米，直径为1厘米，每10厘米应涂有红、白相间的颜色，分设在中线两侧的（外沿）边线上，并高出球网80厘米。标志杆被认为是球网的一部分，并作为球网两端界限的标志。

（3）球网高度男子为2米，女子为1.8米。应从场地中间丈量，球网两端的高度必须相等。球网两端的高度与中间的高度不得超过2厘米。

（4）网柱是两根高2.25米并可调节高度支架球网的光滑圆柱。网柱固定在边线以外0.5米的中线延长线上。

气排球比赛场地如图13-7所示。

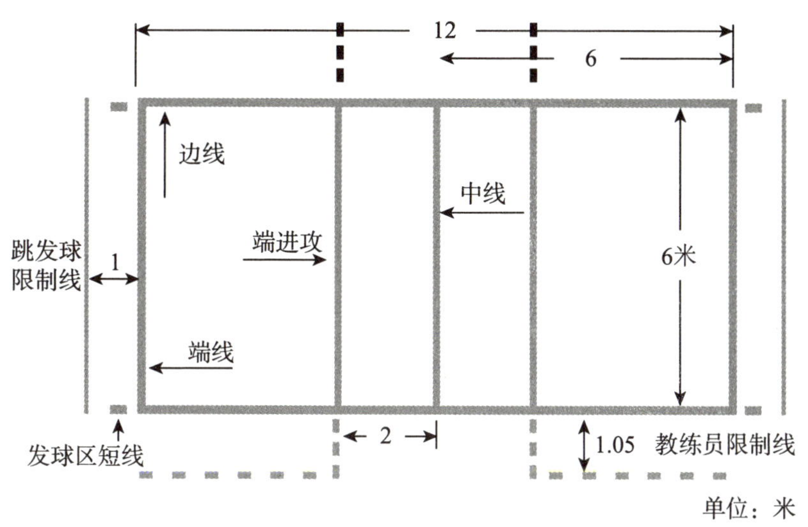

图13-7 气排球比赛场地

三、比赛规则

（一）队员

（1）每队最多可有8名队员，队员上衣必须有号码，应由1号至8号。身前号码10厘米见方，身后号码15厘米见方。场上队长应在上衣胸前有一明显标志。

（2）教练员和队员应了解并遵守规则，以良好的体育道德作风服从裁判员的判定。如有疑问只有场上队长可向裁判员请求解释，教练员不得对判定提出异议或要求解释。

（3）教练员和队员必须尊重裁判和对方队员，不得以任何行为影响裁判的判断。不得以任何行动和表现去拖延死球时间或被认为有意延误比赛。

（二）进行

（1）队员场上位置。双方队员各分为前排三名，后排二名。前排左边为4号位，中间为3号位，右边为2号位，后排左边为5号位，右边为1号位。每局比赛开始，场上队员必须按位置表排定的次序站位，且在该局中不得调换。在新的一局，每个队上场队员的位置可重新安排。

（2）暂停。每局比赛中，每个队可请求2次暂停，每次暂停时间为1分钟。只有成死球时经教练员或场上队长向第二或第一裁判员请求后才准予暂停。第一裁判员鸣哨后，比赛应立即继续进行。某队请求第三次暂停，应予拒绝、并提出警告。第一裁判员已鸣哨发球，队员尚未将球发出或与鸣哨的同时请求暂停，均应拒绝，如第二裁判员在此时间错误鸣哨允许暂停，第一裁判员也不得同意，应再次鸣哨发球。

（3）换人。每局每队最多可替换6人次，一下一上为1人次。某队换人时应由教练员或场上队长在死球时向第二或第一裁判员提出要求，并说明替换人数和队员的号码。裁判员准许换人时，上场队员应已做好准备并从前场区上下场，如队员未做好准备，则判罚该队一次暂停。

（三）成绩计算

（1）得分。比赛采用每球得分制，当某队胜一球时，即得一分，同时获得发球权。

（2）胜一场。比赛采用三局两胜制，胜两局的队为胜一场。如果 1∶1 平局时，进行决胜局（第三局）的比赛。

（3）胜一局。第1、2局先得21分同时超过对方2分为胜一局，当比分20∶20时，比赛继续进行至某队领先两分（22∶20、23∶21、……）为胜一局。决胜局，先得15分同时超过对方2分的队获胜，当比分14∶14时，比赛继续进行至某队领先两分（16∶14、17∶15、……）为胜一局。决胜局8分时双方队员交换场地进行比赛，比赛按照交换时的阵容继续进行。

（4）某队被召唤后拒绝比赛或无正当理由而未准时到达比赛场地，则宣布该队为弃权。对方以每局21∶0的比分和2∶0的比局获胜。某队被宣布一局或一场比赛阵容不完整时，则输掉该局或该场比赛，判给对方胜该局或该场比赛所必要的分数和局数。阵容不完整的队保留其所得分数和局数。

（四）动作和犯规

1. 发球

（1）发球队胜一球或接发球队取得发球权时，该队队员必须按顺时针方向轮转一个位置，由轮转到1号位的队员发球，如没有按发球次序轮转发球，则为轮转错误，必须立即纠正，并判失去发球权。

（2）发球队员必须在第一裁判员鸣哨发球后8秒钟内将球发出，球被抛出发球队员未击球，球也未触及发球队员而落地，允许继续发球。

（3）发球队的队员不得以任何方式阻挡对方观察发球队员和球的飞行路线。

（4）发球时判断队员的位置错误，应以队员身体着地部分为依据，在发球队员击球的一刹那，球未击出前，同排队员的站位不得左右超越或平行，前后排队员不得前后超越或平行。即4号位队员不得站在3、2位队员的右边或平行，5号队员不得站在2、3、4位队员的前面或平行。否则，应判失球权或对方得分。发球队员与本方5号位队员不受站位的限制。

2. 击球

队员击球时，有意或无意把球接住停在手中或用双臂将球夹住停留时间较长或用手将球顺势冲至停留时间较长再将球送出，判击球犯规。队员身体任何部位连续触球多于一次，则判连击犯规（拦网除外）

3. 过中线和触网

比赛进行中，队员踏越中线，应判过中线犯规，队员身体任何部位触及球网，判触网犯规，因对方击球入网而使网触及本方队员时，不算触网犯规。

（五）进攻性击球

气排球运动的进攻性击球明显与硬排球运动不同。

（1）队员在后场区可以对任何高度的球做进攻性击球，但在起跳时不得踏及或踏越限制线，否则即为违例犯规。

（2）队员有前场区，采用攻击力强的扣、抹、压吊动作，将高于球网上沿的球击入对区、则判犯规。如采用攻击力小的传、顶、挑的动作，击球的底部或下半部，使球具有一定向上的弧度过网不算犯规。

（3）队员有前场区，对低于球网上沿的球，可用任何击球动作将球击入对区。

（六）拦网与过网

（1）后排两名队员不得拦网。如有参加拦网并起到拦网作用时应判犯规。

（2）拦网不算一次击球，还可再击球一次。

（3）不得拦对方的发球。

（4）甲方队员完成直接向对方击球前，乙方的手触及甲方地区上空的球时，应判乙方队员过网犯规。

本章小结

通过本章的学习，学习者应当了解气排球运动概述、基本技术、基本战术，以及比赛规则，认识到气排球运动是一项集体育竞技、团队协作、文化交流于一体的综合性活动，对于培养学习者的综合素质和促进体育文化的多元化发展具有重要意义。

在线学习

1. 中国排球协会官方网站。
2. 中国老年人体育协会官方网站。

第十四章
定向越野运动

本章概述

本章主要介绍定向越野运动的概念、历史、益处以及基本技术。希望通过本章的学习，让学习者更加全面、安全地了解定向越野运动。

章结构图

- 定向越野运动
  - 定向越野概述
    - 定向越野运动的概念
    - 定向越野运动的历史
    - 中国的定向越野运动
    - 定向越野运动的益处
  - 定向越野基本技术
    - 标定地图
    - 确定站立点

学习目标

1. 了解定向越野运动的概念与益处。
2. 掌握定向越野运动基本技术。

第一节 定向越野概述

一、定向越野运动的概念

定向越野运动就是利用一张详细精确的地图和一个指北针，按顺序造访地图上所标示的各个点标，以最短的时间到达所有点标者为胜。定向越野运动通常在森林、郊外和城市公园里进行，也可在大学校园里进行。

一个标准的定向路线包括一个起点（用三角表示）、一个终点（用双圆圈表示）和一系列的点标（用单圆圈表示）。这些点标已在图上用数字标明。在实际地形中，一个橘黄色和白色相间的点标旗标志着运动员应该寻找的点的位置。为了证实你造访了这些点，运动员必须在到达的每一个点标处使用打卡器在卡上打卡，电子打卡系统能正确证实你的造访，同时记录你造访的时间。

点标与点标之间的路线并不指定或固定。相反，运动员应自己做出选择。这种路线选择的能力及借助地图和指北针在森林或公园里辨明方向，并以最快的速度按顺序到达目的地的能力便是定向越野运动的精髓所在。

二、定向越野运动的历史

定向越野运动本身作为一种体育项目开始于20世纪的北欧。当时，瑞典的童子军领袖吉兰特少校组织了一项名为“寻宝游戏”的活动，以训练童子军的野外技能与体质。这次活动引起了参加者的极大兴趣，这便是定向越野运动的雏形。到了20世纪30年代，定向越野运动已在芬兰、挪威、瑞典、丹麦立足。1932年举行了第一次世界定向越野运动比赛，1961年国际定向越野联合会（IOF）在丹麦哥本哈根成立。

三、中国的定向越野运动

1983年定向越野运动传入我国。1983年3月，解放军体育学院在广州白云山组织了定向野外试验比赛。此后，全国很多地区都组织了类似的比赛。

1998年世界公园定向组织（PWT）来到指南针的发明地——中国，受到各界的热烈欢迎，并在全国引发了人们对定向越野运动空前的热情与兴趣，PWT在全国各大城市举行定向知识讲座，并制作定向地图组织定向比赛。

四、定向越野运动的益处

（1）定向越野运动可根据不同性别、年龄编组，赛程可远可近，场地可难可易。因此是一项男女老少皆宜的群众性体育运动项目。

（2）定向越野运动具有浓厚的趣味性、娱乐性。参赛者是根据地图标明的运动方向，进行地图与实地对照，选择运动路线，寻找检查点，比单纯的赛跑更能提高参赛者的兴趣，整个运动具有旅游特点。

（3）定向越野运动与其他比赛一样，具有激烈的竞争性。定向越野运动不仅是体力方面的竞争，更是智力和技巧方面的竞争。

（4）定向越野运动还具有一定的知识性和军事意义，对于普及全民识图和用图的知识，对国防建设大有好处。在青少年中开展这一项目，对于调节他们学习、增强体质、丰富地理知识，尤其对培养他们的自我生存能力、启发智力有独特的好处。

思政小课堂

定向运动有许多形式，按照运动模式，国际定向越野联合会（IOF）（以下简称国际定联）将定向运动项目划分为徒步定向或定向越野、滑雪定向、山地自行车定向和轮椅定向。

在国际定联2004年版徒步定向赛事规则中，徒步定向或定向越野被定义为一项参赛者借助地图和指北针，在尽可能短的时间内到达若干个被同时标记在地图上和实地中的检查点的运动。定向运动的参赛者可以是个人，也可以是由两人以上组成的队。

第二节 定向越野基本技术

一、标定地图

标定地图是指给地图定向，使地图的方位与实地的方位一致。通过标定地图，人们可以将地图上的地物地貌符号与实地的地物地貌一一对应，这不仅可以帮助迅速查看地图，了解实地地物的分布情况、地貌的起伏程度及它们之间的相互关系，还可以帮助根据地图上的路线，在实地选择具体的运动路线。常用的标定地图的方法有概略标定地图、利用指北针标定地图、利用地物标定地图。

（一）概略标定地图

地图上的方位是上北、下南、左西、右东。当在实地正确地辨别方向之后，只要将越野图的上方对向实地的北方，地图即已标定。这种方法简便迅速，是定向越野比赛中最常用的方法。

（二）利用指北针标定地图

定向地图上标有磁北线，是用红色粗线条标出的，尖头指向地图的上方。利用指北针标定地图时，可通过转动地图，将指北针上的红色指针与磁北线的方向吻合或平行。由于指北针上的指针和地图上的磁北线都是红色的，所以也称此方法为“红对红”或“北对北”。

（三）利用地物标定地图

1. 利用直长地物标定地图

直长地物是指较长的线状地物，如铁路、公路、土垣、沟渠高压线等。利用直长地物标定地图的方法如下：

（1）首先应在图上找到这段直长地物。

（2）转动地图，使图上的直长地物与实地的直长地物方向一致。

（3）对照两侧地形，使图与实地各地形点的关系位置相符。

运动员利用路边的沟渠来标定地图时，平移且转动地图，使图上的道路与实地的水渠概略重合。

2. 利用明显地形点标定地图

利用明显地形点标定地图指在实地找出一个与地图上地物符号相应的明显地物，如小桥、亭子、独立的建筑等，然后转动地图使图上的站立点至目标的连线与实地的站立点至目标的连206线重合。

选择一个图上与实地都有的明显的地物，转动地图，使图上的站立点至目标的连线与实地的站立点至目标的连线相重合。

二、确定站立点

在野外，我们时刻要注意确定自己站立的地点在地图上的位置，这是从事定向越野首先必须掌握的一项基本技能。其主要方法是通过标定地图将地图与现有的地物、地貌进行逐一对照，来确定自己的方位。

（一）直接确定

当自己所处位置是在明显地形点上时，只要从图上找出该地形点，站立点即可确定，这是最常用的方法。

（二）利用位置关系确定

当站立点位于明显地形点附近时，可以利用位置关系来确定站立点。利用位置关系确定站立点主要依据两个要素，一是站立点至明显点的方向，二是站立点至明显点的距离。在地形起伏明显的地方，还可以结合高差情况进行判定。

（三）利用“交会法”确定

当站立点附近无明显地形点时，可以利用“交会法”确定站立点位置。按不同情况，它又可以具体分为90°法、截线法、连线法、后方交会法和磁方位角交会法。这些方法的优点是不需要判断或测量距离也能确定出较为准确的站立点位置，这对于初学者学习、巩固使用越野图的训练是很有意义的。下面是两种常用的方法。

（1）当运动员站在线状地形上时可以利用90°法（图14-1）、截线法、连线法（图14-2）来确定方位。

铁塔与小丘的边线与小路的交点，
就是站立点的位置

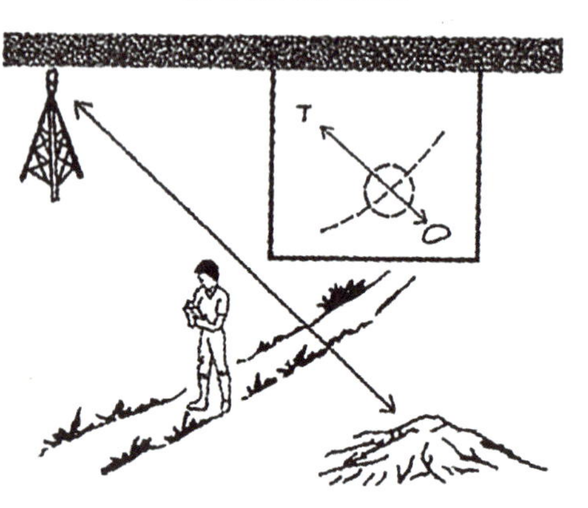

图14-1　90°法

小山顶与墓地的连线至路的交点，
就是站立点的位置

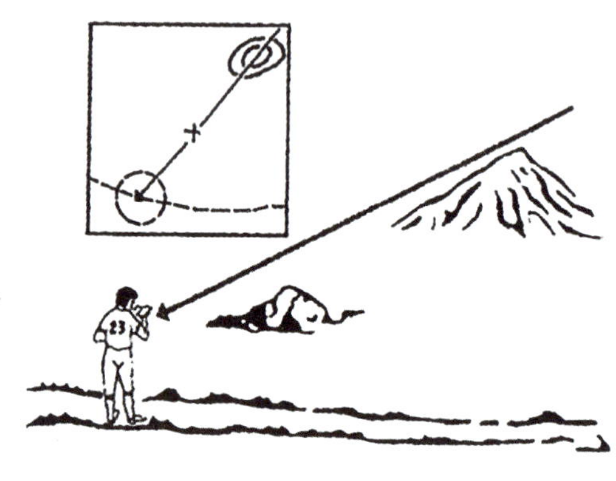

图14-2　连线法

当运动员在线状地形上运动时，同时待测的位置恰好在某两个明显地形点的连线上，可以利用这种方法确定站立点。

（2）后方交会法。当待测点上无线状地形可利用，而且地图与实地相应的都有两个以上的明显地形点，但地形较开阔，通视良好的情况下，可以采用后方交会法确定站立点。

确定站立点的方法如下：

①在地图上取一个山顶为标志和实地相应山顶在地图上作直线。

②地图上的树丛与实地相应的树丛在地图上作一连线。

③两条直线的交会点就是站立点。

（四）依地图行进

依地图行进是定向越野的基本运动形式，也是一项最基本的技能。在奔跑途中，应首先了解前方要通过的方位物，边跑边对照地形。在经过每个岔路口、转弯点、居民地进出口时，应快捷、准确地对照地形，随时了解自己在图上的位置。做到随时标定地图，随时确定站立点在图上的位置，随时对照周围地形，随时保持清醒的头脑。具体的行进方法如下。

1. 拇指辅行法

在运动过程中，不断转动地图，使地图与实地方向一致，并且手指压在站立点上，做到人在地上走，指在图上移，其流程如图14-3所示。

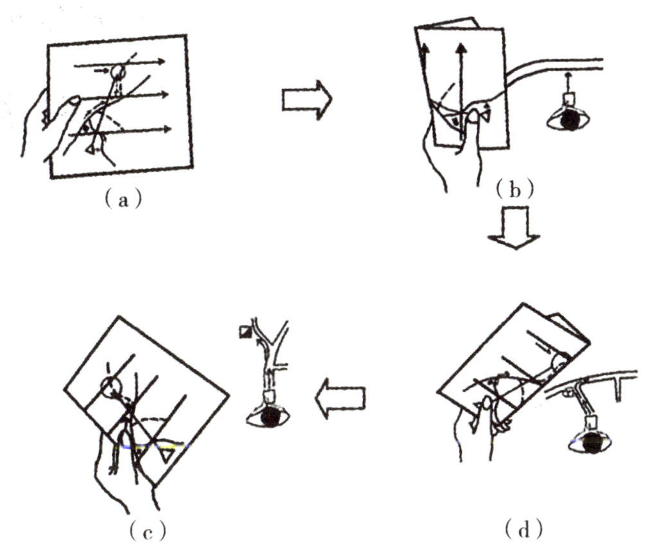

图 14-3　拇指辅行法

（a）明确站立点、比赛路线、目标点；（b）转动地图，使地图与实地方向一致，并将左手拇指压于站立点一侧上，先上大路；（c）到大路后转动地图，移动拇指（沿大路跑，看到路旁小屋后向右转）；（d）转动地图，移动拇指（沿大路跑，经过右侧路口后在下一路口左转弯，可直达目标点）。

2. 沿地形地貌行进

沿地形地貌行进是初学者必须掌握的一项基本技术。线形地貌有河流、栅栏小路、围墙等，明显地物如房屋、独立树、石碑及等高线等都是很好的参照物，可以提供安全、快捷的路线。其方法是按所跑路线的顺序，分段、连续或一次性地记住行进方向上经过的地形点、两侧的特征物等内容，使实地的情景能够不断地与记忆内容叠影、印证，做到人在地上跑，心在图上移。

（1）借线法行进。借线法指利用线状地形，如道路、围栏、高压线等作为行进的“导引”。由于沿着线状地形行走犹如扶着楼梯的栏杆行走，因此，有人称此方法为“扶手法”。

（2）借点法行进。借点法就是利用明显的地物地貌点来控制运动方向，当检查点附近有高大、明显的参照物时，可采用此方法。

（3）水平位移法行进。当站立点与检查点在同一高度上时，可沿等高线行进，即采用水平位移法行进，但要确定站立点与检查点之间是否可通行。

（4）提前绕行法行进。在检查点之间有较大的障碍时，可提前选择最佳路线。在行进过程中应注意以下四点：

①在经过岔路口、道路转弯点、居民居住地进出口时，应对照地形。

②在遇到实地地形变化与地图不一致时，应仔细对照全貌，分析地形的变化和位置关系，然后准确判定站立点的位置和行进方向。做到有疑不走、有矛盾不走、方向不明不走。

③当发现走错路时，应立即对照地形。回忆所走过的路，判明是从什么地方走错的，

偏离原定路线多远，再根据情况另选返回路线或返回继续前进。

（五）利用指北针确定行进的方向

利用指北针确定目标点的方向，是一种最简易、最快速的方法，它特别适合初学者在特征物少、植被密度低、地形起伏不大的树林中使用。具体方法如图14-4所示。

（1）将指北针直尺边切于目标方向线，指北针上的方向尖头指向所要到达的位置。

（2）把指北针和地图作为一个整体水平放置在面前，转动身体，使指北针上的红色指针的指向与地图所示的磁北线方向一致。

（3）指北针上方向箭头所指的方向即为所要行进的方向。

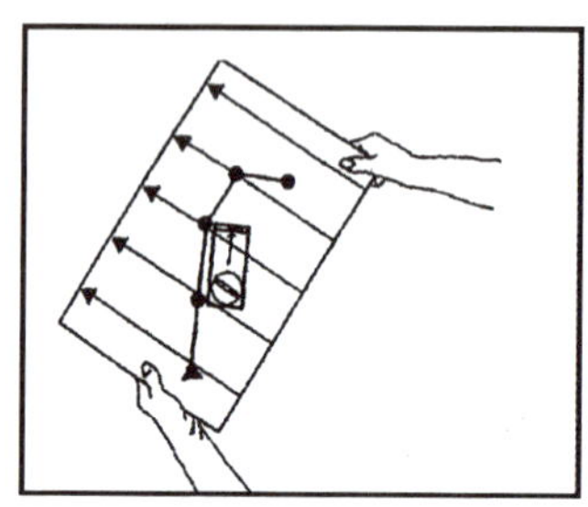
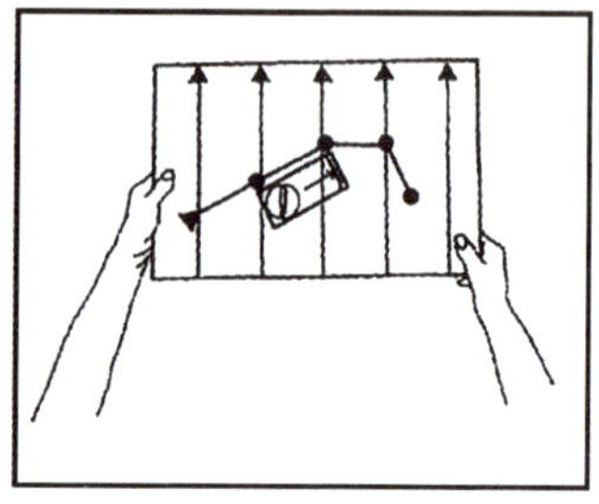

图14-4　利用指北针确定行进的方向

（六）实地判定方位

实地判定方位是指在实地辨明东、西、南、北方向。了解实地的方位是使用地图的前提，在野外，可以帮助我们辨明方向的方法很多，如白天可利用太阳和手表来辨别方向，晚上可利用星体来辨别方向，还可以利用建筑物、风向等来判定方位。

1. 利用指北针判定方位

利用指北针判定方位的方法是将指北针放平，待磁针完全静止后，磁针的红色一端即N端为北面，S端为南面。如果测定方位的人面向北面，则他的左为西，右为东，背后为南。如果想测某一点的方位，可将罗盘上的零刻度对准目标，当罗盘水平静止后，N端所指的刻度便是测量点至目标的方位，如磁针N端指向36°，则表示目标在测量位置的北偏东36°。使用指北针时应注意以下三点：

（1）尽量保持指北针水平放置。

（2）不要离铁、磁性物质太近。

（3）不要将磁针的S端与N端混淆，造成误判。

2. 利用地物判定方位

在野外，凡是见到有地物和植物的地方，同样可以根据日常生活习惯和客观自然规律产生的现象进行方位判定。如地球的北半球，我们居住的房屋或用于朝拜的庙宇大门通常都朝南开设；树木一般朝南的一侧枝叶茂盛，色泽鲜艳树皮光滑，向北的一侧则相反；长在石头上的青苔喜阴湿，北面较旺；积雪多是先融化朝南的一面；通常墙、土堆、土堤地埂、石块、建筑物等突出物的南面较干燥，春草早生，冬雪早化，而向北一侧的基部较潮湿，夏长青苔，冬存积雪。

3. 利用太阳和手表判定方位

晴朗的天气，在上午9时至下午4时，用时针对准太阳，此时手表上的时针与12时刻度夹角平分线所指的方向为南方，相反的方向为北方（图14-5）。但是要注意：将手表平置；在南北纬20°30'之间地区的中午前后不宜使用；要把标准时间换算为当地时间。

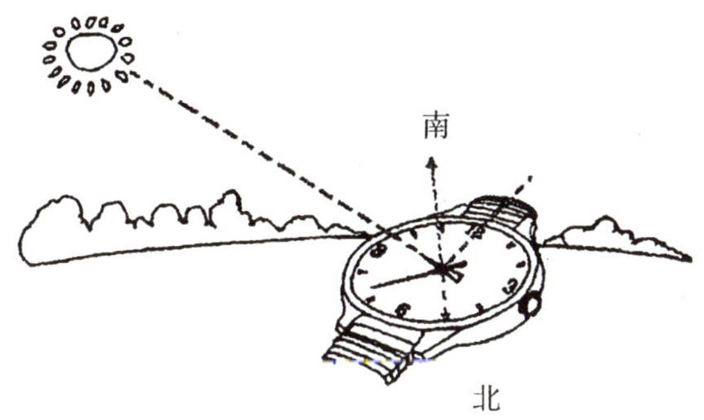

图14-5 利用太阳和手表判定方位

本章小结

通过本章的学习，学习者应当了解定向越野运动概述和基本技术，认识到定向越野运动是一项集智力、体力和团队协作于一体的运动项目，它通过对地图和指南针的利用，考验学习者的综合能力和策略规划，是一项既具有挑战性又富有教育意义的体育活动。

在线学习

1. 中国无线电和定向运动协会官方网站。
2. 全军院校“强军杯”定向越野比赛。
3. 2024年“中国杯”国际定向越野巡回赛。

第四篇

职业性体育模块

第十五章

职业实用性体育与职业性体能

本章概述

本章主要介绍职业实用性体育与职业性体能的关系，详细讲述了职业性体能训练原则与训练途径。希望通过本章的学习，让学生能更好地了解职业体能的内涵与意义。

章结构图

职业实用性体育与职业性体能

- 职业岗位的工作特性分类
  - 体力劳动与脑力劳动
  - 静态工作与动态工作
  - 高风险与低风险
  - 室内工作与室外工作
- 现代人与职业实用性体育
- 职业性体能训练原则
  - 自觉积极性原则
  - 系统训练原则
  - 区别对待原则
  - 适宜负荷原则
  - 适时恢复原则
- 职业实用性体育的概念与分类
  - 职业实用性体育的概念
  - 职业实用性体育的分类
- 体能的概念
- 职业性体能训练途径
  - 日常基础训练
  - 职业针对性训练
  - 团体协作训练
  - 心理调适训练
  - 科技辅助训练

学习目标

1. 了解职业实用性体育与职业性体能的概念和内容。
2. 区分职业岗位的工作特性。
3. 了解职业性体能的训练原则与训练途径。

第一节 职业岗位的工作特性分类

职业岗位的工作特性可以根据不同的维度进行分类，这有助于我们更好地理解各个职业的特点和要求，并为职业实用性体育和职业性体能的训练提供有针对性的指导。主要从以下5个维度进行分类。

一、体力劳动与脑力劳动

（1）体力劳动：这类职业主要依赖身体的力量和耐力，如建筑工人、农民、搬运工等。这些职业对身体的强壮和耐力要求较高，需要具备较强的肌肉力量和心肺功能。

（2）脑力劳动：这类职业主要依赖智力、知识和技能，如程序员、会计师、律师等。这些职业对身体素质的要求相对较低，但长时间的工作可能会导致视力下降、颈椎问题等，因此也需要关注身体健康和体能的提升。

二、静态工作与动态工作

（1）静态工作：这类职业通常需要长时间保持同一姿势，如办公室文员、银行柜员、驾驶员等。长时间的坐姿或固定姿势可能导致肌肉僵硬、血液循环不畅等，因此需要注重身体柔韧性和关节灵活性的训练。

（2）动态工作：这类职业需要频繁移动和变换姿势，如服务员、导游、运动员等。这些职业对身体协调性、灵敏度和平衡能力要求较高，因此需要关注这些方面的训练。

三、高风险与低风险

（1）高风险职业：这类职业工作环境恶劣，存在一定的安全隐患，如矿工、消防员、军人等。这些职业需要具备较强的身体素质和应急反应能力，以适应突发情况和高强度的工作要求。

（2）低风险职业：这类职业工作环境相对安全，工作内容相对轻松，如教师、医生、行政人员等。这些职业虽然对身体素质的要求不高，但也需要关注身体健康和体能的提升，以保持良好的工作状态和生活质量。

四、室内工作与室外工作

（1）室内工作：这类职业主要在室内进行，如程序员、设计师、办公室职员等。这些职业可能面临长时间面对电脑、空气不流通等问题，需要关注视力保护、呼吸系统健康等方面的训练。

（2）室外工作：这类职业主要在室外进行，如农民、建筑工人、快递员等。这些职业需要适应不同的气候条件和环境变化，对身体的适应性和耐力要求较高，因此需要注重身体素质和体能的全面提升。

通过对职业岗位的工作特性进行分类，可以为不同职业人群制定针对性的职业实用性体育和职业性体能训练计划，以提高他们的身体素质和工作效率，同时降低职业伤害的风险。

第二节 职业实用性体育的概念与分类

一、职业实用性体育的概念

职业实用性体育是指根据职业岗位的特点和需求，通过体育活动和训练，提高从业人员身体素质、体能水平及预防职业伤害的能力，从而促进工作效率和职业健康的一种体育形式。它结合了体育科学与职业科学，旨在为不同职业人群提供适合的体育锻炼方案，以满足其工作需求和生活质量的提升。

二、职业实用性体育的分类

职业实用性体育可以根据职业特性和锻炼目的进行分类，以下是两种常见的分类方式。

（一）按职业特性分类

（1）体力型职业体育：针对从事体力劳动的职业人群，如建筑工人、农民等。这类体育活动注重力量、耐力、灵敏度和协调性的训练，以增强身体素质和应对高强度工作的能力。

（2）脑力型职业体育：针对从事脑力劳动的职业人群，如程序员、会计师等。这类体育活动注重改善血液循环、缓解视力疲劳、增强肌肉放松等，以提高工作效率和预防职业病。

（3）混合型职业体育：针对既需要体力劳动又需要脑力劳动的职业人群，如导游、服务员等。这类体育活动需要综合考虑体力劳动和脑力劳动的特点，制订综合性的锻炼方案。

（二）按锻炼目的分类

（1）预防职业伤害体育：针对某些高风险或特定职业伤害的职业人群，通过特定的体育训练来预防和减少职业伤害的发生，提高从业人员的安全保障。

（2）提高工作效率体育：通过改善从业人员的身体素质和体能水平，提高其在工作中的反应速度、工作耐力及工作准确性，从而提升工作效率。

（3）促进身心健康体育：通过全面的体育锻炼，增强从业人员的身体素质、心理素质和社会适应能力，促进其身心健康发展，提升生活质量。

通过对职业实用性体育的分类，可以更加清晰地了解各类体育活动的特点和目标，为从业人员提供更加精准和有效的体育锻炼方案，促进职业健康和工作效率的提升。同时，职业实用性体育的推广和应用也有助于提高大众对职业健康重要性的认识，推动社会全面健康发展。

第三节 现代人与职业实用性体育

在现代社会，随着科技进步和工业化的持续深化，人们的生活方式和工作形态经历了显著变化。与此同时，职业健康与体育的紧密联系也逐渐引起了人们的广泛重视。职业实用性体育作为连接职业与健康的关键纽带，正日益成为现代人追求健康与高效工作的重要途径。

首先，现代人的工作节奏日趋加快，工作压力显著增大，许多职业岗位需要长时间维持同一姿势或执行高强度的工作任务。这样的工作环境往往容易导致身体疲劳、肌肉僵硬、视力下降等健康问题。职业实用性体育通过实施有针对性的训练，能够有效帮助现代人缓解工作压力、强化身体素质，进而提升工作效率。

其次，职业实用性体育在预防职业伤害方面发挥着重要作用。一些职业因其特殊的工作环境或工作性质，存在着较高的职业伤害风险。通过参与职业实用性体育的训练，从业人员可以学习到正确的姿势和动作，从而增强身体的柔韧性和协调性，进而有效预防职业伤害的发生。

最后，职业实用性体育对于促进现代人的身心健康也具有重要意义。在快节奏的生活中，人们往往容易忽视身体健康的重要性。职业实用性体育不仅关注身体素质的提升，还注重心理健康的维护。通过参与体育活动，人们可以释放压力、缓解焦虑情绪、增强自信心和积极心态，进而提升生活质量。

现代人与职业实用性体育之间存在着紧密的关联。职业实用性体育不仅有助于现代人应对工作压力、提高工作效率，还能够有效预防职业伤害、促进身心健康。对于现代人而言，参与职业实用性体育已成为一种健康、积极的生活方式。

第四节 体能的概念

体能一词最早源于美国。20世纪80年代中后期在我国各类体育报刊和文献上出现较多，在各竞技运动项目的训练中也开始强调体能训练，自此，“体能”一词频繁出现在运动训练学、运动生理学和各种体质研究的文献资料中，但学术界对“体能”的界定有不同的解释。

1984年出版的《体育词典》认为，体能是人体各器官系统机能在体育活动中表现出来的能力，包括力量、速度、灵敏、耐力和柔韧等基本的身体素质及人体的基本活动能力（如走、跑、跳、投掷、攀登、爬越、悬垂和支撑等）。

1992年出版的《教练员训练指南》认为，运动素质又称体能，它是指运动员机体在运动时所表现出来的能力。体能包括力量、速度、耐力、柔韧和灵敏等素质。

2000年出版的体育院校通用教材《运动训练学》认为，体能是指运动员机体的基本运动能力，是运动员竞技能力的重要构成部分。体能是由身体形态、身体机能和运动素质组成。

2007年出版的《运动训练学导论》认为，体能是以人体三大供能系统的能量代谢活动为基础，通过骨骼肌肉系统表现出来的运动能力。体能是运动员的基本运动能力，是运动员竞技能力的重要构成因素。

在有关体能的研究中，有学者认为，“体能”是指有机体在先天遗传的基础上，通过后天训练而获得的在形态结构、功能和调节方面及其在物质能量的贮存与转移方面所具有的潜在能力及与外界环境相结合表现出来的综合运动能力。包括力量、速度、耐力、柔韧和灵敏等基本的身体素质及人体基本活动能力（如走、跑、跳、投掷、攀登、爬越、悬垂和支撑等）。

综上所述，我们将体能分为两类：与健康有关的体能（称为基本体能）和与动作（劳动）技能有关的体能（称为职业体能，包括运动员体能）。二者不可分割，彼此间相互交叉联系，而且都要通过运动训练才能实现其目标。

第五节 职业性体能训练原则

职业性体能训练原则是依据运动的客观规律而确定的组织运动训练所必须遵循的基本

准则，是运动训练活动客观规律的反映，对职业人在提高体能方面具有普遍意义。根据运动训练理论和体能训练的要求，职业体能训练要遵循以下原则：自觉积极性原则、系统训练原则、区别对待原则、适宜负荷原则、适时恢复原则等。

一、自觉积极性原则

自觉积极性原则是职业体能训练的基本原则之一，是职业人自觉、主动并积极地学习体能训练的相关知识、制订体能训练计划、进行体能训练以提高职业体能训练的效果，提高身体对从事某职业劳动强度的承受能力。

职业人在长期的从业过程中，常会感觉身体疲劳，甚至因长期的身体疲劳而产生职业倦怠感。从体能角度来说，职业人应充分认识到自己所需的职业体能对于从事某一职业的重要性，并自主激发参与体能训练的动机，主动积极学习职业体能相关知识，自主科学地进行体能训练，确保有良好的状态面对工作和生活。

二、系统训练原则

职业体能训练过程具有连续性和阶段性的特点，因此，职业体能训练过程就要遵循人们认识客观事物的规律，持续、循序渐进地组织训练过程，这就是职业体能训练的系统训练原则。这一原则一方面指出职业人只有长时间、持续地进行训练，才能提高体能训练水平；同时又强调在一般情况下，必须循序渐进地，而不是突变式地增加训练负荷，才能取得理想的训练效果。

由于人认识客观事物的规律性、人体生物适应的长期性和阶段性及运动训练效应的不稳定性，决定了在进行职业体能训练过程中要按阶段性特点组织训练。同时，要保证训练过程的系统性，就要使训练的各个阶段有机衔接。

三、区别对待原则

区别对待原则是指在职业体能训练过程中，根据不同的职业人或不同的体能训练状态、不同的训练任务及不同的训练条件，都应有区别地组织安排各自相应的训练过程，选择相应的训练内容，给予相应的训练负荷的原则。针对不同职业个体差异实施区别对待，是职业体能训练应该遵循的重要原则之一。

四、适宜负荷原则

适宜负荷原则是指根据职业人的现实可能和人体机能的训练适应规律，以及提高职业人体能的需要，在训练中给予相应量度的负荷，以取得理想训练效果的训练原则。人体在训练中承受了一定的运动负荷后，必然会产生相应的训练效果，但并非只要施加了负荷，就一定会产生良好的训练效应。训练负荷的安排对训练效应的好坏有着重要的影响。因此，合理地安排训练负荷意义重大。

五、适时恢复原则

适时恢复原则是指在职业体能训练过程中，要及时消除运动训练带来的身体疲劳，并通过生物适应规律产生超量恢复，提高机体能力的训练原则。适时恢复原则是依据超量恢复规律和疲劳消除规律而提出的。认真贯彻这一规律，就要合理地制订训练计划，正确认识负荷与恢复的关系，正确分析疲劳产生的机理，准确判断疲劳程度，积极采取加速机体恢复的适宜措施。

第六节 职业性体能训练途径

职业性体能训练途径是指为达到提高职业人体能的目的，所采用的具体训练方法和手段。选择适合的途径对于提高职业人的体能水平至关重要。

一、日常基础训练

日常基础训练是职业性体能训练的基础，它包括了基本的运动动作和体能素质的提升。通过日常生活中的跑步、跳绳、游泳等有氧运动，可以加强心肺功能，提高耐力水平。此外，力量训练、柔韧性练习和协调性训练也是日常基础训练的重要组成部分，它们能够全面提升职业人的身体素质。

二、职业针对性训练

职业针对性训练是根据职业特点和工作需求进行的专项体能训练。例如，对于需要长时间站立或行走的职业，可以加强下肢肌肉的训练，提高腿部的力量和耐力；对于需要频繁搬运重物的职业，可以加强腰背部肌肉的训练，预防职业性损伤。这种训练方式能够更直接地提高职业人在工作中的体能表现。

三、团体协作训练

团体协作训练是通过团队合作的方式进行体能训练，旨在提高职业人的团队协作能力和集体荣誉感。在团体协作训练中，可以设计一些需要多人配合完成的动作和任务，通过相互鼓励和支持，增强团队成员之间的默契和信任，提高整个团队的体能水平。

四、心理调适训练

心理调适训练是职业性体能训练中不可忽视的一部分。在面对工作压力和职业挑战时，职业人往往会产生紧张和焦虑情绪，这些情绪会影响体能的表现。因此，通过心理调适训练，帮助职业人缓解压力、调整心态，保持良好的心理状态，对于提高体能水平具有重要意义。

五、科技辅助训练

随着科技的不断发展，越来越多的科技手段被应用于体能训练领域。例如，利用虚拟现实技术进行模拟训练，可以模拟出各种复杂的职业场景，帮助职业人在安全的环境中进行实战训练；利用智能设备对训练数据进行监测和分析，可及时发现职业人体能的不足之处，并针对性的进行改进。

职业性体能训练途径多种多样，选择适合的途径对于提高职业人的体能水平至关重要。通过日常基础训练、职业针对性训练、团体协作训练、心理调适训练及科技辅助训练等途径的综合应用，可以有效地提升职业人的体能素质，更好地适应职业需求和工作挑战。

本章小结

通过本章的学习，学习者应当了解职业岗位的工作特性分类、职业实用性体育的概念与分类、现代人与职业实用性体育、体能的概念、职业性体能训练原则，以及职业性体能训练途径，认识到开展职业体能训练不仅可以帮助学生提高与职业活动相关的基本活动能力和身体素质储备，还可以在此基础上保障学生身体活动水平的稳定性，提高其对职业劳动环境条件的适应能力，从而提高学生的健康水平。

在线学习

1. 国家体育总局职业技能鉴定网络管理平台。
2. 国家体育总局政务服务网。

第十六章

站立型岗位与伏案型岗位职业特点与锻炼方法

本章概述

本章主要介绍了站立型岗位与伏案型岗位的职业特点与锻炼方法，通过详细的锻炼步骤，可以让学生更好地学习不同职业类型的体能训练的锻炼方法。

章结构图

站立型岗位与伏案型岗位职业特点与锻炼方法

- 站立型岗位职业特点
  - 站姿类职业从业人员的生理负荷
  - 站姿类职业从业人员的心理负荷
- 伏案型岗位职业特点
  - 伏案型职业从业人员的生理负荷
  - 伏案型职业从业人员的心理负荷
- 变姿型岗位职业特点与锻炼方法
  - 职业特点
  - 锻炼方法
- 站立型岗位职业性体能锻炼方法
  - 力量练习
  - 耐力练习
  - 柔韧练习
  - 放松练习
- 伏案型岗位职业性体能锻炼方法
  - 第一节：头颈静拉
  - 第二节：耸肩
  - 第三节：坐姿卷展腹
  - 第四节：坐姿转腹
  - 第五节：坐姿臂上举
  - 第六节：腹部团、挺、撑
  - 第七节：腿部抬、屈、伸
  - 第八节：全身压、摆、按

学习目标

1. 掌握站立型职业体能训练。
2. 掌握伏案型职业体能训练。
3. 掌握变姿型职业体能训练。

第一节 站立型岗位职业特点

站姿类职业是指以站姿为主要姿势的职业。例如，教师、餐厅服务员、售货员、厨师等岗位的工作人员通常需要在工作期间长时间站立。站立姿势可分为立正式和任意式站立。立正式站立是一种强度极高的静力性站姿；而任意式站立因在一定程度上可以活动身体某些部位，并且有机会在较小范围内做一些移动性活动，所以相对于立正式站立，其静力负荷的强度较小。

一、站姿类职业从业人员的生理负荷

站姿类职业从业人员久站不仅会使腰部肌肉与腰椎承受的压力负荷增大，造成腰部和背部疼痛，还会使下肢血液循环不畅，造成下肢肿胀，甚至静脉曲张。

二、站姿类职业从业人员的心理负荷

站姿类职业要求从业人员具备较强的应变能力和应急能力，并且在工作中始终保持着饱满的工作热情与稳定的情绪。在这种要求下，站姿类职业从业人员容易产生职业倦怠。

第二节 站立型岗位职业性体能锻炼方法

一、力量练习

(一)上半身力量练习分腿俯卧撑

分解动作：身体俯卧，双臂伸直撑于地面，双手比肩略宽，双脚距离不大于双手距离。下落时吸气，身体蹦成一线，不能塌腰。推起时呼气，上臂内夹，胸部收紧。

(二)下半身力量练习提膝击掌

分解动作：跨步站立，双臂上举贴于耳侧，掌心向前，重心位于右脚，上半身与右腿成一条直线，借助腹肌力量提膝击掌。

二、耐力练习

（一）上半身耐力练习俯卧静力撑

分解动作：身体俯卧，双臂伸直撑于地面，双掌间距大于肩宽，可在维持动作时改变成屈臂或直臂。保持姿势的时间为2min左右，这样锻炼效果较好。

（二）上半身耐力练习仰卧静力卷腹

分解动作：身体仰卧，坐于地面，两臂在胸前环抱，两腿并拢伸直：借助腹部力量抬起双腿，使身体呈“V”字形。保持姿势的时间为2min左右，这样锻炼效果较好。

（三）下半身耐力练习跪姿抬腿画圈

分解动作：身体呈单腿跪姿，双掌撑起上半身，背部挺直，除左腿外全身固定。左腿绷直抬起画圈，主要借助胯部力量。

（四）下半身耐力练习原地静蹲提踵练习

分解动作：身体由站立变为静蹲姿态，上半身与大腿呈90°，大腿与小腿呈45°，小腿提踵绷紧。保持姿势的时间为2min左右，这样锻炼效果较好。

三、柔韧练习

（一）上半身柔韧练习眼镜蛇式伸展

分解动作：身体俯卧，双手撑起上半身，双肩向后展开，保持身体放松；保持姿势时，将肋骨腔向前、向上推送，以加强脊柱的伸展；肚脐应尽量贴地，以加强下背部的伸展。保持姿势的时间为2min左右，这样锻炼效果较好。

（二）上半身柔韧练习猫式伸展

分解动作：身体呈俯卧跪姿，手臂伸直贴于地面，头、胸部成一线，与地面平行，腹部悬空，臀部尽量向后，拉伸背部。保持姿势的时间为2min左右，这样锻炼效果较好。

（三）下半身柔韧练习腿部侧拉伸

分解动作：以右腿拉伸为例，左脚掌着地，右腿单膝跪于地面，身体重心落于右手，尽量拉大右膝与左脚的距离，上半身左转，目视斜上方。左腿拉伸动作与右腿拉伸动作相同，但方向相反。

（四）下半身柔韧练习：小腿竖叉动态拉伸

分解动作：右腿在前伸直，脚尖勾起，腹部贴紧大腿，左腿以最大幅度向后伸展，膝盖跪地，双手支撑地面，减轻大腿后侧压力，边呼气边伸直膝盖，吸气还原。拉伸另一侧的动作与上述动作相同，但方向相反。

四、放松练习

（一）上半身放松练习下压练习及拍打

分解动作：

（1）上半身下压练习。面向一定高度的辅助物体站立，双腿开立，双手抓握辅助物体，上半身前俯，下压肩部和背部。在练习中要求手臂和腿部伸直，下压幅度逐渐加大，压力集中于肩部。

（2）拍打放松。在上半身下压练习结束后，身体站直放松，双手由上至下拍打身体，达到放松效果。

（二）下半身放松练习摆腿练习

分解动作：上身直立，双手扶握辅助物体，左腿（右腿）支撑地面，右腿（左腿）伸直并摆于体前，腿部摆动幅度逐渐增大，以达到放松目的。

（三）下半身放松练习前后踢腿练习

分解动作：上身直立，双手扶握辅助物体，左腿（右腿）支撑地面，右腿（左腿）屈膝前伸于胸前，踢腿至身体后方，并尽量蹬直，前后踢腿过程中，幅度逐渐加大，以达到放松目的。

第三节　伏案型岗位职业特点

伏案型职业是指以坐姿为主要姿势的职业，如财务工作、电脑操作工作等。坐姿是一种静态姿势，长时间在静止状态下工作，易引起体能下降、身体疲劳，容易引起机体许多功能和结构的改变，产生颈椎病等职业病，从而损害健康导致工作效率降低。

一、伏案型职业从业人员的生理负荷

伏案型职业从业人员在坐姿不端正时，头部会前俯或后仰，背部弓起并向前微倾，这些不仅会使颈部肌肉压力增大、背部肌肉疲劳损伤，还会使胸廓变形，影响肺的通气功能。

二、伏案型职业从业人员的心理负荷

伏案型职业从业人员在工作中需要精神高度集中，因此心理负荷较大，而长期精神负担过重会导致神经衰弱等疾病。

第四节 伏案型岗位职业性体能锻炼方法

预备姿势：坐于椅子上，上身保持端正，两腿并拢，两手平放于腿上。

一、第一节：头颈静拉

分解动作如下。

第1×8拍：1～4拍，前伸下颌至最大幅度，固定姿势；5～8拍，还原，放松。

第2×8拍：1～4拍，上抬下颌至最大幅度，固定姿势；5～8拍，还原，放松。

第3×8拍：1～4拍，头颈左转至最大幅度，固定姿势；5～8拍，还原，放松。

第4×8拍：同第3×8拍，但方向相反。

二、第二节：耸肩

分解动作如下。

第1×8拍：1～4拍，双手叉腰，向前耸肩至最大幅度，固定姿势；5～8拍，还原，放松。

第2×8拍：同第1×8拍，但方向相反。

第3×8拍：1～4拍，右肩保持不动，左肩上耸至最大幅度，固定姿势；5～8拍，还原，放松。

第4×8拍：同第3×8拍，但方向相反。

三、第三节：坐姿卷展腹

分解动作如下。

第1×8拍：1～4拍，坐于椅子前沿，两臂交叉于胸前，双手扶一侧上臂，双肘抬起，保持上身挺直，身体前倾至感觉腹部收紧，固定姿势；5～8拍，还原，放松。

第2×8拍：1～4拍，坐于椅子前沿，两臂前平举，保持上身挺直，身体向后靠近椅背，固定姿势；5～8拍，还原，放松。

第3×8拍：同第1×8拍。

第4×8拍：同第2×8拍。

四、第四节：坐姿转腹

分解动作如下。

第1×8拍：1～4拍，上身左转至最大幅度，同时左手握住左椅腿，右手握住左手腕，固定姿势；5～8拍，还原，放松。

第2×8拍：1～4拍，上身右转至最大幅度，同时右手握住右椅腿，左手握住右手腕，固定姿势；5～8拍，还原，放松。

第3×8拍：同第1×8拍。

第4×8拍：同第2×8拍。

五、第五节：坐姿臂上举

分解动作如下。

第1×8拍：1～4拍，两手握拳，两臂屈肘侧平举，固定姿势；5～8拍，两手握拳，两臂上伸至贴近耳朵，固定姿势。

第2×8拍：1～4拍，两手十指交叉，翻腕，抬头看手，固定姿势：5～8拍，翻腕，掌心向下，同时两臂屈肘侧平举，两小指抵至头部后颈，固定姿势。

第3×8拍：同第1×8拍。

第4×8拍：同第2×8拍。

六、第六节：腹部团、挺、撑

分解动作如下。

第1×8拍：1～2拍，屈膝、收腹、举腿，两手抱膝团身；3～4拍，两腿前伸前点，两手撑椅子后沿；5～6拍，挺胯，身体伸直成仰撑；7～8拍，还原。

第2×8拍：同第1×8拍。

第3×8拍：1～4拍，两腿分开，向左转腰探肩，头部位于右膝上方，低头含胸；5～8拍，还原。

第4×8拍：同第3×8拍，但方向相反。

七、第七节：腿部抬、屈、伸

分解动作如下。

第1×8拍：1～2拍，两手扶椅边，两脚后跟向上提起；3～4拍，还原；5～6拍同1～2拍；7～8拍同3～4拍。

第2×8拍：1拍，两腿微屈膝上抬；2拍，左腿屈膝高抬；3拍，右腿屈膝高抬；4拍、6拍同2拍，5拍、7拍同3拍；8拍，还原。

第3×8拍：1～4拍，左腿支撑右盘腿，同时右手扶右脚踝绕环3次；5～8拍，还原。

第4×8拍：同第3×8拍，但方向相反。

八、第八节：全身压、摆、按

分解动作如下。

第1×8拍：1～4拍，面对椅背站立。上体前屈，同时两臂屈肘交叉于椅面上；5～8

拍还原。

第2×8拍：1～4拍，两手扶椅面，上体前屈做俯卧撑两次；5～8拍还原。

第3×8拍：1～2拍，两手扶椅背，左腿向后摆动；3～4拍还原；5～6拍，两手扶椅背，右腿向后摆动；7、8拍，还原。

第4×8拍：1～4拍，抬头挺胸，同时两臂经体侧上举至头上，掌心相对；5～8拍，屈肘按掌下压，还原成立正姿势。

第五节 变姿型岗位职业特点与锻炼方法

一、职业特点

变姿型岗位就是通常所说的混合型岗位职业，这种职业既有坐姿型岗位的特点，又有站姿型岗位特点，是静力性和动力性工作交替进行的。变姿型岗位的工作者，工作姿势变化多，且没有固定规律，在工作时，参与工作的肌肉群能够交替进行休息，所以就不容易疲劳。

二、锻炼方法

(一)增强心肺功能的锻炼项目和方法

心肺功能是一个人赖以生存的基础，变姿型职业者离不开机体良好的心肺功能，这是他们胜任本职工作的基础。对于这类人群要通过跑步、球类运动、健美操、游泳、跳绳等项目进行中等强度的锻炼来增强他们的心肺功能。

(二)提高肌肉力量的锻炼项目和方法

肌肉力量和耐力是肌肉长时间维持工作的能力。对于变姿型工作人群来说，如果肌肉力量和耐力不好，往往会导致肌肉供血不足，肌肉代谢废物不能及时排出，就会引起局部或全身的肌肉疲劳，工作效率降低，甚至出现工伤事故，造成不可逆转的后果。提高上肢肌肉力量的话，可以通过举杠铃、举哑铃、做俯卧撑、做仰卧后撑等方法进行锻炼，逐渐增加重量和负荷以适应强度。提高下肢力量，可以通过克服自身重量进行跳跃性练习或负重跳跃练习。如果是要提高肌肉耐力，那么需要选择负荷强度小、重复次数多的锻炼项目。

(三)提高身体平衡和协调能力的锻炼方法

有效的平衡有赖于身体的柔韧性、躯干主要肌肉的力量，以及良好的身体协调性。这些素质是变姿型职业从业者不可缺少的身体素质，也是他们必须具备的基本能力。提高身体协调性的锻炼方法主要有纵跳、前后跳、侧向跳、方形跳、转向跳和手脚反向动作。提高平衡能力常用方法主要有单腿站立、闭目、伸展双臂、走独木桥、独木摆船和燕式平衡等。

本章小结

通过本章的学习，学习者应当了解站立型岗位职业特点、站立型岗位职业性体能锻炼方法、伏案型岗位职业特点、伏案型岗位职业性体能锻炼方法，以及变姿型岗位职业特点与锻炼方法。通过对岗位职业特点的认识、学习到锻炼方法，增强学习者的运动能力，以满足完成特定活动的需要。

在线学习

1. 中华人民共和国国家卫生健康委员会官方网站。
2. 世界职业技术教育发展大会官网。

附录 《国家学生体质健康标准》

大学生体质健康评价是高等学校体育工作的重要环节，也是学校教育评价体系的重要组成部分。建立科学、全面的学生体质健康评价体系，可使学生自身、家长、学校和社会等方面及时了解学生的身体健康状况，促使学生调整自己的学习和锻炼目标，并为学校和教育管理部门制定和调整健康教育政策提供科学依据。

附录一

《国家学生体质健康标准（2014年修订）》说明

1.《国家学生体质健康标准》（以下简称《标准》）是国家学校教育工作的基础性指导文件和教育质量基本标准，是评价学生综合素质、评估学校工作和衡量各地教育发展的重要依据，是《国家体育锻炼标准》在学校的具体实施，适用于全日制普通小学、初中、普通高中、中等职业学校、普通高等学校的学生。

2.本标准的修订坚持健康第一，落实《国家中长期教育改革和发展规划纲要（2010-2020年）》、《国务院办公厅转发教育部等部门关于进一步加强学校体育工作若干意见的通知》（国办发〔2012〕53号）和《教育部关于印发〈学生体质健康监测评价办法〉等三个文件的通知》（教体艺〔2014〕3号）有关要求，着重提高《标准》应用的信度、效度和区分度，着重强化其教育激励、反馈调整和引导锻炼的功能，着重提高其教育监测和绩效评价的支撑能力。

3.本标准从身体形态、身体机能和身体素质等方面综合评定学生的体质健康水平，是促进学生体质健康发展、激励学生积极进行身体锻炼的教育手段，是国家学生发展核心素养体系和学业质量标准的重要组成部分，是学生体质健康的个体评价标准。

4.本标准将适用对象划分为以下组别：小学、初中、高中按每个年级为一组，其中小学为6组、初中为3组、高中为3组。大学一、二年级为一组，三、四年级为一组。

5.小学、初中、高中、大学各组别的测试指标均为必测指标。其中，身体形态类中的身高、体重，身体机能类中的肺活量，以及身体素质类中的50米跑、坐位体前屈为各年级学生共性指标。

6.本标准的学年总分由标准分与附加分之和构成，满分为120分。标准分由各单项指标得分与权重乘积之和组成，满分为100分。附加分根据实测成绩确定，即对成绩超过100分的加分指标进行加分，满分为20分；小学的加分指标为1分钟跳绳，加分幅度为20分；初中、高中和大学的加分指标为男生引体向上和1000米跑，女生1分钟仰卧起坐和800米跑，各指标加分幅度均为10分。

7.根据学生学年总分评定等级：90.0分及以上为优秀，80.0～89.9分为良好，60.0～79.9分为及格，59.9分及以下为不及格。

8.每个学生每学年评定一次，记入《〈国家学生体质健康标准〉登记卡》（附表1～6）。特殊学制的学校，在填写登记卡时可以按规定和需求相应地增减栏目。学生毕业时的成绩和等级，按毕业当年学年总分的50%与其他学年总分平均得分的50%之和进行评定。

9.学生测试成绩评定达到良好及以上者，方可参加评优与评奖；成绩达到优秀者，方可获体育奖学分。测试成绩评定不及格者，在本学年度准予补测一次，补测仍不及格，则学年成绩评定为不及格。普通高中、中等职业学校和普通高等学校学生毕业时，《标准》

测试的成绩达不到50分者按结业或肄业处理。

10.学生因病或残疾可向学校提交暂缓或免予执行《标准》的申请，经医疗单位证明，体育教学部门核准，可暂缓或免予执行《标准》，并填写《免予执行<国家学生体质健康标准>申请表》(附表7)，存入学生档案。确实丧失运动能力、被免予执行《标准》的残疾学生，仍可参加评优与评奖，毕业时《标准》成绩需注明免测。

11.各学校每学年开展覆盖本校各年级学生的《标准》测试工作，《标准》测试数据经当地教育行政部门按要求审核后，通过“中国学生体质健康网”上传至“国家学生体质健康标准数据管理系统”。测试和数据上传时间由教育行政部门确定。

12.本标准由教育部负责解释。

附录二

《国家学生体质健康标准》评价标准及分值

一、单项指标与权重

测试对象	单项指标	权重/%
所有年级	体重指数（BMI）	15
	肺活量	15
小学一、二年级	50米跑	20
	坐位体前屈	30
	1分钟跳绳	20
小学三、四年级	50米跑	20
	坐位体前屈	20
	1分钟跳绳	20
	1分钟仰卧起坐	10
小学五、六年级	50米跑	20
	坐位体前屈	10
	1分钟跳绳	10
	1分钟仰卧起坐	20
	50米×8往返跑	10
初中、高中、大学各年级	50米跑	20
	坐位体前屈	10
	立定跳远	10
	引体向上（男）/1分钟仰卧起坐（女）	10
	1 000米跑（男）/800米跑（女）	20

注：体质指数（BMI）=体重（千克）÷身高^2（米^2）。

二、评分表

（一）单项指标评分表

附表2-1　男生体重指数（BMI）单项评分表

单位：千克/米

等级	单项得分	一年级	二年级	三年级	四年级	五年级	六年级	初一	初二	初三	高一	高二	高三	大学
正常	100	13.5～18.1	13.7～18.4	13.9～19.4	14.2～20.1	14.4～21.4	14.7～21.8	15.5～22.1	15.7～22.5	15.8～22.8	16.5～23.2	16.8～23.7	17.3～23.8	17.9～23.9
低体重	80	≤13.4	≤13.6	≤13.8	≤14.1	≤14.3	≤14.6	≤15.4	≤15.6	≤15.7	≤16.4	≤16.7	≤17.2	≤17.8
超重		18.2～20.3	18.5～20.4	19.5～22.1	20.2～22.6	21.5～24.1	21.9～24.5	22.2～24.9	22.6～25.2	22.9～26.0	23.3～26.3	23.8～26.5	23.9～27.3	24.0～27.9
肥胖	60	≥20.4	≥20.5	≥22.2	≥22.7	≥24.2	≥24.6	≥25.0	≥25.3	≥26.1	≥26.4	≥26.6	≥27.4	≥28.0

附表2-2　女生体重指数（BMI）单项评分表

单位：千克/米

等级	单项得分	一年级	二年级	三年级	四年级	五年级	六年级	初一	初二	初三	高一	高二	高三	大学
正常	100	13.3～17.3	13.5～17.8	13.6～18.6	13.7～19.4	13.8～20.5	14.2～20.8	14.8～21.7	15.3～22.2	16.0～22.6	16.5～22.7	16.9～23.2	17.1～23.3	17.2～23.9
低体重	80	≤13.2	≤13.4	≤13.5	≤13.6	≤13.7	≤14.1	≤14.7	≤15.2	≤15.9	≤16.4	≤16.8	≤17.0	≤17.1
超重		17.4～19.2	17.9～20.2	18.7～21.1	19.5～22.0	20.6～22.9	20.9～23.6	21.8～24.4	22.3～24.8	22.7～25.1	22.8～25.2	23.3～25.4	23.4～25.7	24.0～27.9
肥胖	60	≥19.3	≥20.3	≥21.2	≥22.1	≥23.0	≥23.7	≥24.5	≥24.9	≥25.2	≥25.3	≥25.5	≥25.8	≥28.0

附表2-3 男生肺活量单项评分表

单位：毫升

等级	单项得分	一年级	二年级	三年级	四年级	五年级	六年级	初一	初二	初三	高一	高二	高三	大一大二	大三大四
优秀	100	1 700	2 000	2 300	2 600	2 900	3 200	3 640	3 940	4 240	4 540	4 740	4 940	5 040	5 140
	95	1 600	1 900	2 200	2 500	2 800	3 100	3 520	3 820	4 120	4 420	4 620	4 820	4 920	5 020
	90	1 500	1 800	2 100	2 400	2 700	3 000	3 400	3 700	4 000	4 300	4 500	4 700	4 800	4 900
良好	85	1 400	1 650	1 900	2 150	2 450	2 750	3 150	3 450	3 750	4 050	4 250	4 450	4 550	4 650
	80	1 300	1 500	1 700	1 900	2 200	2 500	2 900	3 200	3 500	3 800	4 000	4 200	4 300	4 400
及格	78	1 240	1 430	1 620	1 820	2 110	2 400	2 780	3 080	3 380	3 680	3 880	4 080	4 180	4 280
	76	1 180	1 360	1 540	1 740	2 020	2 300	2 660	2 960	3 260	3 560	3 760	3 960	4 060	4 160
	74	1 120	1 290	1 460	1 660	1 930	2 200	2 540	2 840	3 140	3 440	3 640	3 840	3 940	4 040
	72	1 060	1 220	1 380	1 580	1 840	2 100	2 420	2 720	3 020	3 320	3 520	3 720	3 820	3 920
	70	1 000	1 150	1 300	1 500	1 750	2 000	2 300	2 600	2 900	3 200	3 400	3 600	3 700	3 800
	68	940	1 080	1 220	1 420	1 660	1 900	2 180	2 480	2 780	3 080	3 280	3 480	3 580	3 680
	66	880	1 010	1 140	1 340	1 570	1 800	2 060	2 360	2 660	2 960	3 160	3 360	3 460	3 560
	64	820	940	1 060	1 260	1 480	1 700	1 940	2 240	2 540	2 840	3 040	3 240	3 340	3 440
	62	760	870	980	1 180	1 390	1 600	1 820	2 120	2 420	2 720	2 920	3 120	3 220	3 320
	60	700	800	900	1 100	1 300	1 500	1 700	2 000	2 300	2 600	2 800	3 000	3 100	3 200
不及格	50	660	750	840	1 030	1 220	1 410	1 600	1 890	2 180	2 470	2 660	2 850	2 940	3 030
	40	620	700	780	960	1 140	1 320	1 500	1 780	2 060	2 340	2 520	2 700	2 780	2 860
	30	580	650	720	890	1 060	1 230	1 400	1 670	1 940	2 210	2 380	2 550	2 620	2 690
	20	540	600	660	820	980	1 140	1 300	1 560	1 820	2 080	2 240	2 400	2 460	2 520
	10	500	550	600	750	900	1 050	1 200	1 450	1 700	1 950	2 100	2 250	2 300	2 350

附表2-4　女生肺活量单项评分表

单位：毫升

等级	单项得分	一年级	二年级	三年级	四年级	五年级	六年级	初一	初二	初三	高一	高二	高三	大一大二	大三大四
优秀	100	1 400	1 600	1 800	2 000	2 250	2 500	2 750	2 900	3 050	3 150	3 250	3 350	3 400	3 450
	95	1 300	1 500	1 700	1 900	2 150	2 400	2 650	2 850	3 000	3 100	3 200	3 300	3 350	3 400
	90	1 200	1 400	1 600	1 800	2 050	2 300	2 550	2 800	2 950	3 050	3 150	3 250	3 300	3 350
良好	85	1 100	1 300	1 500	1 700	1 950	2 200	2 450	2 650	2 800	2 900	3 000	3 100	3 150	3 200
	80	1 000	1 200	1 400	1 600	1 850	2 100	2 350	2 500	2 650	2 750	2 850	2 950	3 000	3 050
及格	78	960	1 150	1 340	1 530	1 770	2 010	2 250	2 400	2 550	2 650	2 750	2 850	2 900	2 950
	76	920	1 100	1 280	1 460	1 690	1 920	2 150	2 300	2 450	2 550	2 650	2 750	2 800	2 850
	74	880	1 050	1 220	1 390	1 610	1 830	2 050	2 200	2 350	2 450	2 550	2 650	2 700	2 750
	72	840	1 000	1 160	1 320	1 530	1 740	1 950	2 100	2 250	2 350	2 450	2 550	2 600	2 650
	70	800	950	1 100	1 250	1 450	1 650	1 850	2 000	2 150	2 250	2 350	2 450	2 500	2 550
	68	760	900	1 040	1 180	1 370	1 560	1 750	1 900	2 050	2 150	2 250	2 350	2 400	2 450
	66	720	850	980	1 110	1 290	1 470	1 650	1 800	1 950	2 050	2 150	2 250	2 300	2 350
	64	680	800	920	1 040	1 210	1 380	1 550	1 700	1 850	1 950	2 050	2 150	2 200	2 250
	62	640	750	860	970	1 130	1 290	1 450	1 600	1 750	1 850	1 950	2 050	2 100	2 150
	60	600	700	800	900	1 050	1 200	1 350	1 500	1 650	1 750	1 850	1 950	2 000	2 050
不及格	50	580	680	780	880	1 020	1 170	1 310	1 460	1 610	1 710	1 810	1 910	1 960	2 010
	40	560	660	760	860	990	1 140	1 270	1 420	1 570	1 670	1 770	1 870	1 920	1 970
	30	540	640	740	840	960	1 110	1 230	1 380	1 530	1 630	1 730	1 830	1 880	1 930
	20	520	620	720	820	930	1 080	1 190	1 340	1 490	1 590	1 690	1 790	1 840	1 890
	10	500	600	700	800	900	1 050	1 150	1 300	1 450	1 550	1 650	1 750	1 800	1 850

附表2-5 男生50米跑单项评分表

单位：秒

等级	单项得分	一年级	二年级	三年级	四年级	五年级	六年级	初一	初二	初三	高一	高二	高三	大一大二	大三大四
优秀	100	10.2	9.6	9.1	8.7	8.4	8.2	7.8	7.5	7.3	7.1	7.0	6.8	6.7	6.6
	95	10.3	9.7	9.2	8.8	8.5	8.3	7.9	7.6	7.4	7.2	7.1	6.9	6.8	6.7
	90	10.4	9.8	9.3	8.9	8.6	8.4	8.0	7.7	7.5	7.3	7.2	7.0	6.9	6.8
良好	85	10.5	9.9	9.4	9.0	8.7	8.5	8.1	7.8	7.6	7.4	7.3	7.1	7.0	6.9
	80	10.6	10.0	9.5	9.1	8.8	8.6	8.2	7.9	7.7	7.5	7.4	7.2	7.1	7.0
及格	78	10.8	10.2	9.7	9.3	9.0	8.8	8.4	8.1	7.9	7.7	7.6	7.4	7.3	7.2
	76	11.0	10.4	9.9	9.5	9.2	9.0	8.6	8.3	8.1	7.9	7.8	7.6	7.5	7.4
	74	11.2	10.6	10.1	9.7	9.4	9.2	8.8	8.5	8.3	8.1	8.0	7.8	7.7	7.6
	72	11.4	10.8	10.3	9.9	9.6	9.4	9.0	8.7	8.5	8.3	8.2	8.0	7.9	7.8
	70	11.6	11.0	10.5	10.1	9.8	9.6	9.2	8.9	8.7	8.5	8.4	8.2	8.1	8.0
	68	11.8	11.2	10.7	10.3	10.0	9.8	9.4	9.1	8.9	8.7	8.6	8.4	8.3	8.2
	66	12.0	11.4	10.9	10.5	10.2	10.0	9.6	9.3	9.1	8.9	8.8	8.6	8.5	8.4
	64	12.2	11.6	11.1	10.7	10.4	10.2	9.8	9.5	9.3	9.1	9.0	8.8	8.7	8.6
	62	12.4	11.8	11.3	10.9	10.6	10.4	10.0	9.7	9.5	9.3	9.2	9.0	8.9	8.8
	60	12.6	12.0	11.5	11.1	10.8	10.6	10.2	9.9	9.7	9.5	9.4	9.2	9.1	9.0
不及格	50	12.8	12.2	11.7	11.3	11.0	10.8	10.4	10.1	9.9	9.7	9.6	9.4	9.3	9.2
	40	13.0	12.4	11.9	11.5	11.2	11.0	10.6	10.3	10.1	9.9	9.8	9.6	9.5	9.4
	30	13.2	12.6	12.1	11.7	11.4	11.2	10.8	10.5	10.3	10.1	10.0	9.8	9.7	9.6
	20	13.4	12.8	12.3	11.9	11.6	11.4	11.0	10.7	10.5	10.3	10.2	10.0	9.9	9.8
	10	13.6	13.0	12.5	12.1	11.8	11.6	11.2	10.9	10.7	10.5	10.4	10.2	10.1	10.0

附表2-6 女生50米跑单项评分表

单位：秒

等级	单项得分	一年级	二年级	三年级	四年级	五年级	六年级	初一	初二	初三	高一	高二	高三	大一大二	大三大四
优秀	100	11.0	10.0	9.2	8.7	8.3	8.2	8.1	8.0	7.9	7.8	7.7	7.6	7.5	7.4
	95	11.1	10.1	9.3	8.8	8.4	8.3	8.2	8.1	8.0	7.9	7.8	7.7	7.6	7.5
	90	11.2	10.2	9.4	8.9	8.5	8.4	8.3	8.2	8.1	8.0	7.9	7.8	7.7	7.6
良好	85	11.5	10.5	9.7	9.2	8.8	8.7	8.6	8.5	8.4	8.3	8.2	8.1	8.0	7.9
	80	11.8	10.8	10.0	9.5	9.1	9.0	8.9	8.8	8.7	8.6	8.5	8.4	8.3	8.2
及格	78	12.0	11.0	10.2	9.7	9.3	9.2	9.1	9.0	8.9	8.8	8.7	8.6	8.5	8.4
	76	12.2	11.2	10.4	9.9	9.5	9.4	9.3	9.2	9.1	9.0	8.9	8.8	8.7	8.6
	74	12.4	11.4	10.6	10.1	9.7	9.6	9.5	9.4	9.3	9.2	9.1	9.0	8.9	8.8
	72	12.6	11.6	10.8	10.3	9.9	9.8	9.7	9.6	9.5	9.4	9.3	9.2	9.1	9.0
	70	12.8	11.8	11.0	10.5	10.1	10.0	9.9	9.8	9.7	9.6	9.5	9.4	9.3	9.2
	68	13.0	12.0	11.2	10.7	10.3	10.2	10.1	10.0	9.9	9.8	9.7	9.6	9.5	9.4
	66	13.2	12.2	11.4	10.9	10.5	10.4	10.3	10.2	10.1	10.0	9.9	9.8	9.7	9.6
	64	13.4	12.4	11.6	11.1	10.7	10.6	10.5	10.4	10.3	10.2	10.1	10.0	9.9	9.8
	62	13.6	12.6	11.8	11.3	10.9	10.8	10.7	10.6	10.5	10.4	10.3	10.2	10.1	10.0
	60	13.8	12.8	12.0	11.5	11.1	11.0	10.9	10.8	10.7	10.6	10.5	10.4	10.3	10.2
不及格	50	14.0	13.0	12.2	11.7	11.3	11.2	11.1	11.0	10.9	10.8	10.7	10.6	10.5	10.4
	40	14.2	13.2	12.4	11.9	11.5	11.4	11.3	11.2	11.1	11.0	10.9	10.8	10.7	10.6
	30	14.4	13.4	12.6	12.1	11.7	11.6	11.5	11.4	11.3	11.2	11.1	11.0	10.9	10.8
	20	14.6	13.6	12.8	12.3	11.9	11.8	11.7	11.6	11.5	11.4	11.3	11.2	11.1	11.0
	10	14.8	13.8	13.0	12.5	12.1	12.0	11.9	11.8	11.7	11.6	11.5	11.4	11.3	11.2

附表2-7 男生坐位体前屈单项评分表

单位：厘米

等级	单项得分	一年级	二年级	三年级	四年级	五年级	六年级	初一	初二	初三	高一	高二	高三	大一大二	大三大四
优秀	100	16.1	16.2	16.3	16.4	16.5	16.6	17.6	19.6	21.6	23.6	24.3	24.6	24.9	25.1
	95	14.6	14.7	14.9	15.0	15.2	15.3	15.9	17.7	19.7	21.5	22.4	22.8	23.1	23.3
	90	13.0	13.2	13.4	13.6	13.8	14.0	14.2	15.8	17.8	19.4	20.5	21.0	21.3	21.5
良好	85	12.0	11.9	11.8	11.7	11.6	11.5	12.3	13.7	15.8	17.2	18.3	19.1	19.5	19.9
	80	11.0	10.6	10.2	9.8	9.4	9.0	10.4	11.6	13.8	15.0	16.1	17.2	17.7	18.2
及格	78	9.9	9.5	9.1	8.6	8.2	7.7	9.1	10.3	12.4	13.6	14.7	15.8	16.3	16.8
	76	8.8	8.4	8.0	7.4	7.0	6.4	7.8	9.0	11.0	12.2	13.3	14.4	14.9	15.4
	74	7.7	7.3	6.9	6.2	5.8	5.1	6.5	7.7	9.6	10.8	11.9	13.0	13.5	14.0
	72	6.6	6.2	5.8	5.0	4.6	3.8	5.2	6.4	8.2	9.4	10.5	11.6	12.1	12.6
	70	5.5	5.1	4.7	3.8	3.4	2.5	3.9	5.1	6.8	8.0	9.1	10.2	10.7	11.2
	68	4.4	4.0	3.6	2.6	2.2	1.2	2.6	3.8	5.4	6.6	7.7	8.8	9.3	9.8
	66	3.3	2.9	2.5	1.4	1.0	-0.1	1.3	2.5	4.0	5.2	6.3	7.4	7.9	8.4
	64	2.2	1.8	1.4	0.2	-0.2	-1.4	0.0	1.2	2.6	3.8	4.9	6.0	6.5	7.0
	62	1.1	0.7	0.3	-1.0	-1.4	-2.7	-1.3	-0.1	1.2	2.4	3.5	4.6	5.1	5.6
	60	0.0	-0.4	-0.8	-2.2	-2.6	-4.0	-2.6	-1.4	-0.2	1.0	2.1	3.2	3.7	4.2
不及格	50	-0.8	-1.2	-1.6	-3.2	-3.6	-5.0	-3.8	-2.6	-1.4	0.0	1.1	2.2	2.7	3.2
	40	-1.6	-2.0	-2.4	-4.2	-4.6	-6.0	-5.0	-3.8	-2.6	-1.0	0.1	1.2	1.7	2.2
	30	-2.4	-2.8	-3.2	-5.2	-5.6	-7.0	-6.2	-5.0	-3.8	-2.0	-0.9	0.2	0.7	1.2
	20	-3.2	-3.6	-4.0	-6.2	-6.6	-8.0	-7.4	-6.2	-5.0	-3.0	-1.9	-0.8	-0.3	0.2
	10	-4.0	-4.4	-4.8	-7.2	-7.6	-9.0	-8.6	-7.4	-6.2	-4.0	-2.9	-1.8	-1.3	-0.8

附表2-8 女生坐位体前屈单项评分表

单位：厘米

等级	单项得分	一年级	二年级	三年级	四年级	五年级	六年级	初一	初二	初三	高一	高二	高三	大一大二	大三大四
优秀	100	18.6	18.9	19.2	19.5	19.8	19.9	21.8	22.7	23.5	24.2	24.8	25.3	25.8	26.3
	95	17.3	17.6	17.9	18.1	18.5	18.7	20.1	21.0	21.8	22.5	23.1	23.6	24.0	24.4
	90	16.0	16.3	16.6	16.9	17.2	17.5	18.4	19.3	20.1	20.8	21.4	21.9	22.2	22.4
良好	85	14.7	14.8	14.9	15.0	15.1	15.2	16.7	17.6	18.4	19.1	19.7	20.2	20.6	21.0
	80	13.4	13.3	13.2	13.1	13.0	12.9	15.0	15.9	16.7	17.4	18.0	18.5	19.0	19.5
及格	78	12.3	12.2	12.1	12.0	11.9	11.8	13.7	14.6	15.4	16.1	16.7	17.2	17.7	18.2
	76	11.2	11.1	11.0	10.9	10.8	10.7	12.4	13.3	14.1	14.8	15.4	15.9	16.4	16.9
	74	10.1	10.0	9.9	9.8	9.7	9.6	11.1	12.0	12.8	13.5	14.1	14.6	15.1	15.6
	72	9.0	8.9	8.8	8.7	8.6	8.5	9.8	10.7	11.5	12.2	12.8	13.3	13.8	14.3
	70	7.9	7.8	7.7	7.6	7.5	7.4	8.5	9.4	10.2	10.9	11.5	12.0	12.5	13.0
	68	6.8	6.7	6.6	6.5	6.4	6.3	7.2	8.1	8.9	9.6	10.2	10.7	11.2	11.7
	66	5.7	5.6	5.5	5.4	5.3	5.2	5.9	6.8	7.6	8.3	8.9	9.4	9.9	10.4
	64	4.6	4.5	4.4	4.3	4.2	4.1	4.6	5.5	6.3	7.0	7.6	8.1	8.6	9.1
	62	3.5	3.4	3.3	3.2	3.1	3.0	3.3	4.2	5.0	5.7	6.3	6.8	7.3	7.8
	60	2.4	2.3	2.2	2.1	2.0	1.9	2.0	2.9	3.7	4.4	5.0	5.5	6.0	6.5
不及格	50	1.6	1.5	1.4	1.3	1.2	1.1	1.2	2.1	2.9	3.6	4.2	4.7	5.2	5.7
	40	0.8	0.7	0.6	0.5	0.4	0.3	0.4	1.3	2.1	2.8	3.4	3.9	4.4	4.9
	30	0.0	−0.1	−0.2	−0.3	−0.4	−0.5	−0.4	0.5	1.3	2.0	2.6	3.1	3.6	4.1
	20	−0.8	−0.9	−1.0	−1.1	−1.2	−1.3	−1.2	−0.3	0.5	1.2	1.8	2.3	2.8	3.3
	10	−1.6	−1.7	−1.8	−1.9	−2.0	−2.1	−2.0	−1.1	−0.3	0.4	1.0	1.5	2.0	2.5

附表2-9 男生一分钟跳绳单项评分表

单位：次

等级	单项得分	一年级	二年级	三年级	四年级	五年级	六年级
优秀	100	109	117	126	137	148	157
	95	104	112	121	132	143	152
	90	99	107	116	127	138	147
良好	85	93	101	110	121	132	141
	80	87	95	104	115	126	135
及格	78	80	88	97	108	119	128
	76	73	81	90	101	112	121
	74	66	74	83	94	105	114
	72	59	67	76	87	98	107
	70	52	60	69	80	91	100
	68	45	53	62	73	84	93
	66	38	46	55	66	77	86
	64	31	39	48	59	70	79
	62	24	32	41	52	63	72
	60	17	25	34	45	56	65
不及格	50	14	22	31	42	53	62
	40	11	19	28	39	50	59
	30	8	16	25	36	47	56
	20	5	13	22	33	44	53
	10	2	10	19	30	41	50

附表2-10 女生一分钟跳绳单项评分表

单位：次

等级	单项得分	一年级	二年级	三年级	四年级	五年级	六年级
优秀	100	117	127	139	149	158	166
	95	110	120	132	142	151	159
	90	103	113	125	135	144	152

续表

等级	单项得分	一年级	二年级	三年级	四年级	五年级	六年级
良好	85	95	105	117	127	136	144
	80	87	97	109	119	128	136
及格	78	80	90	102	112	121	129
	76	73	83	95	105	114	122
	74	66	76	88	98	107	115
	72	59	69	81	91	100	108
	70	52	62	74	84	93	101
	68	45	55	67	77	86	94
	66	38	48	60	70	79	87
	64	31	41	53	63	72	80
	62	24	34	46	56	65	73
	60	17	27	39	49	58	66
不及格	50	14	24	36	46	55	63
	40	11	21	33	43	52	60
	30	8	18	30	40	49	57
	20	5	15	27	37	46	54
	10	2	12	24	34	43	51

附表2-11　男生立定跳远单项评分表

单位：厘米

等级	单项得分	初一	初二	初三	高一	高二	高三	大一大二	大三大四
优秀	100	225	240	250	260	265	270	273	275
	95	218	233	245	255	260	265	268	270
	90	211	226	240	250	255	260	263	265
良好	85	203	218	233	243	248	253	256	258
	80	195	210	225	235	240	245	248	250

续表

等级	单项得分	初一	初二	初三	高一	高二	高三	大一大二	大三大四
及格	78	191	206	221	231	236	241	244	246
	76	187	202	217	227	232	237	240	242
	74	183	198	213	223	228	233	236	238
	72	179	194	209	219	224	229	232	234
	70	175	190	205	215	220	225	228	230
	68	171	186	201	211	216	221	224	226
	66	167	182	197	207	212	217	220	222
	64	163	178	193	203	208	213	216	218
	62	159	174	189	199	204	209	212	214
	60	155	170	185	195	200	205	208	210
不及格	50	150	165	180	190	195	200	203	205
	40	145	160	175	185	190	195	198	200
	30	140	155	170	180	185	190	193	195
	20	135	150	165	175	180	185	188	190
	10	130	145	160	170	175	180	183	185

附表2-12 女生立定跳远单项评分表

单位：厘米

等级	单项得分	初一	初二	初三	高一	高二	高三	大一大二	大三大四
优秀	100	196	200	202	204	205	206	207	208
	95	190	194	196	198	199	200	201	202
	90	184	188	190	192	193	194	195	196
良好	85	177	181	183	185	186	187	188	189
	80	170	174	176	178	179	180	181	182
及格	78	167	171	173	175	176	177	178	179
	76	164	168	170	172	173	174	175	176
	74	161	165	167	169	170	171	172	173
	72	158	162	164	166	167	168	169	170

续表

等级	单项得分	初一	初二	初三	高一	高二	高三	大一大二	大三大四
及格	70	155	159	161	163	164	165	166	167
	68	152	156	158	160	161	162	163	164
	66	149	153	155	157	158	159	160	161
	64	146	150	152	154	155	156	157	158
	62	143	147	149	151	152	153	154	155
	60	140	144	146	148	149	150	151	152
不及格	50	135	139	141	143	144	145	146	147
	40	130	134	136	138	139	140	141	142
	30	125	129	131	133	134	135	136	137
	20	120	124	126	128	129	130	131	132
	10	115	119	121	123	124	125	126	127

附表2-13　男生一分钟仰卧起坐、引体向上单项评分表

单位：次

等级	单项得分	三年级	四年级	五年级	六年级	初一	初二	初三	高一	高二	高三	大一大二	大三大四
优秀	100	48	49	50	51	13	14	15	16	17	18	19	20
	95	45	46	47	48	12	13	14	15	16	17	18	19
	90	42	43	44	45	11	12	13	14	15	16	17	18
良好	85	39	40	41	42	10	11	12	13	14	15	16	17
	80	36	37	38	39	9	10	11	12	13	14	15	16
及格	78	34	35	36	37	–	–	–	–	–	–	–	–
	76	32	33	34	35	8	9	10	11	12	13	14	15
	74	30	31	32	33	–	–	–	–	–	–	–	–
	72	28	29	30	31	7	8	9	10	11	12	13	14
	70	26	27	28	29	–	–	–	–	–	–	–	–
	68	24	25	26	27	6	7	8	9	10	11	12	13
	66	22	23	24	25	–	–	–	–	–	–	–	–
	64	20	21	22	23	5	6	7	8	9	10	11	12

续表

等级	单项得分	三年级	四年级	五年级	六年级	初一	初二	初三	高一	高二	高三	大一大二	大三大四
及格	62	18	19	20	21	–	–	–	–	–	–	–	–
	60	16	17	18	19	4	5	6	7	8	9	10	11
不及格	50	14	15	16	17	3	4	5	6	7	8	9	10
	40	12	13	14	15	2	3	4	5	6	7	8	9
	30	10	11	12	13	1	2	3	4	5	6	7	8
	20	8	9	10	11	–	1	2	3	4	5	6	7
	10	6	7	8	9	–	–	1	2	3	4	5	6

注：小学三年级～六年级：一分钟仰卧起坐；初中、高中、大学：引体向上。

附表2-14 女生一分钟仰卧起坐单项评分表

单位：次

等级	单项得分	三年级	四年级	五年级	六年级	初一	初二	初三	高一	高二	高三	大一大二	大三大四
优秀	100	46	47	48	49	50	51	52	53	54	55	56	57
	95	44	45	46	47	48	49	50	51	52	53	54	55
	90	42	43	44	45	46	47	48	49	50	51	52	53
良好	85	39	40	41	42	43	44	45	46	47	48	49	50
	80	36	37	38	39	40	41	42	43	44	45	46	47
及格	78	34	35	36	37	38	39	40	41	42	43	44	45
	76	32	33	34	35	36	37	38	39	40	41	42	43
	74	30	31	32	33	34	35	36	37	38	39	40	41
	72	28	29	30	31	32	33	34	35	36	37	38	39
	70	26	27	28	29	30	31	32	33	34	35	36	37
	68	24	25	26	27	28	29	30	31	32	33	34	35
	66	22	23	24	25	26	27	28	29	30	31	32	33
	64	20	21	22	23	24	25	26	27	28	29	30	31
	62	18	19	20	21	22	23	24	25	26	27	28	29
	60	16	17	18	19	20	21	22	23	24	25	26	27

续表

等级	单项得分	三年级	四年级	五年级	六年级	初一	初二	初三	高一	高二	高三	大一大二	大三大四
不及格	50	14	15	16	17	18	19	20	21	22	23	24	25
	40	12	13	14	15	16	17	18	19	20	21	22	23
	30	10	11	12	13	14	15	16	17	18	19	20	21
	20	8	9	10	11	12	13	14	15	16	17	18	19
	10	6	7	8	9	10	11	12	13	14	15	16	17

附表2-15　男生耐力跑单项评分表

单位：分·秒

等级	单项得分	五年级	六年级	初一	初二	初三	高一	高二	高三	大一大二	大三大四
优秀	100	1′36″	1′30″	3′55″	3′50″	3′40″	3′30″	3′25″	3′20″	3′17″	3′15″
	95	1′39″	1′33″	4′05″	3′55″	3′45″	3′35″	3′30″	3′25″	3′22″	3′20″
	90	1′42″	1′36″	4′15″	4′00″	3′50″	3′40″	3′35″	3′30″	3′27″	3′25″
良好	85	1′45″	1′39″	4′22″	4′07″	3′57″	3′47″	3′42″	3′37″	3′34″	3′32″
	80	1′48″	1′42″	4′30″	4′15″	4′05″	3′55″	3′50″	3′45″	3′42″	3′40″
及格	78	1′51″	1′45″	4′35″	4′20″	4′10″	4′00″	3′55″	3′50″	3′47″	3′45″
	76	1′54″	1′48″	4′40″	4′25″	4′15″	4′05″	4′00″	3′55″	3′52″	3′50″
	74	1′57″	1′51″	4′45″	4′30″	4′20″	4′10″	4′05″	4′00″	3′57″	3′55″
	72	2′00″	1′54″	4′50″	4′35″	4′25″	4′15″	4′10″	4′05″	4′02″	4′00″
	70	2′03″	1′57″	4′55″	4′40″	4′30″	4′20″	4′15″	4′10″	4′07″	4′05″
	68	2′06″	2′00″	5′00″	4′45″	4′35″	4′25″	4′20″	4′15″	4′12″	4′10″
	66	2′09″	2′03″	5′05″	4′50″	4′40″	4′30″	4′25″	4′20″	4′17″	4′15″
	64	2′12″	2′06″	5′10″	4′55″	4′45″	4′35″	4′30″	4′25″	4′22″	4′20″
	62	2′15″	2′09″	5′15″	5′00″	4′50″	4′40″	4′35″	4′30″	4′27″	4′25″
	60	2′18″	2′12″	5′20″	5′05″	4′55″	4′45″	4′40″	4′35″	4′32″	4′30″

续表

等级	单项得分	五年级	六年级	初一	初二	初三	高一	高二	高三	大一大二	大三大四
不及格	50	2′22″	2′16″	5′40″	5′25″	5′15″	5′05″	5′00″	4′55″	4′52″	4′50″
	40	2′26″	2′20″	6′00″	5′45″	5′35″	5′25″	5′20″	5′15″	5′12″	5′10″
	30	2′30″	2′24″	6′20″	6′05″	5′55″	5′45″	5′40″	5′35″	5′32″	5′30″
	20	2′34″	2′28″	6′40″	6′25″	6′15″	6′05″	6′00″	5′55″	5′52″	5′50″
	10	2′38″	2′32″	7′00″	6′45″	6′35″	6′25″	6′20″	6′15″	6′12″	6′10″

注：小学五年级～六年级：50米×8往返跑；初中、高中、大学：1 000米跑。

附表2-16 女生耐力跑单项评分表

单位：分·秒

等级	单项得分	五年级	六年级	初一	初二	初三	高一	高二	高三	大一大二	大三大四
优秀	100	1′41″	1′37″	3′35″	3′30″	3′25″	3′24″	3′22″	3′20″	3′18″	3′16″
	95	1′44″	1′40″	3′42″	3′37″	3′32″	3′30″	3′28″	3′26″	3′24″	3′22″
	90	1′47″	1′43″	3′49″	3′44″	3′39″	3′36″	3′34″	3′32″	3′30″	3′28″
良好	85	1′50″	1′46″	3′57″	3′52″	3′47″	3′43″	3′41″	3′39″	3′37″	3′35″
	80	1′53″	1′49″	4′05″	4′00″	3′55″	3′50″	3′48″	3′46″	3′44″	3′42″
及格	78	1′56″	1′52″	4′10″	4′05″	4′00″	3′55″	3′53″	3′51″	3′49″	3′47″
	76	1′59″	1′55″	4′15″	4′10″	4′05″	4′00″	3′58″	3′56″	3′54″	3′52″
	74	2′02″	1′58″	4′20″	4′15″	4′10″	4′05″	4′03″	4′01″	3′59″	3′57″
	72	2′05″	2′01″	4′25″	4′20″	4′15″	4′10″	4′08″	4′06″	4′04″	4′02″
	70	2′08″	2′04″	4′30″	4′25″	4′20″	4′15″	4′13″	4′11″	4′09″	4′07″
	68	2′11″	2′07″	4′35″	4′30″	4′25″	4′20″	4′18″	4′16″	4′14″	4′12″
	66	2′14″	2′10″	4′40″	4′35″	4′30″	4′25″	4′23″	4′21″	4′19″	4′17″
	64	2′17″	2′13″	4′45″	4′40″	4′35″	4′30″	4′28″	4′26″	4′24″	4′22″
	62	2′20″	2′16″	4′50″	4′45″	4′40″	4′35″	4′33″	4′31″	4′29″	4′27″
	60	2′23″	2′19″	4′55″	4′50″	4′45″	4′40″	4′38″	4′36″	4′34″	4′32″

续表

等级	单项得分	五年级	六年级	初一	初二	初三	高一	高二	高三	大一大二	大三大四
不及格	50	2′27″	2′23″	5′05″	5′00″	4′55″	4′50″	4′48″	4′46″	4′44″	4′42″
	40	2′31″	2′27″	5′15″	5′10″	5′05″	5′00″	4′58″	4′56″	4′54″	4′52″
	30	2′35″	2′31″	5′25″	5′20″	5′15″	5′10″	5′08″	5′06″	5′04″	5′02″
	20	2′39″	2′35″	5′35″	5′30″	5′25″	5′20″	5′18″	5′16″	5′14″	5′12″
	10	2′43″	2′39″	5′45″	5′40″	5′35″	5′30″	5′28″	5′26″	5′24″	5′22″

注：小学五年级～六年级：50米×8往返跑；初中、高中、大学：800米跑。

（二）加分指标评分表

附表2-17　男生一分钟跳绳评分表

单位：次

加分	一年级	二年级	三年级	四年级	五年级	六年级
20	40	40	40	40	40	40
19	38	38	38	38	38	38
18	36	36	36	36	36	36
17	34	34	34	34	34	34
16	32	32	32	32	32	32
15	30	30	30	30	30	30
14	28	28	28	28	28	28
13	26	26	26	26	26	26
12	24	24	24	24	24	24
11	22	22	22	22	22	22
10	20	20	20	20	20	20
9	18	18	18	18	18	18
8	16	16	16	16	16	16
7	14	14	14	14	14	14
6	12	12	12	12	12	12
5	10	10	10	10	10	10
4	8	8	8	8	8	8

续表

加分	一年级	二年级	三年级	四年级	五年级	六年级
3	6	6	6	6	6	6
2	4	4	4	4	4	4
1	2	2	2	2	2	2

注：一分钟跳绳为高优指标，学生成绩超过单项评分100分后，以超过的次数所对应的分数进行加分。

附表2-18 女生一分钟跳绳评分表

单位：次

加分	一年级	二年级	三年级	四年级	五年级	六年级
20	40	40	40	40	40	40
19	38	38	38	38	38	38
18	36	36	36	36	36	36
17	34	34	34	34	34	34
16	32	32	32	32	32	32
15	30	30	30	30	30	30
14	28	28	28	28	28	28
13	26	26	26	26	26	26
12	24	24	24	24	24	24
11	22	22	22	22	22	22
10	20	20	20	20	20	20
9	18	18	18	18	18	18
8	16	16	16	16	16	16
7	14	14	14	14	14	14
6	12	12	12	12	12	12
5	10	10	10	10	10	10
4	8	8	8	8	8	8
3	6	6	6	6	6	6
2	4	4	4	4	4	4
1	2	2	2	2	2	2

注：一分钟跳绳为高优指标，学生成绩超过单项评分100分后，以超过的次数所对应的分数进行加分。

附表2-19 男生引体向上评分表

单位：次

加分	初一	初二	初三	高一	高二	高三	大一大二	大三大四
10	10	10	10	10	10	10	10	10
9	9	9	9	9	9	9	9	9
8	8	8	8	8	8	8	8	8
7	7	7	7	7	7	7	7	7
6	6	6	6	6	6	6	6	6
5	5	5	5	5	5	5	5	5
4	4	4	4	4	4	4	4	4
3	3	3	3	3	3	3	3	3
2	2	2	2	2	2	2	2	2
1	1	1	1	1	1	1	1	1

附表2-20 女生一分钟仰卧起坐评分表

单位：次

加分	初一	初二	初三	高一	高二	高三	大一大二	大三大四
10	13	13	13	13	13	13	13	13
9	12	12	12	12	12	12	12	12
8	11	11	11	11	11	11	11	11
7	10	10	10	10	10	10	10	10
6	9	9	9	9	9	9	9	9
5	8	8	8	8	8	8	8	8
4	7	7	7	7	7	7	7	7
3	6	6	6	6	6	6	6	6
2	4	4	4	4	4	4	4	4
1	2	2	2	2	2	2	2	2

注：引体向上、一分钟仰卧起坐均为高优指标，学生成绩超过单项评分100分后，以超过的次数所对应的分数进行加分。

附表2-21　男生1 000米跑评分表

单位：分·秒

加分	初一	初二	初三	高一	高二	高三	大一大二	大三大四
10	−35″	−35″	−35″	−35″	−35″	−35″	−35″	−35″
9	−32″	−32″	−32″	−32″	−32″	−32″	−32″	−32″
8	−29″	−29″	−29″	−29″	−29″	−29″	−29″	−29″
7	−26″	−26″	−26″	−26″	−26″	−26″	−26″	−26″
6	−23″	−23″	−23″	−23″	−23″	−23″	−23″	−23″
5	−20″	−20″	−20″	−20″	−20″	−20″	−20″	−20″
4	−16″	−16″	−16″	−16″	−16″	−16″	−16″	−16″
3	−12″	−12″	−12″	−12″	−12″	−12″	−12″	−12″
2	−8″	−8″	−8″	−8″	−8″	−8″	−8″	−8″
1	−4″	−4″	−4″	−4″	−4″	−4″	−4″	−4″

附表2-22　女生800米跑评分表

单位：分·秒

加分	初一	初二	初三	高一	高二	高三	大一大二	大三大四
10	−50″	−50″	−50″	−50″	−50″	−50″	−50″	−50″
9	−45″	−45″	−45″	−45″	−45″	−45″	−45″	−45″
8	−40″	−40″	−40″	−40″	−40″	−40″	−40″	−40″
7	−35″	−35″	−35″	−35″	−35″	−35″	−35″	−35″
6	−30″	−30″	−30″	−30″	−30″	−30″	−30″	−30″
5	−25″	−25″	−25″	−25″	−25″	−25″	−25″	−25″
4	−20″	−20″	−20″	−20″	20″	−20″	−20″	−20″
3	−15″	−15″	−15″	−15″	−15″	−15″	−15″	−15″
2	−10″	−10″	−10″	−10″	−10″	−10″	−10″	−10″
1	−5″	−5″	−5″	−5″	−5″	−5″	−5″	−5″

注：1 000米跑、800米跑均为低优指标，学生成绩低于单项评分100分后，以减少的秒数所对应的分数进行加分。

参考文献

[1] 王昆仑.高尔夫球运动教程[M].北京：人民体育出版社，2012.

[2] 孙班军.高尔夫球俱乐部管理[M].北京：人民体育出版社，2012.

[3] 陈筑，汪爱平，杨庆辞.跆拳道[M].北京：北京师范大学出版社，2011.

[4] 刘燕.跆拳道[M].北京：中国人民大学出版社，2012.

[5] 杨龙，金基洞.跆拳道快速入门与实战技术[M].成都：成都时代出版社，2014.

[6] 段晓峰，赵子旭.看图学跆拳道[M].北京：人民邮电出版社，2015.

[7] 毛振明，甄志平.大学体育与健康教程[M].北京：北京师范大学出版社，2009.

[8] 许松涛.改革开放以来我国体育经济思想的发展演变研究[D].北京：北京体育大学，2013.

[9] 范国梁.改革开放以来我国学校体育思想发展演变研究[D].广州：华南师范大学，2003.

[10] 杨越.市场经济体制下中国体育经济发展研究[D].北京：中国社会科学院研究生院，2003.

[11] 金锡奎.中韩体育经济发展比较研究[D].北京：北京体育大学，2012.

[12] 袁雷.论体育对政治发展的价值[D].长春：吉林大学，2009.

[13] 何轶.我国高校体育文化建设研究[D].长沙：湖南农业大学，2008.

[14] 马卫平.体育与人[D].长沙：湖南师范大学，2005.

[15] 胡利军，刘晶.职业体育发展历史阶段的探讨[J].山东体育学院学报，2010（26）.

[16] 杨涛.职业体育与城市发展[J].山东体育学院学报，2014（30）.

[17] 彭杰.论改革开放30年体育对中国社会发展的影响与贡献[J].武汉：武汉体育学院学报，2008.

[18] 陈琦，杨文轩，等.我国当代体育价值观的研究[J].体育科学，2006.

[19] 吴强.论休闲体育的经济价值[J].商业时代，2011.

[20] 刘成云.体育经济在国民经济发展中的地位[J].体育文化导刊，2013.